质性访谈方法：
聆听与提问的艺术

QUALITATIVE INTERVIEWING:
THE ART OF HEARING DATA

赫伯特·J. 鲁宾(Herbert J. Rubin)
艾琳·S. 鲁宾(Irene S. Rubin)　著

卢晖临 连佳佳 李　丁　译

卢晖临　校

重庆大学出版社

质性访谈方法：聆听与提问的艺术。原书英文版由 Sage 出版公司出版。原书版
权属 Sage 出版公司。

本书简体中文版专有出版权由 Sage 出版公司授予重庆大学出版社，未经出版者
书面许可，不得以任何形式复制。
版贸核渝字 (2006) 第 103 号

图书在版编目 (CIP) 数据

质性访谈方法：聆听与提问的艺术/(美)鲁宾
(Rubin, H. J.)，(美)鲁宾 (Rubin, I. S.)著；卢晖临，等
译. —重庆：重庆大学出版社，2010.5 (2024.5 重印)
(万卷方法. 质性研究方法译丛)
书名原文：Qualitative Interviewing：The Art of
Hearing Data
ISBN 978-7-5624-5307-9

Ⅰ.①质… Ⅱ.①鲁…②鲁…③卢… Ⅲ.①社会科
学—研究方法 Ⅳ.①C3

中国版本图书馆 CIP 数据核字 (2010) 第 034824 号

质性访谈方法：聆听与提问的艺术

赫伯特·J. 鲁宾（Herbert J. Rubin）
艾琳·S. 鲁宾（Irene S. Rubin）　　著
卢晖临　连佳佳　李　丁　译
卢晖临　校

责任编辑：吴文静　　版式设计：雷少波
责任校对：夏　宇　　责任印制：张　策

*

重庆大学出版社出版发行
出版人：陈晓阳
社址：重庆市沙坪坝区大学城西路 21 号
邮编：401331
电话：(023) 88617190　88617185 (中小学)
传真：(023) 88617186　88617166
网址：http://www.cqup.com.cn
邮箱：fxk@cqup.com.cn (营销中心)
全国新华书店经销
重庆长虹印务有限公司印刷

*

开本：940mm×1360mm　1/32　印张：8.25　字数：253 千
2010 年 5 月第 1 版　　2024 年 5 月第 8 次印刷
ISBN 978-7-5624-5307-9　定价：29.80 元

导　言

　　以质性访谈的方式去认识世界，拓展了我们的知识和情感所能达到的范围，也激发并满足了我们的求知欲。质性访谈有如夜视镜，令我们得以看到那些通常不在视野中的东西，并且考察那些经常被我们视而不见的东西。访谈使我们得以跨越种族、收入、民族、性别和职业等社会障碍。我们曾经研究过外国援助项目和（罪犯）感化办公室，曾经与致力于重建内城区邻里关系的社区组织者、处理危机事件的联邦官员进行谈话。我们总是被那种发现的感觉而吸引，并因最终研究报告的深度、广度和可信度而振奋。我们在《质性访谈方法：聆听与提问的艺术》这本书里想要分享的，不仅是一套技术，还包括我们在研究中所体验到的愉悦。

　　当你需要从他人的立场深入了解某些问题的时候，你应该使用我们所呈现的模式——选择对该研究问题有深刻洞见的被访者，倾听他们的讲述，并针对他们的回答追问新的问题，直至你真正理解那些回答。我们将这一方式称作响应式访谈（responsive interviewing），因为研究者需要对他（她）从被访者那里听到的内容做出回应并据此进行追问，而不仅仅是依赖于预先确定的问题。我们描述了支撑这一模式的哲学基础，强调了与被访者像伙伴一样工作而不是把他们视为研究对象的重要性。

　　深度访谈与量化研究形成了鲜明的对比。我们的许多同事认为，只有统计技术才是严格的,他们摒弃所有形式的质性研究,认为它们不过是讲故事,至多是作为统计研究的前奏才有点用处。这些同事对深度访谈成果的丰富性、指导深度访谈的详细标准、内置的信度检验及系统分析都知之甚少。响应式访谈研究某个问题,是在其自然背景中接近它,探索相关、对立的主题和概念,凸显微妙和被忽视之处,而不是剥离背景,毫无必要地把每个个体的经历化约为(表格中的)数字。

《质性访谈方法:聆听与提问的艺术》萃取了我们从田野生涯中获得的经验,并增补了我们处理各种既有文献中提到的教训的经验,以及内行同事所提供的例子。特别值得一提的是,Jim Thomas 教授将他对犯罪的研究与我们分享,Steven Maynard Moody 教授向我们提供了他对街区基层官员的访谈。

虽然知道我们的方法颇有成效,但我们并不是要建立一套新的教条,要求大家必须按我们所介绍的那样去做。恰恰相反,我们是为新手提供一种起步的方式,并且希望他们能根据自己的经验来修正我们提供的模式。

第二版的修正

在第二版中，我们更新了例子，并且阐明了此前令学生难以理解的主题，譬如，如何选择一个主题，如何识别那些暗示了追踪问题并引导分析的概念和主题，如何为访谈创造一个整体结构。我们详细讨论了响应式访谈是如何围绕"主要问题"（处理总的研究问题）、"探测性问题"（帮助控制谈话并引出细节）和"追踪问题"（探索和检验在访谈中产生的新想法）建立起来的。我们重点探讨了如何形成并表述旨在探索新的概念和主题的追踪问题。

我们增强了对计算机技术的讨论，说明了你可以从软件中期望获得些什么东西。我们增加了素材：如何以为随后的访谈提示更多新问题的方式分析访谈，如何解决研究难题以及如何将研究发现理论化进行了更清晰的解释。我们沿袭了主题访谈和文化访谈的区分，但没有单列章节分开讨论，而是融汇在全书中将二者对照讨论。

在这个版本中，我们更明确地说明了研究的各个阶段——设计、资料搜集、分析——都是密切联系着的。我们力图强调研究者在项目的全过程中而不仅仅是在项目尾声才着手分析，这样随着他们了解的深入，他们既可以修正正在探索的研究问题，也可以修正访谈问题。在响应式访谈中，随着研究弄清楚如何去探索他们所发现的新信息，不断进行的分析要求持续不断的设计。

我们强调了发展和维持与被访者的伙伴关系的重要性,也强调了按合乎道德的方式行事的必要性。自第一版发行以来,大学和政府机构增强了他们的伦理审查委员会(IRBs),用以确保研究对象不会受到伤害。我们讨论了如何形成既满足伦理审查委员会要求又保持质性访谈所必需的弹性的计划。

虽然我们在这一版中进行了许多改进,但我们最根本的研究取向并没有改变:寻找从亲身经历或一手知识中了解你的研究问题的被访者,询问他们关于其经验和知识的问题,并且倾听他们的答案。不断追问,直到你为自己的研究问题找到一个良好、丰富、可信的答案。

目　录

1 **倾听、分享社会经验** ……………………………………… 1

质性访谈的运用 ……………………………………………… 2

　质性访谈大家族 …………………………………………… 4

　澄清概念 …………………………………………………… 5

　调查式访谈 ………………………………………………… 5

　阐明式个案研究 …………………………………………… 6

　民族志的诠释 ……………………………………………… 6

　理论阐明 …………………………………………………… 6

　口述史 ……………………………………………………… 6

　组织文化 …………………………………………………… 7

　生活史 ……………………………………………………… 7

　评估研究和行动研究 ……………………………………… 8

访谈的两种理想类型:文化访谈和主题访谈 ……………… 8

　文化访谈 …………………………………………………… 8

　主题访谈 …………………………………………………… 9

深度质性访谈的共同特征 ………………………………… 10

　作为日常谈话的质性访谈 ……………………………… 10

　作为谈话伙伴的被访者 ………………………………… 12

本书的组织和响应式访谈模式 …………………………… 13

　关于作者 ………………………………………………… 15

2 **我们为何如此行事——质性访谈的哲学** …………… 17

研究哲学简介 ……………………………………………… 18

　研究的核心目标是什么 ………………………………… 18

真实意味着什么 ································· 19

什么类型的研究工具是合适的 ················ 19

研究者如何以及应该如何影响发现过程 ······· 19

比较实证主义范式与自然主义—诠释主义范式 ······ 19

实证主义及其批判 ··························· 20

批判理论 ································· 22

女权主义理论 ····························· 23

后现代理论 ······························· 24

诠释建构主义理论 ························· 24

响应式访谈 ································· 27

两个人 ································· 27

风格 ····································· 27

自省 ····································· 28

置身研究关系中 ······················· 30

理解的深度和设计的灵活性 ············· 31

响应式访谈:设计指南 ··················· 32

3 设计:选择主题并预见资料分析 ················· 34

选择一个主题并聚焦研究问题 ············· 35

主题从何而来 ························· 37

从主题到研究问题 ······················· 39

确定研究主题是否适合进行质性研究 ······· 41

根据重要性选择主题 ··················· 42

研究的可行性 ························· 44

根据分析和理论进展进行设计 ············· 46

预见分析 ····························· 46

预见你想要的结论类型(而非内容) ········ 48

预见理论建构方向与结论的推广范围 ······· 49

结论 ····································· 54

4 设计:使研究具有信度 ························· 55

选择被访者 ································· 55

找到能提供有用信息的被访者 ··········· 55

全面性和精确性 ··························· 60

信服力 ··································· 62

通过透明性来证明信度 ……………………………………… 66
结论 …………………………………………………………… 67

5 谈话伙伴关系 ……………………………………………… 68
访谈者的情感和个性 ……………………………………… 68
　　掌控焦虑和疲劳 …………………………………………… 68
　　理解并适应你自己的个性 ……………………………… 69
　　表达你的观点并理解你的偏差 ………………………… 70
　　互惠与自我暴露 ………………………………………… 71
　　研究关系深深地影响访谈者 …………………………… 72
研究角色和社会边界 ……………………………………… 72
　　确定研究角色 …………………………………………… 72
　　跨越边界 ………………………………………………… 75
鼓励参与和建立关系 ……………………………………… 77
　　为什么人们会接受访谈且坦然回答 …………………… 77
　　建立信任 ………………………………………………… 80
　　初步接触并建立预约 …………………………………… 80
对谈话伙伴的伦理责任 …………………………………… 85
　　伦理委员会和专业伦理守则 …………………………… 90

6 作为拓展谈话的响应式访谈 ……………………………… 94
响应式访谈与日常对话的相似性 ………………………… 94
　　保持连贯性 ……………………………………………… 94
　　澄清意义,表达理解 …………………………………… 94
　　寻求叙述和故事 ………………………………………… 95
　　结束对话 ………………………………………………… 95
访谈和谈话之间的差异 …………………………………… 96
　　记录 ……………………………………………………… 96
　　在获得深度和清晰的同时紧紧围绕话题 …………… 98
在访谈的各个阶段,都应认真地引导访谈关系 ………… 100
　　介绍自己和研究主题 ………………………………… 100
　　从简单问题入手,表达同情性理解 ………………… 103
　　提出尖锐问题 ………………………………………… 104
　　缓和情绪 ……………………………………………… 106
　　结束访谈并保持联系 ………………………………… 106

阶段模式的变型 ……………………………………………… 107
　多人访谈 ……………………………………………………… 108
　电话访谈 ……………………………………………………… 110
如何评估你的访谈 …………………………………………… 111
结论 …………………………………………………………… 113

7　访谈的架构 ………………………………………………… 114
好的回答 ……………………………………………………… 114
　深度和细节 …………………………………………………… 114
　生动 ………………………………………………………… 116
　微妙 ………………………………………………………… 117
　丰富 ………………………………………………………… 118
主要问题、追踪问题和探测性问题 ………………………… 119
　主要问题 …………………………………………………… 119
　追踪问题 …………………………………………………… 120
　探测性问题 ………………………………………………… 121
何时使用主要问题、追踪问题以及探测性问题 …………… 122
通过组合主要问题、追踪问题和探测性问题来组织访谈 ……… 124
　开闸泄洪型访谈 …………………………………………… 128
　干枝型访谈 ………………………………………………… 128
　河渠型访谈 ………………………………………………… 129
准备访谈提纲 ………………………………………………… 130
总结 …………………………………………………………… 134

8　访谈中主要问题及探测性问题的设计 ………………… 135
如何简述主要问题 …………………………………………… 135
　提出主要问题,获取你所需要的信息 …………………… 136
　询问有关更广泛场景的因素 ……………………………… 137
　主要问题的扩展及延伸 …………………………………… 138
如何表述主要问题 …………………………………………… 139
　设计主要问题的一些一般原则 …………………………… 139
　简述你的主要问题,这样被访者才能做出回应 ………… 140
　表述宽泛的主要问题 ……………………………………… 141
　更有针对性的主要问题 …………………………………… 144
　被访者对问题措辞的改变 ………………………………… 145

探测性问题的目的与措辞 …………………………………… 146
　　调控对话 ………………………………………………… 146
　　根据分析预期必定要问到的探测 ……………………… 150
　结论 …………………………………………………………… 153

9 准备追踪问题 ……………………………………………… 154
　在访谈中对什么进行追问 ………………………………… 154
　　过分简化 ………………………………………………… 154
　　新鲜观点 ………………………………………………… 155
　　遗漏信息 ………………………………………………… 155
　　故事 ……………………………………………………… 155
　为以后的访谈准备追踪问题 ……………………………… 157
　　对概念进行追问 ………………………………………… 157
　　对主题进行追问 ………………………………………… 159
　　为了透彻而追问 ………………………………………… 163
　追踪问题怎样措辞 ………………………………………… 166
　　表述追踪问题的一些原则 ……………………………… 166
　　表述追踪问题的几种模式 ……………………………… 170
　结论 …………………………………………………………… 178

10 分析的第一阶段:准备誊本和为资料编码 ……………… 179
　响应式访谈中资料分析的指导性特征 …………………… 179
　　分析贯穿于整个研究中 ………………………………… 179
　　质性资料分析不是计数 ………………………………… 180
　　不能用直觉和记忆代替系统的考察 …………………… 180
　　质性研究中的资料单元是单一对象的互动 …………… 180
　　根据研究目的将资料单元按不同方式组合 …………… 181
　预见最终的分析:誊本、备忘录和总结 …………………… 181
　分析的开端 ………………………………………………… 184
　　识别、精炼、定义和阐明 ………………………………… 186
　　找出文献中阐明的概念和主题 ………………………… 186
　　在自己的访谈中找出概念和主题 ……………………… 187
　　创造一致而精炼的定义 ………………………………… 193
　　执行访谈编码操作 ……………………………………… 196
　　依照扎根理论的方法来进行编码 ……………………… 198

结论 ································ 200

11 分析编码后的资料 201

形成叙述与描述 ······················ 201

　　分类与总结 ························· 201

　　分类与排列 ························· 202

　　分类与比较 ························· 202

　　权衡与汇合 ························· 204

　　整合、检查和修正 ··················· 205

数据分析的第二阶段:建构理论 ············· 206

　　反思自己的提问方式 ················· 208

　　同时讨论的概念或主题 ················ 208

　　在已有文献的基础上发展理论 ············ 211

　　推导主题间的关联机制 ················ 212

　　完整理论的要素 ···················· 213

　　在研究情境以外推广你的发现 ············ 214

　　扎根理论模型中的理论建构 ············· 215

电脑和质性资料分析 ···················· 216

小结:从分析到写作 ···················· 220

12 呈现结果 221

质性报告的传播方式 ···················· 222

管理风格和论调 ······················· 224

　　风格 ····························· 224

　　论调 ····························· 226

开始写作 ···························· 228

　　聚焦性的总结 ····················· 228

　　撰写大纲 ························· 229

　　起草文稿 ························· 232

　　修改并校订论文 ··················· 234

　　评判写作质量 ····················· 236

　　获得反馈 ························· 240

付诸发表 ···························· 242

参考文献 ························· 246

1

倾听、分享社会经验

我想告诉你，和你谈话非常有趣。谈话过程给了我一个机会，让我可以反思我们的所作所为……

一个致力于重建其组织结构的被访人

人们总是努力地去理解他们生活和工作的这个世界，希望这能对处理他们的关系、工作及问题有所裨益。学习的方式多种多样：人们在报纸和电视中学习，也在与朋友、亲戚、邻居、技师、同事的交谈中学到东西。这种非正式的学习虽然重要，但有其局限性，因为在日常交往中，人们很少探询事物如何发生或者为什么发生这样的问题，也不大会去想他们自己之外的其他群体。要获得更深的理解，你就需要更加系统地研究这个世界。社会学家、心理学家、政治学家、公共管理者、教育家，以及医疗、社会工作等方面的专业人员，都采用一种叫作社会研究的更加系统的学习方法。

社会研究需运用一系列的技术手段：问卷调查员向人们提出标准化的问题，如怎样看待枪支管制，过去一年是否受到犯罪行为的侵害，等等；人口学家分析官方数据（如美国普查数据），从而可以告诉你邻里是否正日渐分离，或者房屋是否正越来越超出人们的购买能力；还有一些社会研究者进行实验，他们有意地改变某个东西，然后考察这一改变的影响。例如，研究人员可以分别向私人公司和城市的相关雇员分派垃圾收集路线，然后看哪一方做得更好，成本如何。

我们可以通过问卷调查、分析官方数据以及实验回答很多重要的问题，但是这些技术手段都有其局限性。统计结果不容易与人沟通，因为数字不能讲一个人们易于理解的故事。此外，将回答转化为数字的做法，抽空了情境，这样就损失了使得研究实际可行的丰富性和复杂性。你可以通过计算人们的税前收入去测量贫困,但是你却不能充分了解人们是怎样靠那些收入艰难生活的:他们是否与人合租公寓,他们是否通过为管道工修理汽车换取管道工的服务,或者他们是否在月末缺钱的时候去亲戚家吃饭。

幸运的是,研究者拥有探索更复杂问题的社会研究工具。自然主义的、质性的社会研究者通过观察收集信息,也通过与他们的研究对象交谈收集信息。自然主义研究者在生活、工作或玩耍的日常情境中研究人们,分析他们听到和看到的东西,然后详细地将研究对象的经验和视角传达给他人(Lincoln and Guba,1985)。自然主义研究者通过参与观察和质性访谈获得资料,时而单独使用一种技术,时而结合使用两种技术。当进行参与观察的时候,自然主义研究者从旁观察他们的研究场景,或者加入到研究对象的活动中,并且记录他们看到的东西。访谈研究更多靠提问,而较少依赖观察。本书不讨论参与观察,重点讨论如何准备、实施质性的深度访谈,又如何作出解释和报告。

质性访谈的运用

如果要了解人们洗发、收看某个电视节目或者购买某款产品的频率,你不必采用深入的质性访谈。但是,如果你想了解人们怎样看待个人卫生,他们为什么看那个电视节目,或者他们是否因为购买某款产品就觉得有面子,那么采用质性访谈就是合适的了。如果你要寻求的答案不能简单或者直接地回答,如果你需要人们解释他们的回答,或者举例、或者描述他们的经验,那么你就得依赖深度访谈。

通过质性访谈,你可以理解和重构那些你没有参与的事件,从成为一个极端分子到组织矿工工会,从参加选美到发生在中非的战斗。你可以跨越年龄、职业、阶级、种族、性别和地理疆界,扩展你的知识和情感范围。社会学家研究演员的新人秀舞会(debutante balls)和庭院售卖(garage sales),政治学家研究肮脏的政治运动策略和法庭管理,人类学家研究移民劳工和同性恋婚姻。女人可以研究男人周六夜的扑克游戏,男人可以研究女人的健康俱乐部。通过深入的质性访谈,从事健康诊疗、社会工作、传媒、法律执行、法庭等工作的人们能够重建发生在那些与自己生活完全不同的病患、证人以及受害者身上的故事。

质性访谈研究尤擅描述社会和政治过程，也就是事物怎样变化和为什么变化。当一个城镇主要的雇员离开时，普通的劳工阶级受到什么影响？曾经繁荣的街区如何变成了死寂区域？腐败的警察局怎么变成了刚正廉洁的典型？

深度访谈可以填补历史空白，说明战争、革命和文化期望如何影响过去的世代，因而有助于年轻人理解老年人。正式的记录通常忽略奴隶、妇女、宗教或政治上的少数派别、被支配者，或者身患某些疾病的人。军事胜利的光荣也许需要补充对前线士兵的苦难的描述。正式记录有时只集中于胜利者，而将挑战者遗落在一旁。访谈研究能够弥补这些疏忽。

运用质性访谈，研究者可以深入探索重要的个人问题。既有研究已经探讨了婚姻对于丈夫和妻子意味着什么，婚姻怎样会破裂；它们考察了人们如何在持续的种族或性别歧视中生活和适应。未婚少女为什么怀孕？同性恋组合如何分派家务？

决策者运用质性访谈研究去理解老问题。假设一个城市为提高内城儿童的阅读能力，设计实施了一个同龄人导读方案，但是却不见效果。怎么办？研究者会和儿童交谈，从他们的故事中了解其他影响教育效果的因素，如他们肚子饿，或者他们没有安静的学习场所，或者他们的弟妹撕毁他们的书本。根据这些访谈，政策制定者可能会采用一个新方法，如提供放学之后的安静学习场所。

基于深度访谈的研究还帮助我们理解我们的工作。深度访谈人员询问人们怎样处理工作中的紧张，工人为什么拒绝工作场所的规则，他们如何为自己辩护以及如何建立相互之间的充分信任以组建工会和罢工。访谈材料有助于解释通常被称作玻璃天花板的妇女和少数族裔晋升的障碍。

自然主义研究者对一个问题的两方面都会考察：上级和下级，白领和蓝领，生产和销售，高级工人和低级工人。日常生活为你安排了一个比较确定的位置，但当你做访谈的时候，却能从各个角度看待生活，从而可以将一场争端的多边、一次事故的不同版本都包括进来。从不同却相互交叠的角度看待生活，使得研究者不会匆忙下结论，而进行更精致的分析。质性访谈者探讨新的领域并且发现和解决复杂的谜题。这种追寻答案的努力，使得研究者能够常葆新鲜的想象力，并使得他们的工作充满激情。

质性访谈大家族

　　在质性访谈这样的谈话中,研究者会在一个扩展的讨论中适当地引导谈话伙伴:根据被访者的回答,针对研究主题提出深入和细致的问题。问卷调查针对每个被访者提出同样的问题,而在质性访谈中,每次谈话都是独一无二的,因为研究者是根据每个被访者了解的东西,以及他愿意分享的东西来提出问题的。

　　根据访谈者问题的宽泛程度,存在着很多种深度质性访谈的方法。例如,假设一个研究者刚开始一个研究生教育的研究计划,他或她可能从一个宽泛的问题或判断开始(譬如,"我们来谈谈,成为一个研究生的感觉如何"),让谈话伙伴用自己愿意的任何方式回答问题(Douglas,1985)。这样的开放式的无结构访谈意在获得成为一个研究生的一般性感觉。稍后,当研究者发现了模式,他或她可能要准备一系列由最初的回答启发出来的更特定的、半结构的(也叫焦点的)问题(Merton et al.,1990)。有关研究生的半结构式问题可能集中在准备综合考试、选择论文题目、导师督促的程度、同学之间的支持等方面。

　　当研究者只对一个核心观念有兴趣时,譬如护士怎样看疼痛处理,或者竞选承诺对当选官员意味着什么,这类访谈的焦点就狭窄得多。或者,访谈者可能寻找特定的信息,以搞清某个特定事件是如何发生的,例如,谁决定购买新软件,或者谁对动物园里猩猩的死负责。

　　区分质性访谈的第二个方向,是看它们致力于引出理解或意义,还是描述一个特定事件或过程;研究目的是发现人们如何理解"增权(empowered)"这个词(意义研究),还是描述社区组织吁请市政当局关注街区问题的街头游行(事件研究)?

　　运用这两个维度——论题的幅度(狭窄或宽泛)和论题的主题(意义或描述),我们将不同种类的质性访谈归纳如下(见表1.1)。

　　我们先描述落在边角的类型,然后讨论那些中间的类型。要留意的是,研究者有时在一个研究中不止使用一种模式。例如,他们可能作一个阐明式的个案研究,但是在访谈中间,却考察一个狭窄的概念。

表1.1　质性访谈的类型

	狭窄的论题幅度	中　间	宽泛的论题幅度
论题集中于意义和框架	澄清概念	理论阐明	民族志的阐释
中间	离职访谈	口述史 组织文化	生活史
论题集中于事件和过程	调查式访谈	行动研究 评估研究	阐明式个案研究

澄清概念

　　来自同一家庭或街区的人,或者在同一组织工作的人,或者经常碰面打交道的人,拥有共同的历史和词汇。在交谈的时候,他们会使用特殊的词汇来描述他们的工作,或者描述他们的老板、顾客或同事,他们甚至会使用一些词汇来指称他们都了解的整个事件。澄清概念的访谈(concept clarification interview)是为了探讨这些特殊的、为其成员共享的术语的意义。

　　当你倾听被访者说话的时候,你可能注意到有些词不是在其日常意义上使用的。Irene Rubin 在一项研究中试图了解一个城市的预算过程如何发生变化。她要求一个消防负责人描述他所在的部门如何看待预算部。这个负责人回答道,"我们把他们看作制服(suits),他们认为我们看不到全貌"。Irene 需要弄清楚"suits"在这个语境下是什么意思。她继续去听其他的被访者如何使用这个词,找到例子,然后在随后的讨论中澄清这些例子。她了解到,对于消防员来说,预算办公室里的那些人做事像行政人员,穿着像银行家,向别人发号施令,而消防局的人戴着硬盔帽,穿着蓝领衬衫,经办具体的事情——衣服体现了这些差别。

调查式访谈

　　调查式访谈将关注的焦点限定在了解某个具体的情况下发生了什么。例如,经理也许想调查复印机过度使用的情况,记者也许调查一个认为自己是被冤枉的死刑犯的案件,律师可能考察委托人的背景以寻求轻判。以上每一种调查,都要求研究者针对一个狭窄的主题进行质性访谈。

阐明式个案研究

阐明式个案研究(elaborated case studies)中运用的访谈,意在发现发生了什么,为什么,在更大的范围内意味着什么。其目的不仅仅是找到谁违规使用复印机,而且要去理解雇员为什么觉得有权为了个人需要使用办公室设备;或者,如果人们认为那么做是错误的,那么他们相信属于雇主的是什么东西。这项研究可能会指出哪些因素影响雇员对于办公室设施可以随意取用的判断。阐明式个案研究期望能够推广到更广泛的过程,发现原因,解释或理解一个现象。

民族志的诠释

民族志研究是对一个民族群体、一个村庄,或者一个邻里所分享的总体文化环境的刻画。这类研究描述关键的规范、规则、象征、价值、传统,以及在那一环境中的仪式,并且说明它们是如何相互配合成为整体的。一项针对大学生的研究,描述他们大学生活的聚会、研究、体育、约会、工作、音乐等主要方面,考察那些指导他们如何碰面、约会谁、是否欺骗以及学习多少东西的潜在规则,包括他们与教授、行政人员、辅导员、同学交往的经历及对这些人的态度。这样的一项研究,可以称得上是对大学生活的民族志研究。

理论阐明

从事理论阐明研究的访谈者往往挑选一个特定的问题进行考察,从而引申出有着更广泛意义的主题。从保险欺诈入手,访谈者可能会询问什么样的欺诈最为普遍,谁实施欺诈,用什么来区分成功的和失败的欺诈。理论阐明研究的目的是运用一个特定个案来获得对一般的欺诈及其实施者更多的了解。在对学生的研究中,一项理论阐明研究可能去考察考试作弊,或者学习小组里的成员如何相互帮助,然后详细阐明研究的发现,分析相互帮助和作弊之间的界限。

口述史

口述史访谈探讨过去的事件,其关心的范围从描述伊拉克战争或里根总统的执政这样宏大的话题,到围绕缅因州一个养鸡场倒闭的系列事件这样琐细的小事。通过积聚那些经历特定事件（譬如大萧条或古巴导弹危机）的谈话伙伴的故事，研究者重构了过去的历史。

一些口述史访谈专注于精英人物，譬如那些曾列名某个总统内阁成员的人，而另外一些口述史访谈则关注普通人及其经历。Studs Terkel 关于大萧条和二战的著作提供了灾难年代普通人如何反应的令人感动的记录（Terkel，1974，1984）。其他的口述史描述二战中德国人对犹太人和其他民族的屠杀，记录柬埔寨大屠杀中的幸存者，或者讲述国王被放逐、宗教极端分子掌握政权的伊朗革命的故事。这样的研究有助于解释影响某一代人的创伤，也许能说明破坏性的统治者如何能够继续存在，什么因素导致政权垮台。

组织文化

组织文化研究是焦点更为明确的民族志研究，它以一个特定的组织或工作群体为研究对象，从故事、共同的比喻及新成员入职课中发掘组织行为的潜在规则。组织文化研究可能被一个貌似剧烈的事件引发，譬如会计公司 Anderson 的垮台。在其他情况下，组织文化研究探讨为什么雇员违背规则，为什么他们会服从与道德抵触的命令，为什么一些组织比另外一些组织更有创造力、更有适应性（Frost et al.，1985；Schein，1985）。

生活史

生活史与口述史相近，但它不是让人们讲述外在的大事件（如1960 年代的抗议、越南战争），而是要求人们提供自己生命历程中的故事：他们的童年、教育、工作、婚姻、孩子、疾病，他们经历的其他危机、美好时光。重要人物的生活史可能展示出他们的成长经历，譬如什么东西影响了美国总统的价值观念和雄心。普通人的生活史可以让研究者了解人们的生活方式（Cole and Knowles，2001；Tierney，1999），其重点通常放在记录正在消逝的生活方式上（Frisch，1990；Grele，1985；Lummis，1988；McMahan，1989）。

针对不同年龄人群的系列生活史，可以说明时代的变迁。例如，生于1900 年代初的女性被访者会有进大学、找工作，或者高校毕业后结婚的预期吗？生于1930 年代、1940 年代或者再往后的妇女又会是什么情况呢？或者，研究者可以比较民权运动前后及期间成长的非裔美国人的生活经历。

评估研究和行动研究

　　评估研究和行动研究的目的,是发现项目和政策是否发挥作用,对什么人起作用,有什么地方可以改善。例如,为了确定福利改革是否成功,评估人员会访谈过去接受福利救济的人,看他们的生活过得怎么样。离职访谈(exit interview)是一种更有针对性的评估访谈,公司、学校或医院运用它来了解人们工作、学习或住院的经历。其往往是在人们离开的时候做访谈,要求他们回忆往事,并指出需要改进的问题。

　　行动研究描述问题的程度、考察备选方案,目的在于改变现状。一个行动研究者可能考察街区居民碰到的难题,试图找到解决的办法。想要帮助无家可归者的研究人员可能去对他们进行访谈,搞清楚他们遇到过什么样的法律问题,面临什么医疗问题,以便与那些重新设计方案的人员一起工作从而解决这些问题。

访谈的两种理想类型:文化访谈和主题访谈

　　所有的质性访谈都有很多共同的地方,但在整体的研究课题如何实施方面却各不相同。为了突出这些差异,我们大略将访谈区分为主题访谈(topical interview)和文化访谈(cultural interview)两大类型。前者探讨特定情境下所发生的事情;后者探讨普通的、常规的、共同的历史——那些被视作当然的规范和价值观念、仪式,以及某个群体的期望行为。

文化访谈

　　为了了解文化,研究者会访谈某一群体的成员,询问什么是社会赞同的行为,学习和探讨对于该群体或环境特定的一些词汇,考察人们从经验中所学到的并传递给下一代的东西。文化访谈的设计与主题访谈不同,通常,访谈者没有事先设定好的议题,从而允许日常谈话中存在灵活性。由于文化知识是为大众所共有的,就不存在主题访谈涉及的寻找拥有特定知识的被访者的问题。在对有着共同文化背景和文化知识的人们访谈时,曾经在上一访谈中出现过的问题、观点和主题,可以在随后的访谈中进行更细致的探讨。由于没有预定的议程,访谈可以更轻松,访谈者也可以在进入情感性或者困难主题之前建立信任关系。

文化访谈更多的是专注地聆听,而不是积极地发问。研究者要求被访者描述典型的一天或日常发生的事情,这种做法为谈话伙伴留下了充分的空间,可以说明什么对于他们是重要的。或者,访谈者要求被访者举例说明广泛流行的假设、规范或普遍的行为。在此,访谈者关心的是例子是不是很好地反映出了假设和规范,它们是否符合事实倒在其次。David Koresh 的信徒在被政府特工人员包围时集体自杀,假如他们将 Koresh 描述为上帝的使者,这是否符合事实并不重要,重要的是信徒们相信这一点。

不过,谈话伙伴可能不容易直接解释他们的文化,因为文化已经被视作天经地义,所以也成为不可见的东西了。因此,在做文化访谈之前,研究者通常先做参与观察,然后寻求对所见所闻的解释,尤其是对那些文化意味丰富的行为的解释,譬如一场公共仪式或者与一个重要事件相关的物体(如奖项、照片)。访谈者也可以去搜集老一辈讲给下一代听的故事——它们体现了过去的经验,告诉人们该做什么不该做什么(Boje,1995;Hummel,1991;McCall,1990),从这些故事中可以试着去理解文化。在一项针对一所大学的文化研究中,研究者了解到老成员以惊讶和嘉许的口气给新成员讲述的一个故事:一个求职者的工作简历上列有 18 本著作。且不论数字是否准确,这个故事传达的信号非常清楚:在大学文化中,著述丰富是理想的行为。

最后写作时,在出版商允许的范围内,作者往往直接呈现谈话伙伴的言语,允许读者直面原始访谈材料、作出自己的解读。在准备文化访谈的报告时,研究者像摄影师一样,就图片应该包括什么内容作出取舍,但是他们只是呈现本已存在的东西。

主题访谈

主题访谈探讨事件发生的内容、时间、方式、原因或后果。例如,苏联是如何崩溃和解体的？法官为什么作出将数吨重的十戒雕像移到公共建筑这一明显违背宗教行政应该分离的宪法规定的决定？主题访谈寻求对特定时间和地点中令人迷惑的处境的解释。在文化研究中,访谈者必须从常规活动中发现重点所在,而在主题研究中,问题在一开始就非常明确。

主题访谈的目的是通过将不同人的谈话汇总在一起来寻找前后一致的解释,尽管研究者承认每个人都可能对相同的事件作出自己的建构。研究者对所收集到的材料进行梳理、取舍和分析,创造出他们自己的解读,可以简单得像评估研究中的总结性陈词,如"该方案发挥了作用","该方案成效低下",也可以复杂到描述细节,譬如讲述环境保护人士如何在快速增长的地区创造出保护公共空间的有效联盟(H. J. Rubin,1988a)。主题研究者不像摄影师,他们更像技艺娴熟的画家——自己选择细节,从中创作出一幅图画。

为创造自己的解读,研究者试图搞清楚事实真相。因此,主题访谈中的提问通常比文化访谈更具方向性和主动性。与文化访谈相比,主题访谈的焦点更为突出,预先设计的色彩也更为浓厚。

与文化研究相比,主题研究中的研究者扮演着更为积极的角色。他们会认真聆听被访者的观点,尽管最初的话题是由他们预先设定的。主题访谈者花费时间和精力寻找最可能知道答案的被访者,并进一步通过提问保证谈话不走题。与文化访谈相比,主题访谈的最终报告较少直接引用被访者的谈话,更多的是研究者的判断和总结。

现实中,访谈项目总是文化访谈和主题访谈的结合,只不过侧重有所不同而已。如果能掌握这两种风格,你将能应付访谈研究中出现的任何意外情况。

深度质性访谈的共同特征

质性访谈的目的、风格和设计各不相同,但它们共享一些基本的特征:第一,运用质性访谈的研究项目均建立在一种自然主义的、阐释哲学的基础之上(我们将在下一章讨论这一话题);第二,质性访谈是日常谈话的扩展;第三,被访者是研究项目中的伙伴,而不是等待检测和考察的对象。

作为日常谈话的质性访谈

质性访谈和日常谈话有很多共同点。如普通的对话一样,在质性访谈中双方轮换发言,问题和回答有条不紊地交替给出。研究者倾听每一个回答,并据此决定接下来提什么问题,而不是事先确定三四个问题,不管回答是什么就一股脑地提出来。访谈就像日常谈话一样，每一次都会有新的东西。

正因为如此，访谈就有了令人着魔的不可预测性。谈话伙伴可能会控制访谈，转换主题，主导节奏，或者指出访谈者提出了一个错误的问题。访谈有时会变得充满敌意，有时过于温情脉脉，有时危机重重，有时轻佻浮夸。奇怪的事情偶尔也会发生，我们的第一次研究就碰到过这种事：当我们如约赶到时，发现被访者坐在房间中间，膝盖上放着一支短枪。质性访谈者的一个技能就是要快速适应意料之外的处境。

质性访谈建立在你已经具备的谈话技巧之上。在日常谈话中，人们依循常规提出问题、等待回答："这些药丸已经两年了——还能吃吗？""我迷路了，Alden 广场怎么走？"这样的谈话遵循众所周知的规则。人们知道该谁发言，中途打断是无礼行为。人们知道主题是可以转换的，并知道如何合理地转换。人人都明白，到底说了些什么并不那么重要，因为日常谈话既是一种交流信息的手段，也是一种与他人维持关系的方式。

然而，进行一次质性访谈并且理解人们所表达的意思所需要的技能远远超过日常谈话。提高这些技能需要大量的实践。你如何看待针对你所选的主题而提出的问题？你怎么让对方保持聚焦的状态？你的访谈对象是谁？你为何选择他？你如何能相信人们所告诉你的一切？

从技术角度出发，你如何说服一个人成为你的访谈对象？问题应当具体到什么程度？其措辞是否带有偏见？你怎么让人们详细阐述？你如何处理对同一事件的不同表述？你在何时采用现场记录而何时又将只依靠记忆？你是否要使用录音机或摄像机？

即使是日常谈话的原则，也与访谈有一些不同。在很大程度上，普通谈话是在熟人中进行的，而至少在研究之初，许多质性访谈都是在陌生人之间展开的，所以访谈过程的一个组成部分就在于建立联系以便进行开放式交流。不仅如此，虽然有一些日常谈话是被有计划的议程所引导（隐性的或公开的）的，但大部分的日常谈话主要是社交性质的，从运动、家庭到对工作的抱怨，话题经常转换，几乎没有明显的秩序。相比之下，深入访谈中的许多话题是研究者有意引导的，他们鼓励被访者详细阐述有限的几个问题。由此产生的结果比普通谈话来得更为结构化。

访谈通常聚焦于讨论范围狭窄的话题并且尝试去了解这些话题

的细节。访谈所寻求的深度、细节和丰富程度,亦即 Clifford Geertz (1973)所说的深描,植根于被访者的一手经验,成为研究者搜集和综合的材料。为了达到这种程度的细节、深度和集中,研究者设计出主要问题、探测性问题和追踪问题。主要问题使得谈话在一个特定的题材上进行,并且确保覆盖了全面的主题,而探测性问题则是获取更多深度和细节并且鼓励谈话伙伴继续的标准化的方式。为了获得丰富和深刻的理解,那些从事质性访谈的研究者倾听,而后通过追踪问题鼓励被访者更详细地阐述他/她之前谈到的那些研究者认为重要的内容,由此探讨(谈话中的)关键词、观点和主题。

研究者并不仅仅对他们刚刚听到的内容发问,也对访谈过程中的间断和省略发问。比如,被访者在描述一段婚姻时从求爱时期直接跳到生孩子和离婚的压力。通过认真的,而且往往令人疲惫的专注,质性访谈者既倾听被说出的内容,也倾听没有被说出的话。质性访谈者倾听并且领会被访者所陈述的内容。当他们无法领会被访者的意涵时,就提出进一步的问题以便能获得明晰而精确的理解。

总而言之,与日常谈话相比,质性访谈需要更为认真的倾听,它要求人们尊重所听到的东西并不失好奇心,愿意承认还有未领会的部分,以及具备去询问尚未了解的内容的能力。

作为谈话伙伴的被访者

在问卷调查类的访谈中,那些提供信息的人相对被动,缺乏详细阐述的机会;而在质性访谈中,被访者和访谈者一样参与工作,分享发现的乐趣,而且往往以他们所选择的途径来引导问询。

在本书中,我们把那些回应访谈问题的人称为被访者(interviewees)、报告人(informants)或谈话伙伴(conversational partners)。被访者是一个相对中性的词,但这个词也指问卷调查中的填答人。报告人通常指的是那些不仅告诉我们他/她的个人经历,而且还告诉我们有关研究场景信息的人。然而,报告人这个词也被警察用来描述举报别人犯罪的人,所以这个词要审慎使用。谈话伙伴这个词有利于强调被访者在形成讨论和引导研究所应采取的路径中所起的积极作用。而且,这个词也暗示了访谈者和被访者为了达到共同的理解而一起工作的和谐的合作经历。同时,意识到被访者是一个谈话伙伴,也提醒研究者访谈的方向是研究者和被访者的共同关注。

谈话伙伴这个词也强调了你所对话的每个人的独特性,他/她独特的学识,以及他/她与你互动的不同方式:有些谈话伙伴是自我启示的,另一些人则是较为拘谨和形式主义的;有些人需要鼓励才会详细说明,另一些人则是滔滔不绝的;有些人有良好的记忆并且提供了大量的证据,而另一些人则只是猜测性地讲述或习惯给出推测性的结论。

研究者为每个被访者定制了问题,以便选择被访谈者知道的和令他们愉快的话题。在质性访谈中,询问每个人相同的问题没有任何意义。访谈是一个时期的窗口,是一个人和一次事件在一个时期的社会问题的窗口。

我们总是想与被访谈者建立合作伙伴关系并将被访谈者所关注的东西与我们的研究相整合。但这只是我们的愿望而已。如果这些伙伴们能够将谈话引向他们所知的和他们认为重要的内容,访谈就可能是高质量的。如果你把自己认为重要的问题强加给他们,你可能会以自己对那些领域所知不多的看法取代了他们经历和了解的方面。

本书的组织和响应式访谈模式

质性访谈既是艺术也是科学。作为一门科学它有许多要遵循的常规和一般性标准,但正如一切艺术一样,其技术的改进是用来反映艺术家的个人风格的。一些访谈者喜欢随意一些的访谈,其他人则要求访谈中有更多的结构;对少数研究者而言,挑衅性的问题是发现信息的一种途径,而大多数研究者则采取被动的倾听。无论如何,个人的访谈风格必须与质性访谈者面临的各种情况紧密配合。

这本书介绍了我们称之为响应式访谈(responsive interviewing)的模型,它允许多种访谈风格,却又呈现了该领域中的标准。使用响应式访谈这个术语,意在表达质性访谈是一个动态的、流动的过程,而不是一套被机械运用的工具。在这个模型中,提问的风格反映了研究者的个性,适应于随着访谈意图的变化而变化着的研究者和谈话伙伴之间的关系。响应式访谈者在开始做一个项目时,已经有一个事先拟定的主题,但他们明白他们会修正问题以与被访者的知识和兴趣相适应——你不会和美国棒球大联盟球员谈论外交政策,同样你也不会和国务院的官员们探讨棒球大联盟球队间的政治问题。在响应式访谈中,一项研究的焦点是在研究者和谈话伙伴之间的互动中逐渐浮现的。质性研究不仅是简单地了解一个主题,而且是了解研究对象中最重要的东西是什么。

几乎所有研究的完成,都是通过对研究资料的仔细分析,形成报告、专题论文、文章或书籍,质性研究也不例外。但是,与其他形式的研究不同,在响应式访谈模式中,分析不是一个一次性的任务,而是一个持续的过程。因此,差不多一开始做访谈,就要对访谈材料进行系统的分析,以便提出需要继续关注的进一步的问题和主题。当然,稍后还会将访谈作为一个整体重新分析。甚至在写作报告时若发现访谈中有缺失,研究者可能会返回去做更多的访谈。在响应式访谈模式的研究中,分析和访谈是交替进行、贯穿始终的。

在本书中我们会考察深度访谈的哲学和技术,在第2章中我们将讨论形成质性访谈方法的知识框架,展示研究程序如何从诠释建构主义的知识哲学中产生。

质性访谈是灵活的,但并不是随机或偶然的,它随环境改变而改变。第3章和第4章会描述这个我们称为反复研究设计的适应性计划过程。第3章考察研究者最初如何选择主题,之后又如何通过反复和灵活的重新设计完善他们的主题,以回应他们从谈话伙伴那里了解到的内容。这一章也讨论如何设计研究以确保你最后以有效的证据得出令人信服的结论。第4章继续讨论设计,考察研究者如何通过审慎选择被访者和研究地点,如何恰当地提问,以及如何准确地写作报告来保证信度。

第5章将讨论如何鼓励谈话伙伴分享他们的经验。这一章也会考察进行开放式的质性访谈时最重要的研究伦理,并强调访谈者保护谈话伙伴免受研究造成的伤害的义务。

接下来的四章聚焦于进行实际访谈的几个阶段:第6章探究在访谈中研究者和谈话伙伴之间的动力;第7章密切关注主要问题、探测性问题和追踪问题的目的,以及如何在单个访谈中把它们整合到一起;第8章对主要问题、探测性问题的措辞方式给出建议;第9章描述如何找出下一步该做什么以及追踪应如何措辞。

质性资料分析的逻辑和技术是第10章和第11章的内容。这两章描述如何识别概念和主题以及结合二者以回答研究问题。第

12 章探讨如何呈现分析结果：通过详细的描述和谨慎的措辞形成清楚的、引人入胜的、有说服力的书面报告，并最终可以出版。

关于作者

　　响应式访谈模式认识到研究者和谈话伙伴都是有感情、偏见和利益的个体。为了解个人特征和利益是如何影响访谈的，我们利用了许多来源于我们所做的研究的例子。我们中的两个人，公共行政官员 Irene Rubin 和城市学家 Herb Rubin，已经参加了各种各样的项目。多年以前，Herb 和 Irene 研究了泰国政府的经济发展项目对贫困农民的影响。Herb 检验了郊区的过快发展，并在另一个项目中与那些以促进美国经济发展为工作内容者进行了谈话。他已经与致力于提高就业前景、住房和穷人的安全保障的社区活动家和全国的倡导者们进行了数以百计的访谈。Irene 曾经关注过政府如何削减和平衡其预算，预算过程如何改变，以及政府是否及如何学会解决问题。政府机构在哪里学会以及他们如何在需要的时候回忆起这些内容？ Irene 现在试图弄明白政府与私人部门合作提供服务的含意。

　　我们的经历包括与内阁部门的助理官员的正式访谈，在稻田中与东南亚农民的随意交谈，以及在养老院中的非正式访谈。在不同的时期，我们进行了评价访谈、行动研究、详细的个案研究和调查访谈。我们曾有过访谈时受骗的遭遇，也曾为某个访谈的深度和坦率而感到困扰。有时，我们必须采取激进的行动，就像一个调查记者那样；而更多的时候，我们则是以一种不正式的方式倾听我们的谈话伙伴想要交流的内容。文章内容加入了许多关于我们曾经遭遇和努力解决的问题的例子。我们想要说明研究并不总是顺利的，质性访谈的不可预期性需要一套持续的、考虑周全的解决问题的方法。质性访谈是宽容的，如果你是警觉的并且有一点幸运的话，你可以在犯错误后改正它们。最重要的是，通过分享我们的工作，我们希望你也能够感受到我们在每次学到新东西时的那种激动的感觉。[1]

----

① 我们的响应式访谈研究，主题大多和公共部门的问题有关，或者和那些试图影响公共部门的倡议组织有关。参见 H. J. Rubin(1973,1984,1988a,1988b,1993,1994,1995,1997, 2000)和 I. S. Rubin(1977,1982,1985,1992,2002,2003)。

　　由于我们的作品只反映了深度访谈所能达到的成果的一小部分,所以我们增补了来源于我们的同事、犯罪学家 Jim Thomas 的个人案例。在编写此书时,我们注意到我们的谈话伙伴大部分都从事主流职业并且总是合法的。Jim 好心地与我们分享了他与监狱中的犯人以及其他被主流列为异常的人的交流经历。我们也增加了许多已出版的对于城市生活、健康、学校、警察和经济进行研究的例子。对例子的选择是很困难,因为有待选择的好研究是如此之多,而我们只选择了一小部分,并希望它们是有代表性的。这其中包括 Wilson(1996) 和 Anderson(1999)关于城市贫困的研究,Charmaz(1991)对患艾滋病的妇女的报道访谈,还有 Chase(1995)关于女性学校主管的讨论。我们也纳入了 Duneier(1999)对纽约的街道供应商、MacLeod(1995)对街上的青少年团伙成员的观察和访谈,以及有关一家家禽养殖场的倒闭对一位妇女的影响的口述生活史(Chatterley et al. ,2000)。我们使用这些书籍(以及在全文中提到的其他书籍),因为他们是杰出的研究,往往展示了不同于我们自己的访谈风格,也因为这些研究为我们打开了新的世界,希望它们也能给你带来同样的感受。

2

我们为何如此行事

——质性访谈的哲学

在针对社会和政治世界长达 35 年的研究历程中，我们运用过各式各样的资料收集方法（运用参与观察，我们在一个发展中国家里考察了政府官员与农民之间的互动；通过深度访谈，我们探讨了城市、大学和联邦政府如何应对预算赤字，制度上的种族主义如何影响城市重建工作，以及政府机构如何学习），并设计了针对多种主题的电话调查和邮件调查。在研究生涯的早期，我们采用了适合于研究问题的任何资料收集方法。但是，多年后，我们发现自己差不多完全依靠观察和深度访谈，因为这些方法让我们获得了更为全面、更具创造性的结果。这些年来，社会学、政治科学、公共管理、教育和健康领域的很多同仁同样发现，质性方法适合于研究复杂而微妙玄奥的世界。

在本章中，我们将比较两种不同的研究哲学：实证主义（positivist）和诠释建构主义（interpretive constructionist）。二者反映了知识界在下面这个问题上的主要分歧：何种信息是研究者应该去搜索的，以及如何去获得这些信息。实证主义哲学重视实验、问卷调查和其他统计研究，模仿自然科学从事研究的方法。如果主题合适，研究者能够运用实证主义模型做出高质量的研究，不过这取决于你想要了解什么，对自然科学的模仿并非总是最好的研究途径。

诠释建构主义取向为观察和深度访谈研究项目提供了指导。我们认为，对很多研究问题而言这种范式更为适当。在本章中，我们将描述这些相互对立的模型，然后说明我们为什么和怎么样使用诠释建构主义方法。在本章结尾我们将介绍响应式访谈模式（responsive interviewing model），这种模式建立在诠释建构主义取向之上，能为我们设计研究、收集资料和分析结果提供一个框架。

但是，我们为什么要关心质性访谈的哲学基础呢？原因之一是，对诠释建构主义方法的理解能够使你适应无法预期的研究问题，还能帮助你找到收集完整且可靠的信息的新办法。还有一个原因，它能帮你处理那些时常给质性研究者制造障碍的范式之争。在很多学科领域，强势人物——通常是那些提供资助或编辑主要期刊的人——相信唯有定量研究（如问卷调查、实验、官方资料的统计分析）是精确而系统的。为了对自己的研究方法进行辩护，你需要理解对方的假设，以及你的模型的假设有什么差别。

此外，在决策部门、研究机构和大学里，做研究之前必须获得许可——过去是从老板、论文委员会主席那里获得许可，现在则越来越多地从被称为制度评估组（institutional review boards，IRBs）的委员会那里获得许可，后者的设立是为了保护人类主体。不幸的是，那些我们必须向其取得许可的人可能对诠释建构主义范式并不熟悉，并且很可能错误地认为所有的社会研究都应该用实证主义的方法进行。结果，他们可能要求看看由一些经过精心准备的相同问题所构成的问卷，并且假定研究者会不带感情色彩地向随机抽取的对象询问这些问题。作为一个自然主义（naturalist）研究者，你必须要能解释自己为什么不向所有的访谈对象问同样的问题，为什么不能在进行访谈之前就预见所有将搜索的信息。如果你能够解释实证主义哲学和自然主义哲学之间的差异，你就能向老板、论文导师和 IRB 成员们证明你的研究是合理的，你的研究方法是可信的。

研究哲学简介

研究哲学或范式决定了人们研究世界的方式。根据 LeCompte 和 Schensul（1999：41）：“范式设定了一种方式，它让我们探寻世界，对所看到的东西进行解释，并决定被研究者看到的东西中哪些是真实的、有效的和重要到值得记录的。”研究哲学同样指示着研究应该如何进行，由谁进行，带着什么程度的投入或冷静进行。研究哲学处理了区分实证主义和自然主义方法的四个关键的问题：

研究的核心目标是什么

是发展、检验理论和发现一般原则吗？或者，是描述和理解复杂处境吗？是记录贫困并创造行动或改革的基础吗？

真实意味着什么

独立于人的认知的真实存在么？由于个体看到的和体验到的东西不同，加上他们对事件、故事、对话的理解不同，真实会不会是因人而异呢？研究发现是代表着某种客观真实、研究者的理解，还是那些被研究的各种各样的想法，抑或某种混合？

什么类型的研究工具是合适的

每个范式的假设都不一样，研究工具就以这些不同的假设为基础。调查问卷背后的假设是：这些问题会给被调查者统一的感受，获得的答案也都是有意义的。实证主义者接受这些假设，自然主义者则质疑统一的共享理解的可能性。在自然主义的研究中，研究者自身就成了资料收集的工具，他们在倾听、观察和理解方面的技术是至关重要的。

研究者如何以及应该如何影响发现过程

研究者能够保持中立，不影响所看到或测量到的东西吗？实证主义者说可以，但是自然主义者则认为，由于研究者是人而不是机器，所以研究者将不可避免地影响研究对象。

比较实证主义范式与自然主义—诠释主义范式

假设你正受雇于一家多年来致力于为穷人提供经济适用房的非营利机构。为了争取更多的资助，该机构需要向基金会和政府部门展示过去的成就。假设资助人对该机构已建房屋的数量感到满意，但是还想进一步了解那些房屋的效果。为了回答他们的问题，你也许要做一项研究，搞清楚该机构帮助过多少人在安全的街区中找到了像样的、能够负担的住房，以及人们是否因此免受了频繁搬迁之苦。

你着手做一项家户抽样调查，调查对象既包括受助者，也包括同一街区里的非受助者。你向每个家庭提出同样的问题：挣多少钱，住房现时花费多少，过去花费多少，在现住处住了多长时间。你还去确定房子的年头、大小、内部现代设施的数量，以及有关房屋质量的其他类似指标。

这项初始研究遵循很多实证主义的假设。它假定了人们对什么是收入和什么是住房花费有着同样的理解,并在此基础上判断平均而言受助者是否用更少的钱获得了与过去相同甚至较之更好的住房。你试图测量整个项目的平均效果,如果多数人变好了,那么该项目就是有效的。为了展示这种效果,你必须能够对比那些项目受助者和非受助者在房屋质量和花费上的差异。

不过,你也许决定接着做深入访谈,从项目受助者那里了解住房的改善是如何影响他们的生活的。例如,你可能发现生活在稳定的、可负担的房屋中的孩子在学校的表现更好,因为他们不必经常搬家。或者,你可能发现那些从该机构购买房屋的人获得了自信心,他们参加邻里组织并且创办自己的生意。你可能了解到那些自我感觉转好的人会更经常地参加地方政治活动,你可能因此决定扩展你的研究,将社区邻里的政治觉醒也包含其中。

自然主义的研究者在做这一评估课题时,会把从不同人那里听到的细致入微的故事构建出一幅图景,用以描述住房改善对个人及其社区的意义。实证主义者则更有可能从其他方向展开。他们可能会做一项问卷调查,询问人们是否感觉到能力增强。他们向每一个潜在的应答者提出相同的问题,让他们做出诸如"是,非常"、"一些"、"否,一点也不"之类的回答。接下来实证主义者会计算分别有多少人回答了"是"、"一些"、"否"。自然主义者可能会批评,这种将人们的反应划归为诸如"是"和"否"等狭隘类别的做法,模糊了"能力增强"对个体而言的丰富内涵及其发生方式。在这一点上,两种研究哲学之间的对立是分明的。

实证主义及其批判

正如物理学家或生物学家一样,实证主义的社会研究者致力于寻找那些他们认为主宰行为的统一明确的规律。社会行为科学领域的实证主义者考察有关社会世界的简化模型,以揭示若干变量(例如,性别与教育)之间的相互关系。实证主义使用的是量化的语言,旨在发现一系列解释和预测人类行为的统计方程。由于实证主义者致力于寻找普遍适用的规律,所以他们从复杂的社会世界中析取出简单的关系加以考察,似乎情境并不重要,而社会生活也是稳定不变而非持续变动的(Dezin, 1989; Licoln and Guba, 1985)。

　　实证主义者假设知识在政治和社会方面是中立的,并可以通过遵照严格的信息收集计划来获得知识。他们认为,通过保证数量精度,并对事实加以积累,就可以最大化地接近独立于人类认识的真实。他们通过对预先确定的变量进行量化处理来表述研究结论,而变量通常根据已有的学术理论来定义(Licoln and Guba,1985)。因为他们假定真实可以并且应该依据统计精度来测定,所以实证主义者一般都把复杂的信息简化成数量,并忽视那些难以量化的部分;又因为他们致力于寻找普遍规律,所以他们经常忽视细微的差别或异常案例。

　　实证主义者假定研究者关注的对象和事件独立于人们的认识而存在,因此它们只有一种真实的面貌。那种认为事件可以因为参与者的建构而呈现出不同的面貌,且每种面貌在某种意义上都具有真实性的观点构成了质性访谈的基础,但不为实证主义者认可。例如,根据实证主义的基本原理,调查研究者设计出诸如"你的年龄多大了?"或者"上次选举中你投票给谁?"之类的标准化的问题来询问所有的被访者。在他们看来,这种简单的标准定义是无可置疑的,因为大多数人对问题的含义持有共识。但是人们对于公平、幸福或宗教信仰的认识是不同的。诠释主义者指责这种把标准定义强加给不同人群的做法容易带来误解与混淆——两个被访者在同样回答"是"的时候,可能包含了不同的意义。

　　在收集调查资料时,访谈者采用统一的方式对待每一个调查对象,并不受被访者影响,这样答案就与访谈者的个性无关。调查者向每个人询问同样的问题,而回答者只能根据研究者事先设定的范畴作答。回答者被视为是可置换的,他们除了研究者界定的背景特征外没有任何特殊个性。既然研究者事先已经确定了问题的措辞,调查就是由研究者的初始认识而非被访者的理解所控制。

　　资料收集工作完成后,实证主义研究者计算他们的测量结果的总和与平均值。如果我们想要了解在同一份工作中女性所获报酬是否少于男性或者某一地区的房屋按揭是否较少之类问题的答案,统计资料是适合的。那些入狱者的经济背景,"9.11"后航空公司解雇的人数,社区组织建设的住宅数量,都是有待计算和测量的重要对象。在你将这些想法转化为数字的时候,并不会损失很多的信息,而有时你还可以通过统计分析发掘出肉眼不可见的一些趋势和关系。

但是,如果你的研究止于计算阶段,你就遗失了很多信息。你可以了解人们自己说的收入,却无法明白这意味着什么,也不明白收入相当的人在如何生活以及对贫穷或成功在主观感受上是否有大的差别。你无法了解他们如何靠工资生活,如何度过诸如圣诞节之类的互赠礼物的节日,或他们怎么应对意外的医疗费用。总之,研究的计量方面,尽管有用,也只讲述了故事的一小部分,并且通常不是最有趣和最有用的。

一些研究哲学,如批判主义、后现代主义、女权主义和建构主义范式,都针对实证主义的某些方面提出了反对意见。它们不是寻找潜在的固定不变的真实,而是认为真实存在于特定情境下的特殊时刻中。与实证主义者在假定中立的研究者和无偏的事实基础上的研究不同,这些范式假定研究者的态度和个性会给研究带来影响,并且研究的目的是支持某种社会或政治议程,或者为那些沉默者代言。下面我们将会集中讨论这些研究哲学,它们是对实证主义的严肃批判,同时也是响应式访谈模式的基础。

批判理论

在批判理论范式(Kincheloe and Mclaren, 2000)指导下的研究重视发现和矫正社会问题。与提倡中立性不同,批判取向的研究者强调行动研究,认为研究应该揭示出过去的压迫,将问题明朗化,并为少数派、贫穷者、边缘群体和沉默者提供帮助。在这种范式下,知识并不是在观察者之外作为同一和普遍的真实等待每位研究者来发掘。相反,知识是主观的,观察所获取决于所采取的立场和视角。因为重视所采取的观点或立场,这种对主观性的主张有时被称为立场理论(standpoint theory)。大多数有关女权主义、酷儿①和批判性种族主义的理论都强调立场的重要性。

批判研究是为被压迫者赋权的一种途径。批判主义研究者通过研究那些遭遇压迫、打击并且无助的弱势群体(犯罪受害人、移民劳工、住院病人、艾滋病患者及其爱人和拥护者、政治与社会的少数派、残疾人),明确地站在他们一边,让他们向社会发出声音。

---

①酷儿理论是由男同性恋者,女同性恋者及易性癖维权活动家发明并使用的一个词,用以描述自己的研究和理论。他们有意用酷儿这个词来挑战它的负面意涵。对我们来说,使用这个承载了如此多负面意涵的词并不容易,但我们理解那些使用者的意图。(Puberman, 1997)

批判主义研究者考察被压迫者的成就被忽视、挫折过早地被接受或者职业生涯被阻断或破坏的情形,试图理解这些事情怎样发生以及为什么会发生。对那些接受批判主义范式的人而言,他们所研究的真实就是关于压迫的事实。研究致力于描述压迫是如何被经历的,以及普通人如何理解他们遭受偏见、贫穷或羞辱的原因。研究应当引导减少这些由压迫导致的问题的行动,并努力将"个体面临的日常困扰与有关权力、公正和民主的公共议题相连"(Kincheloe and Mclaren,2000:289)。

女权主义理论

作为广义批判主义取向的一支,女权主义理论尤其关注统治和服从的话题,以及它们对理解的影响①。对于女权主义研究者而言,调查之所以是非赋权性的,是因为它们并不允许被访者解释他/她的感受,也是因为中立性的假设忽视了调查问题背后的文化假设。此外,将信息简化为概要数字和假设被访者具有可置换性的做法都是去人性化的,去掉情境的同时,长期存在的不公正的统治体系的结构也被遮蔽了。

女权主义研究者提出了一种对研究者和被访者都更人性的方法论。允许人们"回嘴"的做法(hooks,1989)通过访谈给了那些沉默者以表达的机会,回嘴成为一种政治行为。女权主义研究者强调,访谈者和被访者之间应该建立起一种适当的关系,他们都有责任寻找词汇和概念来表达观点和描述生活,如此一来,妇女参与这一议题的重要性就得到了强调。如果说实证主义者没有给被访者赋权,而女性主义者就是有目的地为之赋权。

女权主义研究者主张我们有必要在结构更加开放、宽松的方法论指导下进行女性研究,以把握她们的词汇、概念以及她们赋予自身世界中的事件的重要性。访谈不应该是应用在被动的对象身上的呆板的工具,而是应当类似于被访者参与交流的正常对话。另外,随着时间的流逝,研究者应当成为被访者的朋友。女权主义研究者强调研究者和谈话伙伴之间的文化亲和力很重要,有些女

①综合自以下文献:Anderson and Jack(1991),Devault(1990),Edwards and Ribbens(1998),Gluck and Patai(1991),Harding(1991),hooks(1989),Oakley(1981),Reinharz(1992),and Reissman(1987)。

权主义研究者不但强调女性应该对女性进行访谈,并且要求访谈者和被访者应当地位等同。例如,带小孩的成年学生应当访谈那些同样是带小孩的成年学生。

因为研究者在访谈中发挥着积极的作用,所以他/她需要警惕自身的情感。访谈者的情感会影响到他/她的所见所感:如果访谈者自身是充满担忧的,那他/她可能很难真正听到被访者在说些什么;如果访谈者本身对所谈内容感到生气,那他/她可能会改变问题的方向或者听不到研究问题中积极的方面。

后现代理论

那些自称为后现代主义者的研究者们也对实证主义的大部分持反对态度。后现代主义假定,真实并没有被完全掌握,并且是不可能被确定的。最极端的情况下,有些后现代主义者担心什么都是不可知的,并声称研究者能做到的最多就是使人们能够共享经验和情感。后现代主义者认为,中立是不可能做到的,因为每个人都有自己的兴趣和态度,这些会对话题的选择、合适的问题的确信、发问方式及认可为恰当的分析方法都产生影响。就像天下没有两片相同的树叶一样,任何两个研究者都不可能绝对相同,因此不同的研究者得出的结论也不可能是一致的。这种一致性的缺乏对于后现代主义者来说不成问题,因为这正好印证了知识是处境化的和情境化的这一事实。

与实证主义者认为只存在一种正确的观点的看法不同,后现代主义者主张研究者的观点只是众多观点之中的一个,其与被研究者的观点相比,并不更具合法性。因此以尽可能原汁原味的方式,用言说者自己的词汇,几乎不加阐释地呈现一系列的观点和结论十分重要。在实证主义者那里,研究者是权威的,他/她所发现的是接近真实的,他/她代表了书面报告的意见。但是因为研究者的看法在后现代主义范式那里并不具有优先性,所以后现代主义者制造了一个有关谁的声音被传达并且应该被传达的困境。有些人主张只有被访者的观点是应该被表达的,并通过未加处理的录像带或者关于言说内容的笔记来表达(Atkinson,2001;Dezin,1997;Gergen,1999;Schwandt,1999,2000)。

诠释建构主义理论

对诠释建构主义者来说,重要的是人们如何看待事物或事件

以及他们附加其上的意义。与一把椅子是否高 36 英尺以及有 47
年历史的问题相比,人们将它看成是古董还是垃圾的问题更重要。
建构主义者希望人们关注不太一样的事物,通过独特的视角来考
察它们,并得出不太一样的结论。在这一意义上,对同一事件或物
体混杂的甚至冲突的观点可能是同时正确的。将一把椅子视为古
董的人并不比将它视为垃圾的人更正确,他/她只是通过不同的经
验、知识和观念来了解这把椅子,从而得出了不同的解释。

　　建构主义研究者试图引导出被访者关于自身所经历或观察到
的世界、工作和事件的看法。不同于实证主义者寻找平均状况并
忽视细节的做法,诠释建构主义者致力于寻找细节和详情,并以此
为 基 础 建 立 解 释 (Berger and Luckmann, 1967; Charmaz and
Mitcahell, 2001; Gergen, 1999; Gubrium and Holstein, 1997;
Hammersley,2001)。

　　有些建构主义者关注人们借以观察事件的视角(lenses)以及
他们借以解释所见、所历事件的一般期望和意义。如果这些期望
和意义从群体的一代人传递到下一代人,它们就构成了文化的一
部分。当有些人把一把旧椅子看成是古董的时候,他们为什么会
有这样的想法?他们使用的古董的定义是什么?任何 40 年以上的
物品都可以被称为古董吗?或者,古董必须是有价值(比如由某位
特殊的家具制造者制成)或具有某种特殊风格的吗?什么决定了
一把旧椅子是由古董商或者旧家具商店购买与再销售?建构主义
学者认为群体创造了这个定义并实行共享。儿童可能从父母那里
或者当他在博物馆里试图坐在一把非常旧的椅子上而被博物馆警
卫轰开的时候,学习到古董的意义。建构主义者可能认为古董不
是客观的观念,而是人们赋予一个物体从而使其变得有意义的
名称。

　　建构主义者还关注那些处在同一文化舞台(人们在信仰、历
史、工作任务、监狱限制或政治利益上都有共同之处的设置)中的
人们的共享意义。通过共同生活与工作,甚或在同一邻里或职业
中互动,人们开始共享一些意义,以及一些判断事物的方式
(Gubrium and Holstein,1997:172)。例如,专业的会计群体可能对
预算平衡的概念有共同的看法,心脏康复部门的护士们可能对进
食不健康食物和不愿锻炼的典型病人有一些共同的看法。街头卖
报者中有很多无家可归的人,也形成了某种文化舞台,他们按照相

似的方式来分享意义。街头卖报者会捡起人们放在路边供政府收集的可回收物品并再次出售,他们不会把它当作偷窃,尽管城市法令会以另外一种方式来界定这种行为(Duneier,1999)。诠释建构主义范式致力于确认某些特定群体中的共享意义,它认识到尽管每个人都以多少不同的方式解释他/她经历的事件,但是他/她同时也可能承担着其所属的同伴群体、家庭、朋友、教派或其他群体成员的理解。

人们用来判断形势的文化视角经常被视为理所当然的和无形的(Schutz,1967:74),因此研究者很难对文化进行提问。相反,研究者必须通过对一般的事件进行提问,并从这些描述中推论出潜在的规则或定义来了解文化,同时,必须对词汇的稀有用法和传达文化假设的故事加以特别关注。

那些遵循建构主义范式的人认识到,研究者也会设定一些文化假设,这会对他们如何提问、如何分析访谈结果产生影响。诠释建构主义者不必放弃他们的文化假设而采取其谈话伙伴的文化假设,但是他们必须保持小心,以防自身的文化假设对理解被访者言说的意义构成障碍。进入与自身视野不同的他人世界,需要这样一种能力:首先认识到自己的文化假设,然后在足够长的时间里将其搁置,以观察和理解他人的文化假设(Gergen,1999:50)。

与各种批判学派的思想及后现代主义一样,诠释建构主义反对实证主义的很多原则。实证主义者通常试图量化他们的研究对象,而建构主义者主张数字的意义是社会性建构的——并非独立于人们赋予它的意义之外的绝对概念。数字自身不会说话。一个公司的总裁可能将最近的经济指标看成生产力提升的标志,而员工则可能会认为同样的数字意味着更长的工作时间而没有提薪。他们各自对数字的结果加以不同的建构,而得出了不同的意义和结论。

实证主义者通常关心集中趋势对平均数或典型性的测量。诠释主义者通常对平均数不感兴趣,他们热衷于将不同个体对特定事件或文化议题的详细描述汇集在一起,获得综合性的理解。诠释主义者力图以被访者自己的文化视野来梳理不同人的经验,权衡考量不同版本的讲述,并将其连接起来构成一个完整的解释。

对统计手段的过度依赖去掉了情境,因而也去掉了意义。一个诠释主义者可能会说:"我不了解或不理解某个人在问卷中给出的'堕胎有的时候是错误的'回答意味着什么。"这样的回答呼唤更多的追加问题:什么时候是错误的,以及什么时候是可以接受的?建构主义者会聆听故事,并试图确认被访者是如何给出有关堕胎正确与否的决定的。建构主义者指责实证主义者经常用只允许单一答案的技术对包含复杂答案的问题进行提问的方式。

响应式访谈

我们将达至深度访谈研究的方法称为响应式访谈。响应式访谈的模式在非常大的程度上依赖于诠释建构论的哲学思想,再加上一点批判理论,以及做访谈的实践需要。该模式强调,访谈者与被访者是两个人,而不是录音机,他们在访谈中形成了一种关系,访谈者因此有了伦理责任。在响应式访谈模式当中,访谈的目的在于达至理解的深度,而不是广度。响应式访谈的第三个特性是,研究设计始终保持灵活性并贯穿整个研究。

两个人

响应式访谈模式认识到这样一个事实:访谈者与被访者都是有感觉、人格、兴趣、利益和经验的人。访谈者不会被期待是中立的,或者是机器人:他们是谁,以及他们如何表现,都会影响访谈。每一位访谈者都会发展出与他/她的人格最匹配的、他/她最感得心应手的风格。另一方面,因为访谈者和被访者互动并相互影响,访谈者必须保持自省,以检查自己可能对被访者产生影响的偏见和期待。

风　格

响应式访谈模式允许研究者发展不同的风格。一些访谈者习惯于鼓励他人谈话,同时使自己的卷入程度最小化。他们小心谨慎地不发表意见,不去挑战被访者,哪怕被访者出现自相矛盾、夸大成果或责难他人的情况。这种不质疑的风格,最适合于可以对相同的被访者进行再次访谈的情况,这样一些特定话题就可以被第二次提出来。其他的访谈者倾向于一种更加直接的方式。这些访谈者喜欢质疑他们的谈话对象,他们指出可能的矛盾或疏漏,并且提出相反的解释。这种更富侵略性的风格最适合于以下情况:

它向被访者传达一个信息,研究者期望的不仅仅是恰到好处的回答,而是更多。

　　所谓的风格,会在访谈者准备和进行访谈的方式中呈现出来。一些访谈者喜欢先介绍自己以及主题,紧接着开始采访,询问他们的问题,然后离开。其他研究者更喜欢一种循序渐进的方式,他们在正式访谈前花一些时间,闲谈无关的话题以跟被访者建立关系。在准备访谈方面,一些人仅仅写下他们想要研究的宽泛话题,而另一些人会仔细地注明可能的追加问题,假如被访者在被问及之前就回答了,就在心里或行动上取消它们。还有人在访谈进行的过程中,凭借记忆力或即时反应,阐明合适的问题。一些采访者作大量的记录,而另一些人几乎只使用自动录音器材,以将注意力更多地集中在认真聆听而不是记录上。

　　这些不同风格没有天然的正确或错误之分。只要使谈话对象感觉舒服,可以获取所需信息,并且和访谈者的人格相适合,这种风格就是有成效的。

自　省

　　响应式访谈模式主张,研究者与其假装能进入毫无偏见的境地听取答案,而不经过他们的自身经验和文化棱镜过滤,还不如持续检查他们自己的理解和反应。个人卷入是响应式访谈模式的一种巨大的力量,因为移情鼓励人们谈论,可是你个人的情感和偏见会影响你问什么,以及你的谈话对象如何反应。要做一个成功的访谈者,你需要使自己对这些偏见敏感,并学会矫正你的倾向。

　　在访谈中间停顿的时候,你应该查看你的访谈,看看你的问题是否不适当地将被访者引入了特定的回答,或者你有没有因为不想听到什么可能的回答,而在需要额外追问的地方有意避免提问。假如你发现你太过强烈地执著于自己的观点,最终只询问诱导性问题,或者由于感到压力太大而回避对某些议题的深究,那么,你可能应该另外选择一个课题。

　　自省还可以通过其他方式改善访谈的质量。假如你发现,当你怀疑一个被访者对你撒谎时会对他/她发脾气或变得无礼,你就可能需要找到方法,避免询问那些可能导致谎言的问题。注意不要在访谈中过早地询问有关个人信息的问题,留意不要说出任何听起来像是谴责和批评的话,假如你问有关违规的问题就更要当心，这可能致使被访者回避你的问题。

当对被研究者的认同逐渐加深时，你同样需要关注你自己。你确实应该移情，但是有些研究者对他们正在研究的东西太过着迷，以至于忘了询问该议题消极的一面。如果你碰到这种情况，应建立逼近议题的询问模式，以确保一定的平衡。

自省不仅仅对改善访谈质量有用，而且可以保护你不会更深地卷入到被研究者的世界里。在响应式访谈当中，影响是一个双向通道。当意识到对原以为理解的议题实际上知之甚少，要学的东西异常繁多，响应式访谈者可能会面临不知所措的风险。你的理解将会增长，可以帮助你对付这种不安全的感觉。

通过研究者正在研究的东西，他们可能还会受到个人的、政治的或社会层面的影响。你可能变得很愤怒，乃至于认为行动比研究更重要。或者，你可能在一开始时同情那些费时和冒险担任公职的人，到最后却怀疑他们的动机和成效，这让你情感混乱。诸如此类的改变可能会以动摇的方式影响你的自我形象。

在极端的情况下，使一个人成为熟练的访谈者的移情，可以导致访谈者质疑自己的价值。如果你发现你同情诸如杀手、种族主义者、笃信的不容异己者(religiously intolerant)或诬蔑公众信仰者，你可能会开始质疑你自己。如果相信你强烈反对的观点使你感觉到太虚伪而做不好，那你可能需要重新拟定你的研究边界，从而避免你处理不好课题。如果你不能既同情管理者，又同情劳工，那么就只研究管理者或劳工。假使你可以把研究坚持下来，你会发现研究所需的密切的关系会在研究结束后逐渐消弱。最后你可能会改变态度，但是你的基本价值观还是会保持。

然而，你需要小心，对于自己忠诚应落在何处的思考混乱不能促使你太过强烈地否决被访者和他们的世界，以至于带着愤怒去书写他们。举个例子，想象一下你去研究男同性恋酒吧，你对采访对象的移情达到的程度使你开始质疑自己的信念和信仰。在开始撰写报告时，你可能会否定被访者和他们的故事，以此来向你自己和世界表明你不是一名同性恋者，这样一来，你就在写一份不完全坦诚的报告。如果你能保持足够的内省，就会发现你正在使你的报告走向偏颇，这时你需要放下计划，在继续写作之前处理好个人的卷入。

置身研究关系中

响应式访谈模式的核心在于理解访谈者和被访者处于一种相互影响的关系中,不过,也要承认个体性的存在。虽然研究者最初确立研究的大体方向,但谈话伙伴会设置更为具体的路径。最初的问题以非常宽泛的方式表达出来,从而给被访者机会使其根据个人经验回答。然而,被访者的回答向研究者表明了什么需要继续,而什么需要忽略。访谈采取低调和开放的方式进行,可以使谈话伙伴表明对他们来说重要的话题、关注点和意义。

在长期的交谈中,访谈者和被访者发展出共同的理解,这些理解是因人而异的。响应式访谈者认识到,每一位访谈对象都有一套不同的经验、对这些经验的意义的不同诠释以及不同的专长领域。因此,为了发掘这些各不相同的知识,研究者为每位被访者创造出新的问题。另外,随着访谈者和被访者关系的发展,采访问题也会相应地改变。亲近、信任和最终的友谊在访谈过程中发展为不同的水平,问题的措辞也会被相应地调整。一位政府官员抽出三十分钟空档接受你的第一次访谈;另外一个则是已经成为你朋友的人,他花整个下午的时间接受你的第四次访谈。在这两个不同的访谈中,你能提的问题一定差别很大。

由于响应式访谈假设访谈者与被访者之间存在一个相互的、私人的关系,研究者就会被这种同样适用于他/她生活的其他方面的互惠理念所制约。研究者得到的是时间、深思熟虑和被访者的坦诚,那他们用什么来回馈?

通过帮助谈话伙伴解决他们的问题,或者通过项目本身使公众和决策者注意到这些问题,这可以使谈话伙伴受益。即使研究者不能帮助解决问题,他/她也应该确保访谈经历对被访者而言是愉悦的、有趣的,并且或许可以帮助他们更好地理解自己的经验。研究者不能胁迫或执意探究被访者不愿意讨论的话题,侮辱或欺骗访谈对象。一点点的幽默、温暖、关心以及支持,都是访谈对谈话伙伴的一种回报。理想状况下,访谈应该使得被访者的状况变得更好。

因为研究者要求被访者敞开心扉,互惠性原则要求研究者也袒露自己的一些东西。至少,访谈不应该成为你试图使你的访谈对象说出全部,而自己保持缄默的权力游戏。你不应追问不需要知道的个人信息,而应该采取最不具侵犯性的路径得到你确实需要知道的东西,在表达你对某事的兴趣之后,把是否透露以及透露些什么的选择权交给被访者。

作为和谈话伙伴所发展的关系的一部分,研究者承担着很深的伦理责任。这包括准确、公正地去报道访谈,遵守为访谈而许下的任何诺言,以及不伤害被访者。虽然道德要求你善意而温和地对待被访者,作为研究者你也有责任使你的报道准确。有时候,在准确报道和不伤害被访者之间存在着张力,尤其是在你发现一些令人不快的真相的情况下。虽然你试图在你的陈述中找到平衡,但你并不需要总是将你所知道的所有事情呈现在写作当中。有伦理意识的研究者会去判断,他们的报告对被访者可能的伤害是否是增加准确性的必要代价。通常,呈现出你所知的负面的东西,对于把你的叙述整合在一起来说并不是必需的。

理解的深度和设计的灵活性

响应式访谈的目标,是获得对研究对象扎实、深入的理解,而不是追求广度。要想达致深度,就要探寻情境,处理那些多样的、交叠的、有时相互矛盾的主题的复杂性,还要对意义、处境和历史的特性倍加关注。要达到那样的理解深度,研究者必须穷追不舍,针对最初听到的东西问更多的问题。研究的设计和询问必须保持灵活,以适应新的信息,适用于人们的真实经验,还要能够根据未曾预料的状况进行调整。研究者要基于刚刚听到的东西创造出以后要问的问题,这要求研究者在整个课题进行过程中从始至终都要对访谈进行分析,而不是在结束后才这样做。

要达到那样的理解深度,必须保持设计的灵活性。每一个主要的新发现,都会要求一次重新设计,重新确定谈话对象,在哪开展研究,将研究焦点集中在什么概念、主题上。当被访者走向一个未曾预料但又相关的方向,研究者意欲询问的问题可能会和他们实际问的有所不同。

这种灵活性是问卷调查所不具备的,后者通常以实证主义研究者在收集资料前设计的问题开始并结束。在响应式访谈模式中,许多被问的问题仅仅是在研究过程中浮现出来,然后继续探究答案中潜藏的细节或证据。因为问题是不能被提前完全准备好的,响应式访谈者需要对不确定性,尤其是研究最开始时的不确定性,有很强的忍耐力。

响应式访谈模式既是一种研究哲学,也是一套收集资料的技术,下表总结了它的主要特点。

响应式访谈模式的主要特点

1. 访谈关注的是被访者对自身经验和他们所处的世界的理解。

2. 访谈者的个性、风格和信念都会对访谈产生影响。访谈是交流,不是单行道;访谈者和被访者的关系即便短暂,也是有意义的。由于在谈话中扮演重要角色,访谈者对自己的观点、经验、文化定义乃至于偏见等,必须有清醒的认识。

3. 响应式访谈依赖于访谈者和被访者之间的私人关系,牵涉个人信息的交换及对被访者有危险的信息,访谈者因而就面临保护被访者的伦理责任。不仅如此,访谈者占用了被访者的时间、精力、情感及创造力,应该回馈以忠诚和保护。

4. 访谈者不应将自己的观点强加在被访者身上。他们应该提一些相对宽泛的问题,为被访者留下回答的空间,倾听被访者说些什么,再修改问题——要探索的是正听到的东西,而不是在访谈前以为的东西。

5. 响应式访谈的设计是灵活多变的。在访谈过程中,访谈者必须专注地倾听,紧追灵感和新的问题点,所以他们必须能够根据听到的内容改变访谈进程。随着对访谈问题的更多了解,访谈者也许需要调整访谈对象或访谈地点。

响应式访谈:设计指南

我们对响应式访谈的探讨,也应该以符合其精神的方式进行。我们希望它是供人阅读、理解和反应的,而不是作为某种启示教条权威性地强加给大家。哲学不应是一张告诉人们总做什么或者永远不要做什么的指令清单。即便是最有权威的建议,也可以在某些情况下为了获得更大的利益而不去遵守它。不过,准备一个罗盘(研究哲学)总是有用的,尤其是当你感觉迷失方向的时候,因为它能为你提供指南,告诉你该注意什么,提醒你什么问题可能出现。不仅如此,指导哲学还能帮你证明你的所作所为是正当的:你为什么要选择这样一套研究工具,你为什么要以这种方式设计课题。

提什么问题以回应研究议题,选择什么人访谈,诸如此类的研究设计内容都受到响应式访谈模式的影响。响应式访谈关注人们对自身经验的理解及其遵循的行为规则,这意味着访谈对象或者是拥有特定经验的人,或者是其规则、传统和价值引起研究者兴趣的特定群体的成员。

让被访者将他们的经验和你分享,以这样一种方式来界定研究议题;确定问题的次序,以获得你需要的深度。要做到这些,你必须历经反复。首先,你要提出研究议题和问题,然后根据得到的反应加以调整。因此,研究设计必须可以容忍错误,可以促进对错误步骤的矫正。暂停阶段的反省是研究设计的内在要求,在此阶段,研究者将他们问过的问题与他们应该问的问题以及需要更深入的问题进行对比,并对问题作相应的改变。在响应式访谈模式中,分析是研究过程中持续不断的工作,而不是到最后阶段才着手的工作。

诠释建构主义研究的目的,是探明谈话伙伴怎样理解他们的所见、所闻和所历。响应式访谈者从谈话伙伴那里引导出例子、历史、故事和解释。具体实例因为提供了充满细节、情景和证据的被访者经历,得以将回答建立在扎实的基础之上。每个被访者的解释本身无所谓对或错,它们不过是当事人对已经发生的事情的不同看法,研究者汇总这些看法,再来建构他们自己的理解。正如 Geertz 指出的,我们最终所讲述的不过是经过我们加工的当事人的理解。

和一切自然主义研究一样,响应式访谈中的研究者也是研究工具,是发现的工具。响应式访谈的顺利进行,有赖于研究者的自信、适应能力及倾听和及时改变方向以捕捉灵感或者追踪新主题的意愿。与此同时,研究者必须要小心,不要将自己的观点强加在被访者身上。如果访谈问题与被访者比较接近,又是他们愿意说的,那么最后的研究报告将会新颖可信。

3

设计:选择主题并预见资料分析

为了从响应式访谈工作中获得令人信服的结论,需要认真设计一个研究方案。设计研究方案的时候,需要找一个合适的主题、形成研究问题、挑选一个或多个研究场所、选择访谈对象,并决定从哪些问题着手以及如何进行提问。随着研究推进,你对已经取得的资料作出回应,并调整提问内容和提问对象以便更好地追踪新材料。

质性研究设计的第一步是选择主题,也就是决定你感兴趣且认为重要的研究内容是什么。然后,在考虑好的主题范围内想出一个具体的研究问题,也就是你试图解决的有关这一主题的难题。你要确信所选择主题和研究问题都可以通过深度访谈得到很好的回答,并确信问题是重要的,计划是可行的。

在研究最开始的时候,你就要问自己试图达到什么目标,以此对分析进行预见。你的目标是试图解释一个政治难题,还是发现文化观念或主题,或者从一系列相关联的事件中发展出一个叙述,或者决定一项工程是否有成效,或者描述个人生活史,或者让人们意识到持续存在的问题? 你需要对分析进行预见,以保证你的提问能提供包含很多例子和证据的资料来支持你可能得出的任何结论。你还需要问自己想在多大范围内推广结论:是只对所研究的案例感兴趣,还是期望你的结论可以应用到研究没有涉及的案例中去?

带着研究问题和对期望的推广范围的想法,你先对研究展开的场所、需要谈话的对象以及需要涉及的群体或组织进行选择,然后粗略地制订你要问的问题类型。在这一章,我们会讨论如何选择一个主题,将它转化为可行的研究问题,并预见之后的分析。在

第 4 章我们将会讨论如何设计方案以保证结论是可信服的。在随后的章节,我们将会描述安排访谈和问题措辞的一些方法,目的是为了获得分析所需要的信息。

选择一个主题并聚焦研究问题

选择一个主题(topic)并在那个主题范围内确定研究问题,这是所有研究设计的开端。主题涉及任何你感兴趣的问题,如:警察是如何适应后 9·11 世界的? 离婚的人如何找到配偶? 指导公司伦理的规则是什么? 研究问题(research questions)是你希望通过研究回答的具体的关注点,如:当地的警察是否会利用后 9·11 世界的不安全感而扩展他们的权力和预算? 离异者都会在错误的地方寻找新的配偶吗? 是公司文化在同一行业的不同公司中有所不同,还是行业通行的倾向决定了具体公司的是非观?

有时研究问题以更正式的形式表达为一个假设,即表明两个或多个概念(或潜在的观念)是如何相联系的表述。以下是对刚刚提及的一个研究问题的假设形式的再表述:行业倾向决定了是非观。在这一假设中,我们通过询问行业倾向是否决定是非观来回答一个概念(行业倾向)与另一个概念(是非观)有无联系。

响应式访谈中的研究问题通常以不太正式的方式表述。当你追踪访谈中提示的新主题时,研究问题会进一步拓展,所以你并不想将自己局限在仅仅考察最初的那些研究假设上。假如你将研究问题表述为一个假设,就要准备好在研究中丢掉它,修改它,或者用一个新的假设来替换它。深度访谈需要对始料不及的新观点保持开放性,而构造正式表述的假设则与这种开放性相抵牾。

在启动一个研究项目之前,你需要确认深度访谈是探索你的主题的最好方式,并确认你的研究问题是重要的。还需要考虑可行性等实际事务,要确保在既有时间和资源条件下能够完成工作,还要确保能找到熟知这一主题并可能被说服参与的人。

因为主题和问题都是在反反复复中形成的,所以选择好的主题并形成可行的研究问题可能会花费数周或数月的时间。以下是个假想的但却是现实中可能发生的例子,它描述了一个学生如何经历恼人的情境,进而将它转变为研究项目的过程。

例子:提出主题和研究问题

近来,Martha 在工作数年后回到学校攻读学位。透过亲身经历她了解到,尽管大学为了招收成年人不惜刊登广告,但其提供的服务却很不到位:日托不足,停车不方便且价格昂贵,而且院系没有考虑到这些重返学校的学生已经很久没有碰数学和统计一类的学科。她感到挫败和愤怒,但又想如果她能研究大学招收成年学生方面的努力(主题),就可以很好地利用自己的愤怒。她将研究问题表述如下:为什么大学要招收还没有做好服务准备的对象(研究问题)?

Martha 需要思考导致这一奇怪组织行为的因素可能是什么。在阅读了一些学生报纸,访谈过一些教授(他们在此扮演着一般报告人的角色)后,她想到了几种可能:第一,入学人数下降,学校急需学生和学费收入,但是缺乏为新对象提供服务的资金;第二,院系老师是年复一年保持不变的守旧者,他们没有考虑到学生背景的变化;第三,大学文化强调独立自主,它只负责提供教育机会,至于是否能利用那些机会是学生自己的事;第四,招生办公室和院系老师之间缺乏沟通,以致院系老师直到发现学生在功课上的挣扎之后才知道学生不同了,或者他们的背景是什么。

对 Martha 而言,通过访谈来检验上述四种可能似乎会产生很好的研究计划,但是在最初的非正式访谈中,被访者否认学校没有考虑返校生的需求,并且显得不愿意讨论这种事。Martha 不得不停下来重新思考这一方案,并修正它以符合可能的被访者的理解。

由于招收成人学生可能只是诸个应对措施之一,Martha 修正了主题,以询问更宽泛的问题,即学校是如何应对入学率不足的问题的(主题)。她认为,相对于对新招学生的承诺这一话题,被访者可能更关注入学率下降和它带来的财政危机问题,也更愿意谈论这些。因为对于被访者和学校而言,这些话题的批判味道要淡一些。她还想到了另外一条途径,即访谈成年学生,看他们在服务不充分的情况下是如何应对学校的,比如,他们是否彼此联合起来或与其他学生支持者结盟?在困难打击面前他们是选择坚持还是放弃?

她需要再次试访一部分人来看哪个主题更可行一些。她与一些返校生交谈,发现自己对那些不管遇到什么困难都坚持下来的人的故事很感兴趣。她把他们对所遇到的问题(照看孩子,学习时间与工作冲突,课程过时)的反应看成处理生活问题的能力的反射镜,并开始形成一种有关(返校生的)个人资源和社会资本的观念,这些资源和资本帮助他们争取利益,应对困难,学习并成长(主题)。她推论说,这一主题有很重要的现实意义,因为当她完成研究后,她就可以告诉大学管理阶层什么因素是导致成年学生掉队的重要因素(研究问题的重要性),也就可以同时帮助学校和成年学生。

> 她对成年学生以及他们的反应很感兴趣,但是她认为有关大学如何适应入学下降问题的主题对政策而言可能更重要,研究起来也更具可行性。在以成年学生为主的研究方案中,她需要首先确定个人资源和社会资本由什么构成,这本身就是一项很大的工作。因此,她选择了更可行的方案。以后,她可能会尝试更有难度的方案。

主题从何而来

有时候,研究主题是由教授或主管指定给你,或者由研究合同规定的。例如,作为某顾问团的一员,Irene 被指定的任务是研究在缓刑以及假释办公室沟通失败的原因与解决这一问题的方案;作为美国国际发展处的一名顾问,Herd 需要对菲律宾人的经济发展进行评估,来查看接受救助者是否狡猾地滥用外国救助;在一个朋友的授权下,Irene 着手展开关于一个村庄及其所在镇的关系的口述史研究。但是当你并没有被指定主题的时候,就需要自己找出一个来。

我们中的大多数经常受到可能的研究主题冲击,但是我们倾向于忽视它们而不是查看其可行性。通常,寻找主题就意味着你需要关注普通的事情,然后询问自己对这些事情中的哪些部分最感兴趣。你可以从反思你正在做的事情开始,比如有偿或志愿工作、爱好与消遣、宗教和家庭生活等。这些活动都暗示了值得研究的事物。你可能会在参加家庭聚会后想要弄明白一些事情的来龙去脉,也可能会在观鸟旅行后想向那些没有参加过的人介绍一下旅行中的所见所闻:术语、目标、表面现象和潜在情况、一般观鸟旅行中的地位排序等。反观自己的经历可以激发很多研究灵感。例如,你可能有很多与陌生人或群体接触的机会,并从这些互动经历中得出如下的研究想法:人们在陌生群体中会怎样表现?他们会在多大程度上展现自我?哪些话题不宜讨论?新人怎样融入这个群体?

有经验的研究者可以通过从社会科学的眼光看待普通事物而发现研究主题。Mitchell Duneier 原来一直都没有注意到在纽约的格林威治村中有很多卖杂志和图书的小摊。有一天,他在其中一个小摊上发现了自己写的书,就开始跟卖主聊天。作为社会学家,Duneier 受卖主的答案所激发,开始了他长达多年的有关无家可归的穷人如何开创、维持并保护他们的路边生意的研究(Duneier,1999)。

另一种办法是思考那些你感兴趣的政治或社会话题。你感兴趣的可能是针对妇女或同性恋的暴力,可能是电脑配对、收养、游击战或公司阴谋,也可能是人们为什么会撒谎或者他们加入飞机模型俱乐部或教堂唱诗班的原因何在。你想了解的可能是游说议员的角色或人们怎样知道自己的工作表现不错,也可能是慢性病的自助群体。经过适当的转换后,这些个人兴趣都可能成为研究主题。

社会愤怒激发了很多质性研究。William Wilson 在发现他家附近的内城里失业增加的现象后,开始着手研究出现这种状况的原因(Wilson,1996)。在结识了一些身患艾滋病的人后,Lather 和 Smithies(1997)开始描述他们的痛苦体验。有时候,看到一些社会问题后,你会想要影响公共政策的方向。你可能想探讨重新设计和投资残疾人宜居公寓的办法,也可能会关注那些承租人帮忙管理经济适用房的项目,并借此考察责任感的增加能否带来职场上更多的成功。

主题通常来源于那些令你感到困惑或挫败的个人经历。一位长期呆在军队的研究者可能会对会议管理不满,而想研究会务执行者的疏忽(Merritt,1998)。当一个学生试图在临近的街区建立减速带而碰巧遭到城市参议会反对时,他可能会很想知道为什么这些参议会成员会拒绝投资公共设施,而另一些市民为什么会坚持向他们施压(Berg,2002)。

主题反映了一个人的个性。比如,Herb 是一个经常在校务会议中持少数人立场的人,他对一些人如何统治其他人深感兴趣。经常在深夜工作、晚睡并且只有一件运动衣的运动员,可能会想知道不正常行为的标签从何而来。令 Irene 好奇的是,在一个重视成功与经济增长的社会中,政治组织、候选人及个体是如何处理失败以及衰落的。通过提问人们为什么不敢控诉,法律执行部门怎样对待那些他们不能理解其行为的人,以及官僚部门如何应对财政缩减的状况,这些兴趣就可以转换为研究问题。

有时候,主题从人们的种族认同中发展出来:美国黑人研究者可能对 20 世纪 60 年代的公民权利运动对当今世界的政治有什么影响特别感兴趣,而犹太研究者可能会想了解那些否认第二次世界大战期间对欧洲六百万犹太人的大屠杀的政治运动,那些拥有墨西哥或加勒比血统的人则可能会想探究现行移民政策的影响。类似的,因为想知道自己能在学术上获得成功而同种族的其他人却不能的原因,Felix Padilla 展开了对芝加哥的波多黎各人文化的研究。

研究主题也可以来自你的学习经历或研究领域的文献。例如,Herb 所受的部分研究生教育集中在南亚研究方面。除了泰国以外,东南亚很多国家都有殖民地经历。由此 Herb 想知道殖民地经历的缺乏如何影响了泰国政府,这个问题后来成了他的学位研究主题。读大学的时候,Jay Macleod 学了"受阻期望和社会流动"的理论,该理论常被用来解释穷人为什么不能成为中产阶级。此后他与一些年轻人一起到低收入群体集中的地方做志愿服务并着手访谈那些收入低的人(同时观察他们),了解他们的生活目标、工作准备和遇到的困难等(Macleod,1995)。

从主题到研究问题

为了把已有的主题转变为研究问题,你需要找到一个你能解决或回答的难题或问题。这一难题就是你的研究问题。一个简单的主题可以发展出很多的研究问题,这时你需要择其一二来进行研究。

找出研究问题有很多办法。一种办法是琢磨你的主题并问自己哪些地方看上去不对,并质疑为什么不对。假如你对儿童运动感兴趣,并看到家长们会在儿童曲棍球比赛中与裁判发生争执。家长的这种做法看上去很蠢,因为这不过是孩子在学习运动,没有人(至少成年人)会为这些打架斗殴。从这种不相称的现象中就可以发展出一个研究问题:家长如何看待儿童比赛? 假如你发现政府的禁药工作并没有成效,但政府仍在不断投钱进去,这就是一个难题:为什么会这样呢? 由此你就能形成很多研究问题,例如,谁在主导政府的持续投入,或者药物控制工作在其他国家是如何发挥效用的。

第二种办法是阅读已经出版的报告,并问自己作者呈现的因果关系的方向对不对。如果报告说风化导致了道路毁坏,那么相反的方向就是站不住脚的,即道路毁坏导致了风化。但是,如果报告说那些努力学习的人会拿到高分又会怎样呢? 有没有可能是高分诱发或激励了更多的努力? 作为研究问题你可以询问学生是如何对待考试低分的,这些分数本身是否激发了更多或更少的努力。

有时候普通事件中蕴含的矛盾揭示了主题和研究问题。例如,服务生上餐的时候,用餐者还会继续谈论非常私人化的事情。用餐者这样做就好像服务员是无形的、聋的或者对他们的谈话完全不感兴趣。由此我们可以发展出很多研究问题,比如隐私是什么,什么时候是隐私的,怎样做是隐私的。研究问题可以处理那些即使有其他人在场人们仍然认为自己在做隐私的事情的场景,比如他们使用手机的时候。

当研究主题关注一个组织或群体的文化时,研究问题也就同时确定了。首先你可以探究潜藏在行为背后起指导作用的文化、规则、意义和价值。你可以从参与观察开始,加入这个群体,学习他们的行为方式,收集有关的故事,然后进行分析。经过初步的了解后,你学习到一些理所当然的假设和规则。这时,问问自己这些假设或规则的哪些部分看上去最重要,最有意思。例如,一些规范或规则看上去是不是矛盾? 一个严格反对公开对抗的组织,会怎样处理员工在晋升方面的竞争,又怎样处理资源分配中的冲突? 这些关心就变成了你的研究问题。

如果你从所见所闻的反面进行思考,也可以形成研究问题。假如你想知道的是该不该停掉对昏迷者的生命支持,那就要问自己昏迷的反面是什么。活着? 能移动? 有意识? 这样的主题可以延伸出有关"活着"的含义的研究问题,生存和死亡之间存在连续谱吗? 它们只是赫然分明的两个极端吗? 如果你在研究经济发展问题,并听到一些倡导者说社区必须提供激励手段以吸引新企业,你就可以提问激励的反面可能是什么,然后找出一些本社区内没有受益于税收减免的企业并对它们进行研究。你还可以找出无视新企业和减免税收之间的中间选择,并从这些中间选择中发展出研究问题。

还有一种找出研究问题的办法,就是思考那些你本来期望发生而没有发生的事情。假使你对政府比较研究感兴趣,而且想知道不同的政府如何维持稳定。研究美国时你发现,美国与其他国家的不同之处在于它没有试图颠覆政府的军事组织。由此你可以得出下面的研究问题:为什么军事组织从来没有发动过政变来对抗没有执行它们意愿的总统? 了解没有发生的事情可以激发出研究问题,你可能认为这些事情是应该发生的,或者它们在其他场景下是合情合理的、发生了的,但却没有在这个研究场景中发生。

　　你需要做一些初步的访谈来将主题转变为研究问题,这时,你需要与普通的被访者或潜在的谈话对象就这些观点进行讨论。通过这些非正式的访谈,你确认了自己想到的问题能否与这些被访者产生共鸣,这些问题在他们看来重不重要,他们愿不愿意谈,或者你的方向有没有错。例如,在阅读了很多有关使用抗议策略对政府施压的社会群体的文献后,Herb 发现这些文献很少涉及那些建房屋、开商店和创造工作机会的社会发展组织。由此他想到,如果将这两条不同的研究路径进行比较,可能会产生有趣的研究问题。但是,当他跟被访者讲自己的想法时,他们回应说他的想法不合时宜,建议他转去关注发展群体是怎样应对巨大的不平等并做好工作的。接下来的几年,Herb 都在追踪这个研究问题。

确定研究主题是否适合进行质性研究

　　当你确定主题之后,需要确认它是否适合进行深度访谈。为了做到这一点,你需要回答以下几个问题:

你要寻找细微差别或微妙之处吗

　　如果你想确定监狱人口规模的变化,就需要进行统计研究:如果你想了解囚徒如何适应残忍的环境,就可以采用深度访谈的方法。当你想要阐述诸如隐私、痛苦、统治、尊敬和忠诚一类用来描述监狱文化的概念时,就需要进行深度访谈。

你要追踪过去对现在的影响吗

　　工会为什么罢工? 国家是怎样陷入不可思议的金融混乱的? 某人是怎么成为市长的? 这些问题都需要厘清过去对现在的影响。

你需要新视角吗

　　当已有的文献无法解释你的研究问题或目前的办法不管用时,你就需要引入另外的研究视角。深度访谈研究鼓励研究者尽可能脱离现有的理解体系。为了重新理解一些问题,比如公屋政策失败的原因,你可能想认真倾听居民、管理者和政府官员三方面的叙述。如果你想找出解决实际问题的新方法或看待问题的新理论,那深度访谈方法很适用。

你想解释意外情况吗

为什么某人会在儿子的曲棍球比赛中殴打另一个孩子的爸爸?为什么法国会反对美国在 Hussein 没有解除武装的情况下攻打伊拉克?为了理解这些非同寻常或意料之外的状况,经常需要进行响应式访谈,因为你无法凭借先前的经验得出可检验的假设。

你需要逐步推导问题的答案吗(即前面问题的答案是后续问题的基础吗)

已有的定量研究表明,女性得心脏病死亡的概率大于男性,这就提示了一个可以进行深度访谈的研究问题,即这种现象的原因何在。在初步的访谈中,你询问了男女的行为差异,发现女性比男性运动得少。这一点很重要,它暗示了女性需要在行为方面有所改变。它同时引出了另外一个问题:为什么女性比男性运动得少?我们可以继续追问很多问题:女性在得了心脏病后会更害怕,从而限制了自己的运动?女性会受到剥夺行为的社会压力?女性在得了心脏病后比男性更容易沮丧从而选择放弃生命?真正的原因也可能同时综合了上述几点。为了找出原因,你需要用响应式访谈的方式开展进一步的谈话。

根据重要性选择主题

主题要对访谈者、被访者以及更广阔的公众来说都有重要意义。研究者认为重要的主题未必能进行深入调查,因为如果被访者觉得研究主题没什么价值,就只会提供表面回答。你肯定不想在花数月或数年的时间进行研究后,发现研究主题的重要性不断受到读者的质疑。

有时我们有必要说明主题的重要性。研究可能会影响到数百或数万的人,花费掉几千万美元,或者对某些重要的社会事件作出解释。如果你能把自己的结论置于政策争论中,它的重要性就不大会受到质疑。例如,Irene 正致力于研究政府的工作外包现象,即雇佣私人企业做政府工作。几年来,总统都在国家层面上越来越多地推广外包工作,这种做法引起了高度的争议。工会为公有部门的损失抗议;立法者则质疑,某些工作是政府的职责,不应该外包。不管 Irene 最终得出的是什么结论,她的研究都将引起持续的争论。

但是对一些普通文化进程所作的研究,其重要性很难获得认可。你可能需要说明普通事件对直接的参与者和整个社会都有很大影响。工作中的常规决策既可能赋权给雇工,也可能会压制他们;既可能创造出民主模式,也可能孕育出工会主义和冲突。内城街区常见的人身危险会助长帮派的形成,还可能导致流血斗殴事件频频发生。在工会里与不同种族背景的人共事会有助于形成影响深远的阶级意识。

你还可以从以下角度来表明文化研究类主题的重要性:通过追踪特殊规范的习得过程,我们可以实施行为干预而带来必要的改变。如果你了解儿童染上毒瘾的机制,也许就可以设计出更有效的预防人们吸毒的方法;如果你能描绘警官选择遵守那些合法化监狱暴力的规范的场景,也许可以调整警官培训模式以尽可能减少这类暴力。

有时文化研究的重要性体现为,它可以带来变化,从而促进问题的解决。例如,新的管理者在初入组织时,通常会针对一些长期问题引入新举措,但他们会吃惊地发现很多新办法都很快夭折,而人们依然沿袭旧规。如果不了解组织文化以及这些举措对组织文化的冲击,管理者就无法预料哪些措施会生效。掌握了这些有关组织文化的知识可以大大地节省时间和精力。

你可以通过表明研究内容对更大问题的代表性,来说明范围狭小的研究的重要性。研究小城市的腐败问题时,你可以挑选那些可以代表一般腐败问题的个案。研究监狱中文身的意义时,你可以说明文身虽然看上去事小,但有更广阔的寓意。文身可能意味着反叛、群体从属、自我表达或对自由受限的反应,这些都远远超出了身体印记的范畴。为了将研究合法化,你需要描述其中涉及的适用范围更广的原理。

有时候你可以通过自我反思,来找出研究问题与宏大问题之间的关联。假如你想研究中年妇女的生活史,那么问自己以下问题:你希望从研究中发现什么? 怎么会对这个主题有兴趣呢? 你的答案可能是这样的:"我对中年妇女的生活感兴趣是因为我们的社会太关注年轻人,所以中年妇女觉得自己是隐形的。我想知道隐形是什么样的感觉。我对更广泛的隐形问题感兴趣,而这只是其中一例。"将隐形解释为更广阔的议题,就赋予了生活史研究智识上的重要性。

有时候一个主题之所以重要是因为它使得某些问题清晰化,它能替那些被社会忽视或受压而不能发声的群体说话。有关成年囚徒及其配偶如何抚养孩子的访谈,可以向我们呈现那些政策(制裁少量非法毒品持有者的政策)的无辜受害者——孩子的声音。通过替失语者发声,文化研究平衡了不同的声音。如果你的研究能赋予传统上被忽视和遗忘的工作以尊严,比如阐述妇女照顾父母和准备三餐的工作的意义,那它就是重要的。类似的,如果你可以使读者理解并接受过去有刻板印象或污名的群体,你的研究就是重要的。例如,Angrosino 的《机会房屋》一书关注少数患有精神病的人的生活。在本书的写作中,他用一个个鲜活的个体取代了看似无情的社会刻板印象。

文化研究很重要,它们在代际间传递价值、规范和信仰,后代因此而了解到他们祖父母或父母的生活方式:大萧条或第二次世界大战期间的家或战场是什么样的? 一个世纪以前的西部维吉尼亚矿工是什么样的? 公民权利运动之前的美国黑人是什么样的?

简言之,说明研究问题的重要性的方法有很多。如果哪种都不适用,可能是因为你确实对这个主题没有兴趣,应该另选一个。

研究的可行性

可行性意味着你要在财力允许的条件下展开研究,这样你才能有充足的时间和精力来完成这项工作,也才能全情投入这件事情。有时候条件限制很现实:你能离家远行吗? 你有钱吗? 你能找到人帮忙照顾孩子吗? 你能安排好过夜的地方吗? 如果研究项目很吸引你,但是看上去又太大,你就要问问自己:研究的范围是不是可以缩小一些? 把它分成可以相继完成的小部分可以吗?

有的研究项目虽然符合你的资金和时间条件,但其可能会因为情感涉入性太强而不适合进行,因为深度访谈很可能会触及让研究者有压力的问题。例如,访谈日托中心照顾艾滋病婴儿的人可能很有意义,但这些志愿者讲述的故事可能过于悲惨而不宜挖掘。研究者对某些对象的感情反应可能太强烈,以至于很难聆听具体的故事或叙述。例如,那些曾有过被强奸经历的人可能会无法平心静气地倾听强奸犯的叙述。如果你认为银行家和律师都是寄生虫,那么你可能会跟他们聊得很表面化,甚至惹他们生气。

　　你能访谈那些你不喜欢的人吗? 我们的同事 Jim 发现很难访谈那些监狱工作人员,因为他们待人不善,还是种族主义者,但是他不得不将自己的厌恶放在一边,因为要理解监狱生活,他的确需要聆听他讨厌的人。强烈的偏好也可能带来访谈问题。Herb 经常写为穷人说话的书,当被访者对穷人自暴自弃的行为表示失望时,他就很难听下去。

　　可行的研究还要求你有办法接近那些合适的被访者。你的研究主题可能很棒,比如研究法官的决策方式,但如果法官们拒绝与你交谈,你就无法开展研究。许多年前,Irene 试图展开有关私立大学和公立大学的预算比较研究,但无法获得私立大学的许可,最后不得不改变研究设计,只关注公立学校。

　　为了使研究更加可行,我们可以调整研究方法。尽管社区发展运动是一项国家运动,但为了减少开支,Herb 将他的研究范围缩小在离家车程一天以内的组织上面。在为博士论文选题时,Irene 最初决定研究失败、衰退和损失的问题。她的第一想法是访谈那些在某方面失败了的人,例如落选的政治候选人或没有通过综合考试的学生。但在现实中,我们很难找到那些没有通过综合考试的学生,而落选的政治候选人通常都会从人们的视野中消失。于是她调整了自己的主题,转为考察那些正在衰退的组织。组织不太容易隐身,而组织中的个体也不大会因为组织衰退而自责,会更愿意谈论组织中发生的事情(I. S. Rubin,1977)。

　　有时候,研究者本人工作或有朋友的地方最容易进入。这时,你要做的是想出适合该场景的研究问题,而不是挑选符合你的研究问题的场景。如果你能进入监狱,就可以研究诸如自由、隐私、性、地位、庇护或暴力一类的问题。在医院里,我们则会选择痛苦管理、病人的家庭支持、职业层级、病人角色、医院人员的地位,甚至幽默在减压中的作用等问题展开访谈。还可以关注一些不那么明显的主题,比如连续两班工作后人会疲劳并担心犯错,医院如何适应政府的规定,护理人员和病人之间的罗曼史,等等。你当然想确认主题的重要性,但考虑到现实的局限,为什么不在你更容易进入的地方作研究呢?

根据分析和理论进展进行设计

一旦找到了重要可行且适合深度访谈的问题，下一步的设计工作就是预见研究结论。现在问问自己，研究开始后，你打算怎样展开分析，希望建立什么理论。只有早点预见资料的用途，才能保证你在调查中收集到必要的信息。如果你打算分析人们对某些特殊概念（人们借以理解和解释其生活世界的潜在概念）的用法，就需要准备一些引出概念的问题，重新界定概念的内涵，收集它们的应用实例。如果你希望勾勒出一套叙述——可以整合你收集到的各种叙事版本，就必须确保研究设计包含了针对你关心的具体事件的问题，以及检验各版本叙事的真实性的方法。

预见分析

假定你正在研究人们在争论中的反应。通过最初几个访谈，你发现不同人在受到顶撞时反应不同：有人说他们很生气，有人说顶撞促使他们思考，还有人说他们根本不在乎这些。对这些访谈资料进行分析后，你决定将研究重点放在有关人们如何处理别人的顶撞的理论（而非宽泛的争论问题）上。

你要预见那些在最终分析中需要的信息，重新设计问题，以便收集人们受顶撞的实例，并留心具体场景。问自己下面的问题：顶撞的方式令人难堪或粗鲁吗？人们对温和的顶撞的反应会有所不同吗？你还要问自己不同人处理顶撞的反应会有什么不同？为了回答这些问题，你需要计划一下跟谁进行交谈以便收集到足够的变量来展开有趣的对比。老板和工人对待顶撞的反应会不同吗？教育背景会影响人们的反应吗？你可能还想知道顶撞发生的场景对人们的反应有何影响。私下场合的抵触是不是比公共场合的容易接受？夫妻之间在家里发生顶撞时的反应跟在工作场合的反应会不会不同？现在你需要重新设计你的访谈问题，以便集中探讨什么因素以及在什么情况下发生的顶撞会令人难堪。预见理论方向时，你要修正访谈问题，确定访谈对象，并决定研究场景。

文化研究通常始于比较模糊的想法，所以早期分析至关重要。由于你并不了解该文化，开始提出的访谈问题会比较宽泛：你会让人们谈论在他们看来特殊的日子或庆典的情况。但是，谈话内容本身并不能给你进一步的方向，除非你能预见它们的理论意义。

你可以通过留心研究对象借以解释自己的生活世界的重要概念和主题来进行预见。为了做到这一点,你要重新设计访谈问题,以便挖掘这些重要概念和主题的内涵,逐一询问,并追踪详例。这样,你就收集到了阐释文化内涵所需的细节资料。

做主题研究时,你会根据事件的发生次序和意义对它们进行解释。访谈从一些基本问题开始,比如,反对派是怎样获得市长职位的? 新电脑系统引入后发生了什么? 然后,分析初步的访谈资料,根据发现进一步聚焦研究问题。以第一个问题为例,如果市长选举的成功是以邻里组织为基础,那下一步的问题就聚焦在了解组织者促进邻里团结的事情,以及新建组织的性质。就第二个例子而言,如果你发现新的电脑系统的确带来了很多变化,而它只是向更集中化的商业模式转变的一步,你可能就想解释这一趋势的发生过程。

重新组织研究问题时,思考一下研究将会对你有什么更大的启示,并使你在访谈中有目的地收集有关这些宏大关怀的信息。就上面第一个例子来说,你可能会提出下面的问题:市长的反对派是从哪儿来的? 谁有足够的动员能力去打倒台上的人? 市长犯了重大错误,给反对派留下了把柄? 他/她是不是做得有点过火,在政策上走了极端? 带着这些想法,你还可以从其他方面提问,是市长自己把政策推向了极端,还是反对派太强大,将他/她逼得失控了?

就另一个例子来说,当你了解了电脑改革在组织中的发生经过后,问一下这个研究有什么更进一步的启示? 可能的启示有:会引起混乱的技术革新要想成功就要得到上层的支持;综合改革(即同时涉及三四个方面的改革)不太可能成功,因为任何一方面的失败,都可能会影响其他方面。你会继续询问有关电脑改革的问题,但是这些问题会集中在上层支持或综合改革等方面,因为这些主题可以推广到研究场景之外。

做主题研究时,为了推导出最终的分析,你需要逐步回答一些具体的问题,比如人们为了打倒市长或减少他/她的权力做出了哪些努力? 他们为什么失败了? 新电脑系统装好后,下一个或再下一个管理革命的引入会带来什么? 你必须有证据支持你的发现,所以你要在访谈中检验某些被访者了解什么、记性如何、可能会有哪些偏见等,这样你就知道后面进行综合分析时哪些访谈资料更可靠。如果人们对事件的看法存在争议,你就要确保自己的访谈覆盖了不同立场的人。另外，你需要花时间让被访者评价你的想法，问他们觉得结论是否合适，需要进行哪些修正，是不是有与你的初步结论相抵触的证据。

预见你想要的结论类型（而非内容）

在你的设计中，你会询问自己试图达到的研究目的和结论类型。例如，在一项有关医疗服务的研究中，你可能在寻找有关医院如何处理疼痛的一般陈述，也可能对更窄的结论感兴趣，想要描述在某个具体的医院里，那些试图减轻疼痛（通过使用止痛药）的人和那些即使要承受疼痛也要顽强持续地与疾病作斗争的人之间的斗争。以预期的研究方向为基础，你将选择不同的研究场景和被访者，询问不同的问题。

你对个别访谈进行分析，同时继续工作以寻找最终可以用于建构理论的重要概念和主题，据此进一步设计相关的问题。但是，你可能在任何给定的访谈中都听到了很多概念和主题。怎样选择要追踪的概念和主题呢？一个办法是考虑你计划写成的报告，选择与这类报告最相关的概念和主题。

假定你在某个退休者聚居的小区进行访谈时，从其中一个访谈中听到了"变老"这一概念，你认为这个概念概括了退休者对自身经历的看法。循着这条线索，你进一步查看退休者眼中该概念的内涵，并收集到各种各样的子概念，包括对疾病的恐惧、体力下降、性冲动减少、美貌消逝、经济不安全和孤独感。在同样的访谈中你还听到了一些乐观的看法，包括更少承担责任、更少关心别人对自己的看法、现实期望更多和儿孙之乐。

这些子概念本身都可以进一步拓展，而你选择发展哪一个则取决于研究目标。如果你打算发展有关生命历程（从儿童、成人、中年到老年的过程）的理论，你可能会探索美貌的消逝对自尊有什么影响，人们体会到的孤独的形态对新关系的形态有何影响——如果有任何新关系形成的话。理论取向的研究者则可能会考察人们如何在悲观的想法（如对疾病的恐惧、身体机能的衰退和孤独）与乐观的想法（包括更少承担责任、更少关心别人对自己的看法、现实期望更多和儿孙之乐）之间进行权衡。与之不同，服务于退休者之家的政务人员可能会更关注老人们在那儿享受到的物质与经济福利，并着力追踪有关体力下降和经济不安全之类的问题。

预见理论建构方向与结论的推广范围

在响应式访谈模式中,理论来自于资料,旨在揭示研究涉及的各个概念和主题之间的联系。为了成功地发展出这样的理论,在继续收集资料的同时,你必须确认重要概念和主题有哪些,修正研究问题以保证对每个概念和主题都能收集到更多的信息。

概念是可以总结为名词、名词词组或动名词的重要看法。尽管任何访谈都充斥着各种不同的概念,但你只需关注那些能拓展理论的。为了对概念变得敏感,你可以不断倾听访谈录音或反复阅读誊本,留心被访者用来解释自己的经历、描述自己的工作或个人生活的那些单词或词组。有些概念在你听来可能很陌生,就像某些领域的行话一样;有的概念可能只是被访者多次重复的普通词语,因为这对他们而言很重要。社区发展者会用诸如赋权、社会平等和房屋支付能力一类的概念来形容他们的工作;预算编制者会用诸如现金平衡、专项收入和非预算支出等概念;对警察而言,perp(罪犯)、mark(诈骗受害人)和 scumbag(道德水准低的人)一类的标签概念都是共识。这些概念通常传达了目标或价值,表达了对于消费者、顾客或受害者的感觉或态度,或者体现了行动策略。它们为了解有关场景提供了线索。

有时候被访者自己并没有为想法命名,他们只描述了它的特征,而研究者需要给这些概念加标签。频繁使用的符号和故事经常预示了一些潜在的重要概念。在著名的瑞摩斯(Remus)大叔的故事中,Br'er Rabbit 没有经过公开挑战,以智取胜,成功打败了对手。研究者既可以将故事中潜在的概念命名为狡猾(wiliness),也可以命名为安全对抗(safe defiance)。前一个概念强调聪明,后一个则强调策略的成功。

被访者使用的概念既有已命名的,也有未命名的。例如,在讨论预算问题时,Irene 既听到人们频繁谈到"专项资金"这一概念(即预算中指定了用途且不可挪用的资金),也听到人们谈及可任意挪用的资金。大家对后一类资金的评价很高,因为它更灵活,适用范围更广。被访者并没有为后一类资金命名,因此 Irene 称之为非专项资金。她可以进一步拓展后一类资金的概念,询问这些资金的来源、控制者以及使用方式。

你可以倾听概念,询问那些能帮你理解概念内涵与使用方式的问题,然后逐渐把概念组合成主题,即较长的解释性短语或陈述。有时候被访者自己会给出解释性的主题,由此引导你接受某些理论。例如,Herb 的被访者可能会说:"银行家们不会尊敬社区组织,我们为了赢得投资不得不作出妥协。"这句话谈到了两个概念——妥协和尊敬,它们连在一起就构成一个主题,缺乏尊敬会导致被动妥协。

主题由概念组成,是解释事件原因或意义的陈述。作为迭代设计的一部分,研究者通过整合分散的主题而解释有关问题,建构有关事件发生机制与原因的理论,然后追踪新的问题来检验该理论的启示。问题要指向更多细节,既要询问原有的谈话伙伴,也要追加见识相关的其他被访者。

为了进一步说明研究者从确认并修正概念、倾听主题到将主题联结为理论的全过程,我们假定你正在开展一项研究,比如访谈教授对学生的意见。在最初几个访谈中,你听到教授抱怨那些错过最终期限和交同一份作业给不同老师的学生。总结初步的访谈资料,你可以得出两个概念:拖延(lateness)和欺骗(cheating)。你继续开展访谈,询问上述问题以外的其他问题,发现教授们还会抱怨那些编造理由逃课或延期交功课的学生。这时,你把教授所谈论的内容从欺骗扩展为不同形式的怠工,这是一个潜在的概念。一份作业多交的情形虽然不那么有欺骗性,但也属于怠工的一种形式。

在访谈中,你还听到教授当提到学生没有给予他们的学术成就以应得的尊敬时,他们会有挫败感。在同样的访谈中,教授还谴责学生花太多时间在喝酒和聚会上。这些回答引出了另外两个概念:缺乏尊敬(lack of respect)和耗费时间的聚会。

建构教授学生互动理论的第二步可能是找出综合性的主题来解释教授是如何看待学生的所作所为的。这时,你要把听到的只言片语都结合起来查看它们的含义。有一个可以研究的主题是学生之所以试图怠工是因为他们对作为知识分子的教授缺乏尊敬。还有一个主题是学生之所以变着法地怠工是因为他们认同聚会文化。在后续的访谈中,你就可以询问那些支持或反对上述理论假设的例子。

因此,下一阶段的工作就是访谈学生、寻找实例,并征求学生对你正建构的理论的看法。询问被访的学生有没有过迟交作业的经历,如果有过,原因是什么。进一步追问他们可以接受的借口(以及真实原因)有哪些,如果给出的借口超出教授的接受范围意味着什么。你应该询问并仔细倾听学生自己是否会把尊敬、怠工和聚会一类的概念联系在一起,以及他们是怎样联系的。你要跟他们讨论他们是否尊敬自己的教授,社交活动又需要他们做什么。当学生讲述他们确实尊敬的老师时,你要紧接着了解他们在他的课程上会不会更努力。如果这些想法通过了验证,你就可以进一步补充细节,询问学生尊敬意味着什么,他们尊敬谁,不尊敬谁,在尊敬的老师的课程上会如何表现。同时,你还应该关注聚会这个概念,它意味着什么? 是孤独和无聊的解药,还是学习之余的调剂品? 聚会是不是学术的对立面? 透过这些进一步的观点,你可能会发掘出与教授的视角完全不同的主题。但是你要同时结合教授和学生的访谈,发展出有关师生关系的理论。

理论建构和再设计的循环可以把你带往许多不同的方向,这取决于你的研究兴趣、报告的受众以及研究的理论或政策目的。如果你关心教育问题,你可能想知道当教授发现很多学生都怠工的时候,教学质量会受到什么影响。他们会觉得士气受挫并减少其在教学上的努力吗? 他们会对那些容忍不爱学习的学生的管理者生气吗? 他们有没有选出爱学习的学生并给以特别关注并为这些学生的成功而奉献自我?

如果你关心学生的生活,可能会沿着另一条研究路径。这时,你可能想了解大学中兴起的借口文化是不是会影响其他学生的行为。学生们认同这样的借口吗? 他们在高中用过这样的借口吗? 他们在工作中会用同样的借口吗? 每一条调查路径都暗示了可以进一步寻找的概念、待设计的问题和访谈对象。

如果你有时间和资源,可以继续进行理论建构工作,通过选择不同的场景来检验你的初期理论的适用性。在这样做的时候,你对什么主题重要以及它们彼此如何关联的想法可能会改变。

假定作为政策研究的一部分,你考察了一个发生暴乱的监狱,而守卫、囚犯和看守人都声称是食物差导致了暴乱。将暴乱出现和食物质量相联系的理论就是你要拓展并检验的东西。作为研究设计的一部分,你现在挑选出两个已发现的模式站不住脚的研究场景,考察它们并查明原因。一个场景是以食物差闻名但是相对平静的监狱,另一个是据说食物相当好但确实发生了暴乱的监狱。如果你的试验性假设是正确的,劣质食物会导致暴乱而优质食物会导致不发生暴乱。这些预期使你想知道是否存在即使食物劣质也可以很平静的情形,以及即使食物优质也会有暴乱出现的情形。在每一个新场景中,你都针对食物和秩序问题对守卫、囚犯和看守人进行访谈。同时,询问有关日常监狱生活的问题。你想检验食物质量的重要性但并不排除暴乱发生的其他原因。

现在你有三个研究场景可供比较。假定在两个发生暴乱的监狱中,守卫和囚犯在谈及彼此时都带着种族歧视的味道。其中一个监狱里,暴乱发生在守卫员吼叫时——"你(种族绰号)就该吃这种残渣"。而在另一个监狱里,守卫关住囚犯并吼道,"你就应该像动物一样被关着"。囚犯们回嘴道,"F *** ing(种族绰号)"。你开始猜测暴乱真正的起源可能是种族关系紧张而不是食物差,食物差只不过是一个借口。这一结论在你发现第二个监狱中也有暴乱时得到了强化,在这里,虽然食物质量在良好的监狱协会的倡导下有所改进,但改变种族歧视的努力却几乎没有。随后,你又发现在没有暴乱的监狱中,食物质量差得不可思议,但守卫会同情囚犯,并且这里的种族对抗性似乎较低。这时,新结论的信度得到了进一步加强。

例子:选择场景以建构理论

当 Irene 着手研究不同城市的预算过程的差异时,她先从有私人关系的某个城市开始,然后在全国范围内选择其他的研究个案,发现不同地区的预算管理实践不同。经过初步的访谈后,她在比较个案时发现政府的法定形式会影响预算的完成方式。到底是市长(被选举出的官员)有实权还是城市管理者(被任命的专家)有实权似乎对预算过程有重要的影响,这是一个意外的发现。带着新的尝试性主题,她重新修正了研究设计,增加了两个政府结构不同的个案,强市长模式的马萨诸塞州波士顿市和强议会管理模式的俄亥俄州代顿市。新的设计方案中包含了两个强管理者的个案,两个强市长的,以及两个介于其中的。在做最后分析时,她注意查看在同样有强市长的城市(个案)中,预算方式是否相似,以及有强市长的城市是否彼此相似且不同于有强管理者的城市。选择个案时要考虑发展并检验从研究中发现的理论:政府结构及权力分布会对预算完成机制有极大的影响。

正如监狱研究和 Irene 的预算研究两个例子所体现的那样,质性访谈的设计不但包括你要检验什么理论和问什么问题,也包括你在哪儿作研究以及要访谈谁。进一步的,理论建构的过程是持续性的,即你要检验初步的想法,修正它们,然后进行再检验,直到每一个分析——理论循环中的变动越来越少。

例如,Herb 在分析一些城市中的早期访谈时发现,社区发展组织担心如果他们用直接施压的方式向政府争取额外的支持,官员们会进行报复,割断对他们的所有资助。与直接施压的方式不同,社区发展者们形成了不依赖政府资助的倡议联盟(这样可能带来一些风险),这些联盟以斗争性的方式迫使城市直接为社区项目出资。为了检验这一新的主题,即联盟使得财务不独立的社区组织免受报复,Herb 选择了其他的城市进行访谈,其中的联盟有强有弱。在每一个场景中,Herb 都询问政府和社区组织之间的互动方式。在那些联盟弱的城市中,被访者告诉 Herb,政府无视社区发展组织。与之相反,在联盟强的城市中,被访者带着愉悦的心情讲述了那些成功改变政府议程的斗争。来自不同城市中的访谈强化了正在形成的有关联盟的重要性的理论。

当你确信自己已经找到了在某种程度上最契合研究个案的理论后,就开始思考结论的可推广范围。结论是仅仅适用于你收集资料的场景,还是可以在更大的意义上得到拓展?为了便于推广,你需要设计不同的研究场景,有的与你最初访谈的场景有相似背景,有的则相当不同。相似——差异抽样可以帮你确定结论的可推广范围。

如果你的理论是正确的,那么在相似的场景中得到的发现会与你最初的结论相似。如果你在相似的场景中无法得出相似的结论,那就必须质疑这些场景是否真的相似或你的理论到底对不对。假定你正在做一项口述史研究,旨在了解拉丁美洲组织者遇到的困难。你首先访谈了加利福尼亚的组织者 Cesar Chaves 的同事,并发现了一些主题。你可能还想做一个比较研究,这时,可以访谈德克萨斯州的另一位与 Chaves 有很多相似之处的组织者 Ernesto Cortes 的同事,看能否发现相似的主题。如果你发现了相似的主题,就可以进一步确信你的结论。它们应该在新的场景中站得住脚,事实也确实如此。实际上,对这个主题的各种研究证实了结论的适用性很好(Levy,1975;Rogers,1990;Warren,2001)。

另一个拓展研究结论的办法是选择一个背景或地点特征不同,或者两方面都不同的研究场景,询问其中的被访者同样的问题。如果你在不同的场景中发现的主题类似,就可以确信你的结论能推广到更大的范围。

假如你正在研究学生是如何理解大学的作用的。经过初步的个案研究,你访谈了在花花公子私立大学(地点特征)中试读的(背景特征)白人兄弟会成员(背景特征),并听到了一种"上学只是买个文凭"的观点。为了检验这个主题的可推广范围,你寻找那些背景特征极为不同的被访者。例如,来自普雷斯蒂奇工学院(Prestige tech U.)(地点特征),在毕业时获得最高荣誉(背景特征)的美国黑人女性(背景特征)。如果在非常不同的场景中,你听到了相同的主题,那就可以推断买文凭可能是学生文化中有普遍性的主题,当然你可以在两个以上的案例中进一步检验它。

借助异质性样本来推广研究结论时很重要的一点在于如何选择背景迥异的被访者。假如你正在研究已婚女教师是怎样兼顾事业与家庭的,并得出了如下的主题:女教师想多花点时间陪孩子的愿望如此急切,以至于她们没有在家陪孩子的每分钟都有负罪感。为了检验这个命题的可推广性,你需要在访谈推进的过程中,不断调整下一个被访女教师的背景——她们的研究与出版倾向,丈夫照顾孩子的意愿,家庭的收入水平(支付日托服务的能力),等等。在挑选不同的背景特征以丰富变异性时,你要自己想出这些背景特征对照顾孩子的负罪感的影响,只保留那些有逻辑关联的特征。如果你发现,尽管被访者的背景特征变了,但她们表达负罪感的方式是一样的,你就可以由此确定自己的主题,可以描绘女教师的一般情况。

结　论

初看过去,质性访谈的设计似乎是非系统化的,但看似无序的东西其实是持续性的再设计。在持续性的设计过程中,你以新发现为基础,不断收集证据,检验并改变新的理论。你不断修正访谈问题来检验新的想法,然后选择新的场景和被访者来查看结论的可推广范围。这种设计方法保证了你在结束资料收集工作后,不但已经问过了你的研究问题,而且获得了详细报告所需的资料。它还保证了当研究结束后,结论将是切中要点、言之有理且十分重要的。理想的情况下,研究结论还将是可推广的。

4

设计:使研究具有信度

通过认真的设计,你可以让读者相信你的研究结果。为了提升可信度,你选择那些了解情况的被访者,他们的看法结合起来就构成了平衡的视角,并且他们可以帮助你检验新兴的理论。你对研究问题进行全面的考察,精确地展示被访者说过的话,并仔细地检查表面的矛盾和不一致之处。你明晰地撰写报告,这样读者就可以领会到你是如何系统并精确地收集、记录和分析资料的。

选择被访者

当你的谈话伙伴是有经验的人并且拥有关于研究问题的第一手资料时,你的访谈就获得了信度。为了显示你的研究没有出现无意识的偏差,你选择那些观点不同,甚至相互竞争的被访者。一旦提出了试验性的理论,你就选择那些能帮你充实这个理论,能够根据自身经验修正它,或引导你绕开死胡同的被访者。

找到能提供有用信息的被访者

被访者应该在你所访谈的领域内是有经验和见识的。寻找这样的被访者可能需要技巧和时间,有时还需要一点侦探工作。摘取低枝头上的水果(即只对那些容易找到并容易与之交谈的人进行访谈),可能无法带给你平衡的或准确的图景。

有经验的

为了使你的研究具有信度,找到具有相关的第一手经验的被访者十分关键。被绑架的人所提供的说法要优于采访受害者的记者所提供的。如果你想了解学生文化,就要与那些置身于这一文化中的学生进行交谈,而不是与他们的父母或老师交谈。

找到学生交谈可能并不难,但要找到几年前举行的一次特殊集会的参与者可能就会成为问题。你对特殊个体的寻找可能在一开始就成功或错过,但是一旦你找到了一个当事人,他/她通常就会告诉你还有谁可以谈,或者你在什么地方可能会找到那些列有参与者名字的文件。

一个开始的办法是向旁观这件事的一般报告人寻求帮助。社会工作者和警察也许可以指出见多识广的帮派领袖。政治说客可以告诉你哪些国会职员参与起草特定篇章的法律条文最多。

当你在考察诸如政治争论或成功的抗议一类的特定问题时,你可以看报纸、浏览网站或读时事通讯来寻找那些参与者的名字。如果你在研究一个历史或政治问题,你通常可以通过浏览法院报告、图书馆藏或档案文件(包括报纸档案)来找出谁干过些什么。有时候,一些侦探工作和初步调查在研究起步时是必需的。在一项有关黑人音乐家协会的口述史研究中,Diane Turner(1977)不得不四处打听以找到这个领域的顾问,即那些可以告诉她这个协会的表演家名字的人。

有见识的

很明显,你想与之交谈的对象是对研究问题有见识的人。为了了解电脑病毒,你不会访谈画家,而会追踪电脑安全方面的专家。问题在于并非所有应该知道点什么的人都必然是有见识的。

专攻电脑犯罪的警察应该了解一些黑客攻击的知识,市长应该懂得与议会成员进行政治交涉,社会服务部门的执行主管应该知道本部门完成了什么。但是一个人的位置并不总是能很好地表明他/她知道些什么。新的市议会成员经常会对政府管理一无所知;新的警察官员能引述章程和规定,但可能并不知道实际该如何做事;一个健康政策分析家可能会花一生的时间研究卫生保健问题,而另外一些则可能只会学习最基本的知识以保住自己的饭碗。

有时你无法事先确定某些人究竟知道多少,你能做的最多就是选择一个在合适的职位上的人,对他/她进行访谈后再确定自己是否获得了需要的信息。但更经常的情况是,通过初步研究你就能发现谁是有见识的人。在 Herb 最初开始研究增长问题的时候,他了解到城市官员、房产开发者和环保主义者很重要。一段时间后他发现那些控制下水道的人也十分关键,因为排污能力会限制增长,因此他在访谈名单中加上了卫生工程师,而他们在接受访谈时又提示应该把道路设计者也包含在内。

当你不知道该怎样找到有见识的人时,一个可行的办法是找那些以监控这一领域为工作的人,向他们咨询你应该与谁交谈。例如,记者会跟踪特定的领域——比如艺术世界、市政厅或移民,那些负责电脑公告板的人通常会关注赛博空间的发展,而有关宗教群体、环保群体或飞机模型俱乐部的时事通讯的编辑可以引导你了解最近动态。那些运作专业组织或贸易协会的人或顾问会一直监视动态并能给你指出谁有可能拥有你想获得的知识。

在文化研究中,几乎群体的每一个成员都可以给你举出有关一般活动、信仰或价值的例子,但是很少有人在与圈外人交流他们认为理所当然的事方面是有经验的。因此你要寻找"文化报告人",即那些了解自身文化并将解释它们的含义视作自身使命的人(Spradley,1979:47)。有几年经验的餐馆服务员、警察管区内的警官和大学的正教授通常对他们各自的领域都很有见识,并能向你描述这一文化。

不管是主题研究还是文化研究,你很少能找到一个掌握了你所寻找的所有信息的人。相反,你要寻找了解问题的特定部分的人,然后把他们所了解的内容加以拼凑。假如你想了解一片谷物田地怎样变成了一条商业街,这其中可能有很多人涉及在内,每个人只知道某一部分内容,而你要跟所有人进行交谈。

视角多样性

在确保你已经访谈了体现不同视角的人时,你的研究信度就强化了。响应式访谈的哲学表明真相是复杂的,为了详细地描述复杂性,你需要收集不同个体所持有的矛盾的或重叠的视角,以及微妙细腻的理解。

有时你追求的只不过是可以相互补足的理解。如果你的研究是为了写传记,把传主的配偶、子女、朋友、其他亲属以及工作同事都包括在内,就可以得到关于他/她的不同看法,因为这当中的每个人都在特定情境方面了解你传记的主题。如果是研究宗教价值,你就需要同时收集神职人员和召集人的看法,因为价值在他们心中的重要性是不一样的。

在文化研究中,你从最初的访谈或观察那里了解到群体的不同特征,然后就这些具体特征来访谈看法不同的人。老前辈和新成员之间,电脑使用者和微机推广者之间,或者那些想要反击的人和宁愿接受现状的人之间,可能会有重要的区别。如果你想考察礼貌的含义是什么,关键的区别可能出现在处于官僚阶层不同等级上的人或者在群体中处于不同地位的人之间。你根本不是在寻找任何差异,而是在寻找那些与你设计出的概念和命题相关的东西。在你从有关方面继续对人们进行访谈的过程中,每一个新的对话对于你已知内容的补充都越来越少,直到你不断听到同样的事情为止。这时你就达到了 Glaser 和 Strauss 所称的"饱和点"(Glaser and Strauss,1967),工作到此为止。

在主题研究中,你将研究领域视为圆形的剧场,努力将每一个具有不同优势的被访者都安排到中央舞台上发生的事情中去,然后就每一个优势与他们进行交谈。在研究教育制度时,校董会成员、校长、老师、家长和学生都有自己的倾向。在研究耶鲁职员工会的创建问题时,为了获得不同的观点 Pushkala Prasad(1991)与工会组织者、职员和技术工人、大学教师、学生、耶鲁管理层的代表以及纽黑文社区的成员都进行了非正式的访谈。

在研究有争议的问题时,你想了解所有的方面。开罚单的时候,警官和超速驾驶者可能有非常不同的看法。我们的经验是当我们希望了解其他视角时,我们的被访者会意识到我们在这样做,访谈质量和信度也会因此而提高。在一场商业争论中,你可能想先跟工会成员谈话,然后带着工会的视角,请求高层管理者跟你谈话以了解他们的看法。高层管理者可能会对工会给出的说法感到愤怒,而想要纠正你的记录。Herb 的经验是争论中的一方会建议你去询问另一方哪些东西,有时还会提供必要的文件。当人们想要确保我们的确理解了他们的看法时,与两方进行交谈不但可以帮我们确保信息的平衡性,还可以确保一定的深度。

为了增加研究的可信度,你并不需要访谈很多人,相反只需要表明自己已经针对不同的观点都做了访谈,而把这些观点集合起来就可以获得较全面的事实图景。你可能会想认真地检验某一重要结论,而当复查证实了先前的发现时,你就可以停止了。

建构并检验理论

你不但想描述自己的所见所闻,并借此来回答具体的研究问题,而且还希望能建构出应用范围更广的理论。带着这个目标,你针对性地选择一些访者,以便可以将自己的研究结论推广到直接的研究场景之外。

例如,假定你在研究有关在市政预算中应该减少日托基金还是高速公路修缮基金的一次官僚争论,并把这一研究作为建构也许能解释市政冲突来源的理论的一步。开始,你需要找出这一争论实际上是关于什么的。这一争论是关于优先权的,城市应该减少日托基金还是高速公路修缮基金? 或者这反映了公共建设部门与城市管理者之间的斗争,暗示了有关官僚体系中权力竞争的理论? 或者它体现了社会上的深层分歧,以及有关谁应牵涉其中和政治决策该如何做出的不同意见? 检验这些看法都需要访谈不同的人,并借此来看谁提供的解释最好。

如果这一争论确实是针对不同支出项目之间的权衡的话,那你应该可以通过访谈那些关心预算争论的频率和密度的其他部门领导,发现有关预算权衡的其他斗争的充分证据,也许是在让更多的警察上街还是把路修得更好之间作权衡,或者是在把资金更多地投入到改进市区停车条件上还是投入到改进社区的排水装置上之间作权衡。如果要进一步考察这一争论是否涉及城市管理者要对公共建设工程的经理施加的控制,则需要另外的方法。如果这一争论涉及的是控制问题,而不是真正的预算问题,那么你应该找到有关的城市管理者和公共建设工程的经理曾经在非预算问题上斗争的证据,比如在职工安置或管理风格问题上的斗争。为了检验这一点,你可能想就之前的冲突问题,既与公共建设工程的经理谈话,也与城市管理者谈话,以探讨这些冲突的来龙去脉以及他们是怎样牵扯进来的,然后把他们的答案与其他部门领导的进行对比,看他们的语气和内容是否有差别。如果这确实是管理者和公共建设工程的经理之间的斗争,那么公共建设工程的经理可能会比其他部门的同事更情绪化、更生气且更沮丧。为了拓展第三种可能性,也就是你刚发现的市政厅以外的社会分歧展露的冰山一角,你可能就要访谈议会成员、市长、利益群体的代表、业主委员会的积极分子和代表穷人的组织,询问他们一般什么类型的问题会引发冲突以及不同群体所扮演的角色是什么。这样,你就可以确定自己最初在市政厅了解到的情况只是狭小的官僚争论呢,还是反映了更大的社会问题。

在建构理论的时候,你先把几个主题放在一起,看它们是否站得住脚。然后,从中找出连接原因和结果的机制,实施访谈,来查看这些机制是否站得住脚。如果你猜想家庭收入和教育背景会对未婚女青年如何处理怀孕问题产生影响,你就需要找若干收入和教育水平不同的未婚女青年做访谈,想出一系列有关收入或教育如何影响她们的决策的问题来请她们回答。如果你发现这些被访者的回答没有什么差别,就可以否定收入和教育会对青年如何处理怀孕问题产生影响的判断。

如果你在所选择的访谈对象中已经囊括了一些有关的重要变量,我们要找的作用机制就会比较容易找到。在对怀孕黑人青年的研究中,Elaine Kaplan(1997)试图囊括尽可能的多样性,从而挑出一些曾经做过青年母亲的年长母亲和现在正值青年的母亲,以及若干中产阶级背景和穷人背景的青年母亲。Kaplan 还访谈了教师、教学顾问以及黑人和白人背景的没有怀孕的女青年。通过对不同人的大量访谈,她就能描述出青年怀孕的社会背景;通过对年长的和年轻的妇女的同时关注,她就能查看青年怀孕的影响随时代变迁而发生的变化;通过对来自中产阶级家庭与工人阶级及更穷的家庭的青年的对比分析,她就可以确定贫穷和其他因素带来的后果是什么;通过访谈白人与黑人青年,她就可以查看种族的影响。Kaplan 在选择访谈对象时考虑了足够多的变量,由此来检验有关如何处理青年怀孕问题的理论的不同机制。

总之,如何选择被访者对研究信度的确立很关键。你并不需要访谈很多人,但是你必须访谈那些有合适的经验的人,有见识的人,以及能够向你解释他们的知识的人。你不但需要选择那些看起来能为你的研究主题提供比较全面的看法的访谈对象,还需要选择具有充分的不同背景的人来为你试图建构的理论提供信度。

全面性和精确性

挑选合适的被访者帮你确保了结论的说服力,但你还需要展示你的问题和抽样是全面的,报告是精确的。

　　全面性意味着你要认真、完全地调查所有相关的可能性,检验事实并追踪差异。全面性还意味着选择被访者以收集不同的看法,小心拼凑问题的不同部分。全面性要求在证据缺失或稀少的情况下,或者当你听到莫名其妙的东西时,你要准备进一步的追踪问题。全面性涉及用来自被访者的证据验证你提供的每种解释。如果你找不到证据,或者结论不能在多种情形下都站住脚,你就不能报告。

　　全面性意味着你要调查突然出现的新的研究路径,并在必要的时候重新设计研究方案以追踪这些新方向。你需要检验其他的解释,与背景和视角不同的人进行谈话。有时全面性意味着你要及时进行回溯研究,以便从头开始讲故事或找出已有叙述中缺失的部分。这可能需要追踪有望带来新想法的线索或识别并访谈那些可能改变你的解释的报告人。如果你在写作时发现存在逻辑空白的地方,就需要回到访谈工作中填补缺失部分。

　　精确性要求你很小心地收集、记录并报告你的所见所闻。精确性包括原意转述被访者说过的话。在技术层面上,精确性意味着你在转录时不要出错,条件允许的情况下请谈话对象帮忙核查一下你的笔记。写报告时,精确的研究者不会依赖自己对人们的谈话内容的印象,而会检查每个访谈笔记。

　　表述的精确性和忠实性还意味着访谈者没有向被访者的表述中添油加醋,或者用他/她自己的看法取代被访者的观点或经验,也没有选择性地(因此是有偏差的)保留人们说过的话。有时候精确性意味着你要展现被访者的话语内涵,而非准确地引用原话,当原话本身错综复杂或同时涉及了两件及以上的事情时你尤其需要这样。为了再次确认你是正确的,草拟一个摘要并询问你的被访者他们所说的是不是这个意思。

　　最重要的是,精确性意味着你描述并阐释了具体的研究场景,精确地展现了研究过程,并且身处其中的人认可你对他们的生活世界作出的描述。你可能想借助被访者来验证你的解释,确保他们能在你的作品中看到自己和自己的生活世界。你的描述和分析应该好到足以使陌生人透过你的作品可以身临其境地了解被研究的文化。

信服力

信服力意味着你要证明人们向你提供的信息是中肯的,并且你没有被他们胡乱诱导。在谈话伙伴关系中,大多数人都能尽力做到诚实与开放,撒谎的情况很少,并且通过质性研究都能很快发现。在长期的深度访谈中,特别是做过多次访谈后,你通常能发现在什么地方人们会夸大其词,以及他/她忽视了哪些东西。

你应该让被访者了解他们不是必须跟你谈话,你也并不打算揭穿他们的秘密,所以他们没有必要撒谎。另外,在很多研究中,你都会慢慢了解你的被访者,被访者也会慢慢熟悉你而愿意继续深入的交谈。由于人们知道你会跟那些可能告诉你全部故事的其他人谈话,所以他们会倾向于讲真话。但是,如果你发现某人在说谎,要努力做到不因受骗而变得不安。相反,回过头思考人们撒谎的原因,改变你的追踪问题,这样你就不会迫使被访者一直讲假话。

尽管谎言很少出现,但出现后就可以为挖掘资料提供有用的线索。例如,犯罪学家 David Luckenbill 在调查青年男妓的收入时发现这些人经常夸大自己的收入。谈话临近结束时,Luckenbill 请他们帮忙找换十美元的零钱,却发现他们手头并没有足够的现钱。Luckenbill 意识到他的被访者在收入问题上撒了谎,但他并没有轻视被访者讲的话,而是据此得出如下结论:这些年轻人特别想合法化自己的职业,以至于他们会极度夸大自己的收入。

尽管撒谎并不是什么大问题,但你还是需要精心选择被访者并设计提问模式,以尽可能缩减歪曲、有意删减及夸张的程度。你的提问方式应该可以核实被访者提供的信息,调和矛盾或不一致之处,弥补缺失的资料。你要确保自己没有把被访者推向他们所知并愿意谈论的范围之外。通过使用多渠道的信息并在访谈中设置一些重复性问题,结论的信服力就会得到增强。你可以经常通过观察和后台工作来检验人们所讲的内容:在你目睹过公共争论或读过各个组织的时事通讯后,某组织的领导者就可能不会掩盖他/她曾经或正在与另一个组织争吵的事实。

如果被访者明显是所需信息的直接掌握者,那访谈的信服力会更强。如果你在谈论总统时,依据的是对国会大厦的某守卫所做的访谈,读者可能就会质疑该守卫是怎么了解这些信息的。你需要设计访谈问题并挑选被访者,以确保自己不但能确认他们提供的信息,而且能确认他们的信息渠道。他们有第一手经验吗?他们自己研究过这个问题吗?假如你追究的是技术问题,问问自己,他们具备必要的专业技术吗? Irene 经常从谈话对象的经验(例如,做现任工作多久了?以前做过什么工作?)入手展开访谈。如果她不了解这些工作,就会追问工作细节。

为了识别歪曲、伪造和删减的情形,可以在访谈中设置一些重复性问题,通过以不同的方式询问同样的问题来检验答案。如果你发现前后表述存在不一致的地方,可以就此礼貌地询问被访者。你可以参照如下方式提问:"我注意到你之前说不喜欢预算过程的计划部分,但是现在你又在讨论收入工作中计划的重要性,这听上去有些矛盾……"然后让谈话伙伴解释一下表面的矛盾。但是,要记住人们可能同时持有矛盾的想法,也可能同时相信矛盾的两面。比如,有人既可以因为干净的空气很好而信仰环保主义,也会在考虑到安全问题后选择开大一些的车子。你需要检查表述中的不一致之处并分辨它们出现的地方,但不要强迫被访者达成一种不真实的一致性,也不要让他们为业已作出的妥协感到尴尬。

重复还意味着你要询问那些不同角色的人至少部分一样的问题,以查看访谈的一致性。假定你正在做一项有关街头流浪者的研究,并发现尽管存在广泛的食物共享的规范,街头流浪者还是认为相互间偷东西是可以接受的。这两个发现看上去是矛盾的,为了使研究具有信服力,你需要说明自己探究了这些差异。为此你可以询问人们什么时候可以偷东西,而什么时候不可以,并力求把握更细微的差异,比如,偷是可以的,但不能偷得太多,否则被偷的人会饿死。如果不同被访者表述中的矛盾之处无法调和,你可能就必须在不同版本之间作出选择。为了使你选择的版本更具信服力,你需要表明自己是如何评估被访者的记忆、证据质量以及每个版本的偏差或倾向的。有时候你不是选择一个版本,而是展现两个或多个版本并用明显的差别来解释为什么冲突如此严重。

在你检验不一致或遗漏之处的时候,如果可能的话,把你的发现与其他来源的信息作比较,比如档案文件、报刊报道、法庭证词或证据。当被问及如何知道被访者是否在讲真话时,国家交通安全部(National Transportation Safety Board, NTSB)的调查者回答道,一方面人们希望能提供帮助,以查明飞机坠落的真相,另一方面这个部门根据大量的背景资料检验了所有的事实。NTSB 的访谈者报告说他们对从被访者那里搜集的所有信息都做了交叉检验,检验不但在被访者之间进行,而且在被访者和飞机残骸提供的证据之间进行,同时也在访谈回答与有关飞行路线的雷达和气象资料记录之间进行(与 David Bowling 的个人访谈,2001.6.22)。

在撒谎、歪曲和夸大可能构成问题的研究项目中(比如涉及某些人做过的错事或尴尬之事的研究),你可能需要做额外的努力以查明一个故事或事件的起源、图景或自利版本。假定你正在访谈退学的学生,问他们离开的原因。这个题目非常尴尬,有些被访者可能不会告诉你整个真相。通常,你只会问人们他们自己的经历,但是如果自我报告的真实性值得怀疑,为了鼓励你的被访者更全面地解释他们退学的原因,你可以采取另一套方案:请被访者提供他们所知的其他人的例子。在大多数回答中,被访者都会同时使用自己与朋友、熟人的经历,并可能会指出哪些例子是自己的。给被访者以谈论其他人的选择权可以避免尴尬场面,同时也确保了讨论是建立在真实事例的基础上。

有时候,歪曲是被访者出于工作角色的考虑而提供的形式主义的回答。电力公司发言人可能会坚持说核移植事故决不会给市民带来健康威胁,否则他的承认可能会导致昂贵的修复花费并招来有关健康损害的诉讼。警察和法院职员尤其可能给出形式主义的回答,因为如果他们承认自己并没有按章办事,那证据在法庭中出示时就会受到质疑。与之类似,科学家可能会对研究方法问题给出规范性的回答,因为实际的操作程序可能会有太多的偶然性而威胁到他们研究的信度甚至资助(Thomas and Marquart,1988)。质性访谈者有时也可能因为害怕失去名望而告诉你事情应该怎么做,而不是他们实际上是怎样做的。

理想的情况下,你要用避免形式主义回答的方式来表述问题。如果提问的内容涉及违法乱纪的事情,你可能就要采取间接逼近问题的方法。一种常见的间接作答方式是,将答案藏在故事中,讲故事而不直接点明寓意——与其直接提问,不如询问有关的故事,然后分析故事中暗含的主题。如果之前的答案看上去很模糊,还有一种办法是找类似的具体事件来进行讨论。反过来,如果人们将某项工作描述得非常和谐,而你怀疑所听到的内容过于乐观,这时,你就可以在之后的访谈中更多地问到有关压力的问题。

总之,要努力避免询问可能引出形式主义答案的问题。当我们的同事 Jim 请法官谈论他们如何执行有关假释请求的判决时,他所听到的都是对正规程序的描述。即将放弃的时候,Jim 将提问内容转到工作手册没有覆盖的主题上,询问官员们对定罪的看法。被访者对这一问题作出了直接而开放的回答。官员们详细描述并说明了他们对罪犯的负面印象如何影响他们的执行方式。还有一种方法是以你和被访者都看到的事实为基础进行提问。这时,被访者不太可能给出虚假的回答,因为他/她知道你刚刚也看到了实际发生的一切。

当上述礼貌而间接的方法都无法奏效,而你又确实需要这些信息时,你可以冒险采用更有挑战性的方式:"我确实想和您讨论一下,冷冻系统的焊工在最近的停工事件中所扮演的角色,以及管理者是否了解这些焊工。这方面的谣言有很多,而我想听听您的看法。"这种言辞相当有挑战性,但如果被访者一直讲空话,那这种言辞可能是必要的。他/她可能会进行回应,一方面看你到底了解多少,另一方面借此确认或反驳你的质疑,还可能会对这些指责进行详细的反驳。一旦谈话对象开始解释,他们就倾向于纠正事实,当你看上去同情他们且值得信赖时尤其如此。有的情况下,比如在进行工作评估时,如果你担心被访者可能歪曲或删减某些信息,就要避免让他们陷入不舒服的结论中。询问工作中遇到的障碍会比询问事情特别失败的原因要好:询问障碍可以避免有关问题没有处理或被访者有失误的暗示。

在访谈关系还不牢固,而被访者也不知道你的见识足以检验他的回答之前,问问题要很谨慎。Irene 在访谈老板和政治接班人之前,都会先访谈下属和技术员工,然后根据她所了解到的内容,设置问题措辞,并传达这样的信息:"我已经了解了一些情况,如果你讲的东西有偏差,我能看出来。"你要问政府部门的官员有关裁员的事,可以采用下面的措辞:"工会主张没有必要大规模裁员,但又说无论如何裁员已经实行了。他们为什么会这样说? 大规模裁员的原因是什么?"通过提到你已经与工会代表谈过,并暗示你可以拿到有关文件,表明你并非一无所知,从而减少了获得误导性答案的可能性。另外一种鼓励人们不要歪曲事实的方法是像病房巡视员一样四处查看。如果你甚至能遥远地看见或听见一些事件或讨论,被访者就不大可能讲那些事情从未发生过,并不大可能在讨论中省掉。

不幸的是,尽管人们经常努力讲述事实,但有时候他们的记忆也会褪色,要么张冠李戴,要么回想不起来。口述史研究者经常会告诉自己的被访者其关注的是哪段时间,并请谈话对象找出那段时间保留下来的文字材料,比如日记、记事本、剪报等,帮他们唤起回忆。前面提到了交通安全部调查员经常碰到坠机事件中的幸存者完全不记得事情发生经过的情况。处理这类问题时,他会耐心地引导幸存者从飞行前及坠机前的事件开始,慢慢展开回忆,直到他们完全记不得的地方为止。还有的访谈者则懂得怎样把自己的问题与他们确定被访者可以回忆起来的事件相关联。研究不同城市预算过程的变化时,Irene 有时会问起 20 年前的事情,但她不会问事情发生的具体时间,而会问被访者还记不记得当时的市长是谁。市长的更换是一件大事,市政厅的工作人员一般都能记得。一旦 Irene 知道了当时的市长是谁,她就可以借助其他信息确定时间。

通过透明性来证明信度

透明性意味着质性研究报告的读者可以看到资料是如何收集与分析的。透明性使得读者能够了解到研究设计的全面性,以及研究者的责任心、敏感和偏差。访谈者详细地记下自己的所见所感,并将之作为最终报告的一部分呈现,这样读者就能确定研究者在哪些地方怎样超出了被访者所说的内容。

为了确保资料的透明性,在不影响保密与匿名的前提下,你应该保留其他人可以阅读或重放的笔记或录音。在日志中写明文字记录的保存方式,它是直接来自磁带记录、笔记还是记忆,你是如何校验的,以及包含的细节水平。如果文字记录是自动录音的编辑版,日志就要记下省略掉的部分。你的分析路径也应该是透明的,记下你使用的分类编码,也就是归类方式。

你的记录要尽可能精确。在你根据记忆推想的笔记中,注明如下的细节:"这是我的概念,不是他的",或者"我对这里的顺序不是很确定,有关她母亲的那一点可能在这之前"。你对某个问题或回答做出的解释,也要标示出来,这样你就知道这是不可以直接引用的。此外你还要记下整个访谈的感觉,例如,"这个访谈一直很紧张",或者"这个群体因待人友好而一直在逗笑,我们很难从闲聊中走出来"。

为了方便自己记录,也使别人能了解你做过些什么,准备一个专门的工作日志本,它跟日记本差不多。当你做完参与观察后,在日志中记下发生的事件、发生的时间、持续的时间和信息摘要。记下重要决定(比如追踪特定主题或发展某个概念的决定)的形成过程,以及每个想法出现时的研究情景——当时的感觉,正在跟谁讲话。这样,你就向别人坦白了自己的偏见、倾向和反应。当你写报告时,可能想提到这个日志,而日志应该在人们万一要查验时可以方便找到。

研究过程的透明性要求鼓励研究者在书写报告时保持贴近资料,包括用到的摘要陈述必须可以还原为被访者的原话。当原始访谈资料可以公开获得,并且报告的主要结论都能有被访者的引言支持时,幻想和空想就可以得到有效控制。

结 论

在这一章我们介绍了如何设计访谈工作来保证研究的全面性、精确性和信服力。通过这样,读者就可以如其所愿,看到你是如何推出结论的,并且没有拿无用的细枝末节来淹没他/她。写作时,这让你的研究过程变得可见但并不突兀。慷慨地引用访谈记录来支持你的观点。你应该让读者能跟上你的分析逻辑,听到被访者的声音,并能把它与研究者的声音区分开来。

好的设计避免了两个梦魇:第一个梦魇是资料快收集完的时候,没有任何重要的东西可说;第二个是有闪光的发现,但是其重要性、代表性和真实价值受到质疑。研究设计根据构建解释、校验概念并为新兴主题提供证据的需要来规定被访者的选择和提问大纲。它使得研究一直在推进,即使用重复的方法做研究,你也无法在研究之初,确知最终的结论会是什么。

5

谈话伙伴关系

在响应式访谈中,研究者和被访者从影响访谈进程的对话合作中建立起关系。在这一章,我们从研究者的个性和情感如何影响对话交流开始,考察哪些因素会影响这一访谈关系。我们将讨论因性别、种族划分和社会阶级有别而不同的互动方式,以及访谈情景如何因对访谈者研究角色的共享理解不同而变化。然后,我们会说明如何鼓励潜在的被访者参与到访谈中来并分享他们的经验,研究者在对话合作中应该表现得谦恭守礼。这一章的最后,我们将考察很多伦理委员会所设置的严格的伦理规范,并就质性研究者如何回应这些规范提出一些建议。

访谈者的情感和个性

你在访谈中感受如何以及表现如何会极大地影响交流质量。访谈者,尤其是那些新手,可能会觉得紧张,因高度专注于访谈而感到筋疲力尽,并对他们的谈话伙伴的个性、环境和观点等做出情绪化的回应。

掌控焦虑和疲劳

感到紧张的访谈者经常会因无法集中注意力而没能抓住那些继续探究所需的重要线索。另外,紧张的气氛可能会使被访者感到不安而想早点结束访谈,回应很快而深度不足。放松的状态为全面、丰富的访谈创造了很好的环境。

事先准备好一些让自己在访谈中觉得舒服的方法,以便你可以放松。在访谈之前,先了解一些有关被访者和研究场景的信息,让自己获得信心。再者,可能的话就从那些你认识且容易相处的人开始进行访谈,而不是在你确认自己想要问什么以及怎么问之前,就为致力于建立棘手的新关系而努力。假如你发现自己在访谈之前越来越紧张,就四处走动一下或做些运动,并深呼吸几下。

记住你必然会犯错误——每个人都会这样——而这大都不要紧。如果你提出的问题表明你产生了误解,谈话伙伴通常都会纠正你。我们发现,在谈话伙伴了解了我们对什么感兴趣后,如果我们问了错误的问题,他们会改述我们的说法而回答我们本来应该提出的问题。

在访谈中,你的注意力将高度集中,你努力倾听,试图抽出一个主题,决定追问什么以及如何追问,并要求被访者提供说明和例子。这种努力可能会让你受到伤害,特别是在那些非常情绪化和激动的访谈中。访谈其他人之前,你需要找一点时间让自己冷静下来。可能的话,在两个访谈之间休息一下,尽量避免安排紧凑的访谈,以免你在第二个访谈中显得情绪不稳。我们要在两个访谈中间安排一些缓冲时间,预留出双倍的交通时间,而且,可能的话在访谈中间安排出用餐时间。如果有人延迟访谈的话,你总是会取消用餐。在访谈必须安排得很紧凑时,要想出能够在心理空间上将一个访谈与另一个区别开来的办法:读读报纸或看几页小说,到橱窗买点东西或看几分钟鸟。

不能保持一天做完两到三个访谈的速度,在回顾、抄写以及为下一个访谈做好准备后,你还要有时间或精力来想想你在做什么。最后,为了保持冷静,你需要定期进行休息。

理解并适应你自己的个性

个性会影响到你的访谈风格、比较舒服的访谈方式、持续抓获缺失信息和矛盾之处的能力,以及对初始问题的坚持程度。性子急的人可能吓倒被访者,因为在追踪争议性事件时他们会要求提供证据,而不是采用胁迫性较小的方式。另一方面,一些访谈者则太被动,从而没能对有待澄清的看法进行追问。就具体情境而言,如果你太急进了,就收敛一些;如果太被动了,就强迫自己再多追问一些。同时你需要适应被访者,例如,在对一些被其他人边缘化或者失语的人进行访谈时,尽量避免苛刻的提问方式。

当你太紧张时,就引入一些闲聊来放松一下。相反的情况下,当你过于社交化并在访谈之初太过礼貌时,就想出一些更简短的介绍方式并坚持这样做。如果你感到紧张,发现不管被访者说什么,自己都只是就之前写出来的那些问题进行提问,那就通过只写下很少的问题来调整,并强迫自己借助倾听以及回应所听到的内容来填补空白。

同情心如何,即你对被访者所谈论的内容和所表达的感情予以关注和理解的能力,是另一个会对访谈产生影响的重要个性特征。通过追问那些能使你对被访者的体验感同身受的细节来表现出同情,即使这些问题稍稍偏离了主题。假定你正试图弄明白心脏复原系统是怎么工作的,但是自己从来没有得过心脏病。为了发展并表现出移情,在聚焦进一步的问题前你不妨考虑花一些时间先问一下被访者处于心脏复原状态的一些具体情节:"你能告诉我发生了什么吗? 心脏病发作的感觉是怎样的?"倾听这些答案可以帮助你理解心脏复苏对你的被访者而言意味着什么。

过度移情也是有问题的。在过于认同研究对象时,你可能只会进一步追问那些对被访者有利的问题,而无法对事件整体展开提问。你可以很顺利地同情那些面临巨大损失或者长期受病痛折磨的人,而在同情那些做过坏事的人时则可能感到困惑或苦恼,这时你的个人价值观也会受到质疑。你可能需要稍微收敛一些。

有一个办法是有意识地安排那些与你通常的被访者不同的对象来做访谈。如果你刚与重罪人做完访谈,那就考虑转向访谈一些被害者或他们的家庭。或者你可能发现记日记、摘记访谈笔记或与你的同伴一起探究访谈经历,可以帮助你避免对研究对象产生过度认同。记住你是一个学者、学生或评估员,而不是策划者、社区开发者或城市预算人员。做笔记提供的距离也使得研究者更容易在研究结束和工作完成后从谈话伙伴关系中抽身出来。

表达你的观点并理解你的偏差

研究者通常对他们的主题持有很强烈的看法,从而想知道自己是否可以在访谈过程中表达这些看法。在访谈中你应该抑制自己做强烈的道德评判的欲望,如果在提及收养、酗酒、虐待儿童等问题时你无法抑制住自己表达强烈不满的冲动,那你可能就不应该做有关这些主题的访谈。在少数极端的情况下,当你的被访者询问你的看法时,你可以简要地回答他们。尽管那种不顾自身的信仰而对被访者表示认同的做法很诱人,但你最好还是诚实而不加评判地表达自己的观点。例如,你反对私人持枪,而在对一个手枪爱好者作访谈时,他问你有什么看法,你可以这样回答:"我在一个手枪被视为邪恶的家庭中长大,所以我只接受到一些有关手枪的负面看法。这是我第一次听到反面的观点。"但是,诚实,并不需要你不假思索地说出你所想或所感的一切。当你没有立即抵制访谈中可能表现出来的炫耀性的种族主义、反犹太主义或男权主义时,你并不是在撒谎。如果你感到压抑,可以用一些无伤大雅的言论来进行推托,例如,"我不能确定自己在这一点上赞同你,但是这无关紧要。我想了解你是怎么想的"。

当强烈的个人情感或偏见会导致你歪曲自己所听到的内容时,另一个相关的问题就会产生。你可能不会追问那些与你的偏见相抵触的线索,结果你就无法了解那些可能会导致你质疑自己的信仰的微妙之处、证据或细节。例如,你倾向于就女性在生活中遇到的问题来责备男性,但是你可能发现自己其实系统性地忽视了另一面的证据。与假装没有任何偏见相比,下面的做法可能更好一些:考察你的偏见,并弄清楚你的感觉将会如何歪曲研究,然后记住这种理解,努力想出可以弥补你的偏见的问题。

互惠与自我暴露

像所有关系一样,对话合作涉及并产生了责任问题,其中有一种责任是要帮助被访者在访谈之中和之后都感到自己是被保护的和舒服的。当被访者详细讲述他们的经历时就把自己暴露在了你面前,相信你不会冒犯他们的自信或指责他们。他们把部分的自我,即他们是谁的形象,托付于你的保护之下。这样做之后,他们在结束时会有一种脆弱感。你有责任关注访谈的情感性影响,可以通过轮流表达你自己的感觉来使被访者对这种关系感到更舒服(见 Harrrison et al. ,2001)。

与只是问和听不同,有时研究者自己可能需要回答一些他们给被访者设置的问题。正如 Jaqiue Aston 所言,"我认为某种程度的暴露是必要的。它激发了一种信任感和共同关系并增加了讲述人的舒适程度"(Aston,2001:147)。如果被访者问你如何度过假期,你可以用一种对被访者有关假期的感受表现出同情的方式来做回应:"我的兄弟一年半前去世了,假期对我而言还是痛苦的。"

来自访谈者的开放性不但使被访者觉得更受保护,不那么暴露,也有助于建立同情。如果访谈者能意识到这些问题让人感到痛苦或棘手,他/她可能就会关注这些问题对被访者而言有多棘手,而努力把被访者从访谈的情感中拉出来。另一方面,访谈者要小心不要抢了被访者的位置而把访谈变成自我反思。

研究关系深深地影响访谈者

全面地倾听其他人的生活细节是一种投入性的几乎上瘾的经历。探究的兴奋感和增加难题的需要,全面地卷入了研究者的视野并成为其主要内容。而且,随着时间流逝,被访者可能变得更亲近,甚至比研究者自己的家庭成员更真实,这样研究者在工作结束时就会觉得痛苦。当研究完成后,不但一种亲密关系结束了,发现的兴奋感也随之终结了。在研究结束时,谈话伙伴的短暂性可能会使被访者有被抛弃甚至被欺骗的感觉,就像有一个亲近的伙伴或密友突然要断绝关系一样。同样,访谈者也可能会有失望或未完成的感觉,好像他们的一部分随之消失了。

让自己投入分析和写作中可能会帮助你维持某种发现的兴奋感,并使你觉得与被访者很亲近。在你正式退出田野后还可以通过这样做来维持研究关系:把你的作品寄给被访者们评论,同时维持一种慢节奏的信件/电邮往来或通话关系。你建立的一些访谈关系可能会成为更正式的朋友,在随后的很多年一直丰富你的生活。

研究角色和社会边界

在开始一段对话合作关系的时候,你需要想出既可以非威胁性地保护自己,又反映出你是谁,还可以做深度提问的方法。做研究的时候,应该如何保护自己呢? 要扮演什么角色呢? 如何超越阶级、种族或教育的障碍来展开访谈呢?

确定研究角色

人们借助文化上可理解的角色——互动双方都了解那些角色的义务和责任——与其他人产生关联。妻子和丈夫构成一对互动的角色,父母和孩子、老板和工人、教师和学生也是一样。在响应式访谈中,这对角色是研究者和那些被研究者,但是仅仅称你为研究者几乎没有说明什么,因为学术研究的意义并未得到普遍理解。

如果你没有以被访者可以理解的方式说清楚你的角色是什么,他们可能会赋予你一个角色从而使研究变得困难(Gorden,1987;Gurney,1985)。例如,Pauline Bart 研究过一家堕胎合作社,她发现那些她最初想访谈的人都拒绝与她交谈,因为她们把她塑造为学院性的角色,而"她们是反学院,反专业人员的"(Bart,1987:340)。在贫穷的社区里,那些转到这里来问问题的人通常是社会工作者、房东、便衣警察或回收代理,而不是支持性的研究者。

在塑造一种可理解的研究角色时,你需要以被访者可以接受和理解的方式来表明你是谁。Bart 告诉被访者自己在芝加哥是女权主义积极分子,即她是她们的运动的一分子,以此来表明自己同情那些堕胎的女性,而不是她们所反对的建制的一部分。她补充说自己没有获得资助,并向她的被访者保证自己并没有被建制所收买。在和被访者预约时,Irene 努力把自己与那些人们可能并不信任的记者区分开,她这样说到,"我不是来搜寻丑闻或冲突事件,我想要理解这一过程是如何变化的",或者"我在探究政府组织的变化如何对预算过程产生影响"。这些问题是记者们不会关心的。另外,Irene 出示了自己的教师证,以及学术和顾问方面的正式证件来确证自己不是记者。

幸运的是,有很多研究角色,包括学生、教授和作家,被访者一般都能接受。例如,作为一名大学本科生,Jay Macleod 通过给帮派成员辅导学业和一起打篮球很容易就与他们混熟了。当他开始研究的时候,还是扮演一贯的学生角色。"我需要向每个群体说明我计划展开的研究,我是研究者,他们是对象。我会在开展一段他们期望中的谈话时不经意地提一下这点。我简单地解释说为了大学毕业,我必须写一篇长文章,并且不是在图书馆里做研究,'我打算写写你们,你们从学校毕业后打算从事什么工作,诸如此类的内容'"(Macleod,1987:174)。人们可以理解学生要为论文做准备。

教授的身份则有利有弊。有利的一面是,人们都知道教授会问问题,因此这一角色把你做很多调查这一点正当化了;有弊的一面是,教授会评价人们并判断他们未知的东西,而这种做法会给人一种威胁感。以教授的角色出现在人们面前时,我们强调做研究的目的是详细地了解真实的世界以便我们可以告诉学生被访者的生活是怎样的。这种表述把被访者刻画为一个专家,有利于减轻有关的威胁感。

更普遍的一种研究角色是作家。作家像教授一样,有提问的自由,但不会像教师一样评判他者。再者,作家会公开地将他们的研究对象的词汇和经验出版。为了促使研究对象把自己当成作家,Herb 送给他的谈话伙伴一本以他之前的研究为基础写成的书。

在文化研究中,最有效的角色可能是初学者。他们几乎像小孩一样,对大多数基本的东西一无所知,人们需要教给他们其他人都已经知道的东西。为了被当成初学者,你需要表现出自己愿意接受这一文化并想要了解它的想法。你可能需要花相当长的时间来学习你的研究群体的具体词汇,有时在做学术的同时你就掌握了一门语言,就像我们做泰国研究时那样。作为对意大利工人阶级社区的研究的一部分,William Whyte 搬到那一社区并开始学习意大利语。正如他所说的:"我学习这门语言的努力比我对他们所说的任何有关我自己和我的工作的话都表现出更多的诚意。当一个研究者已经踏上漫长的语言学习之路后,他又怎么会'批判我们的人民'呢?"(Whyte,1955:296)有时,通过成为群体一员———一名唱诗班成员、足球运动员或警官,就表现出你具有可接受性。John Van Maanen(1978)知道警察经常将外部人看成"小屁孩儿"或"无知者",即不可能理解他们的世界的人,因此没什么好跟他们解释的。为了克服这一障碍,Van Maanen 专门参加了警察学院的训练,这样,对于他想要研究的警员来说,他就再也不是一个不值得信任的外部人了。

在主题研究中,你不能假定自己是无知的初学者,因为你得了解的足够多以抛出有价值的问题。相反,在研究角色上,你希望自己被看作一个值得信赖的人,能够公正报道所见所闻,有见识并值得交谈。为了呈现出对某领域知识渊博的样子,你需要做一些背景工作:观察、阅读书籍和文章、留心时事通讯以及查阅档案资料。

在不同的研究角色中间进行选择并不意味着你歪曲了自己的角色,而是你选择了在访谈世界中有意义的那一面(见 Snow et al.,1986;Reinharz,1997)。你可能既是一个医学社会学家,又是一个女儿,当你探究老年被访者的药品使用经验时,采用这两种角色中的任何一个都可以。集中表现一种或另一种角色,并不意味着你是在表演,你用来展现自我的角色是并且应该是自己真实的一部分。如果你是一个初学者,不可以假装很有见识;如果你是英国人,不可以假装为西班牙人。欺骗是不合道义的,是在玩弄且不尊重被访者,通常也无法奏效。

跨越边界

在与被访者建立研究关系时,研究者通常需要跨越从外部人变成内部人的边界。在历史上,一些质性研究者主张采用外部人的角色更有利于研究,因为访谈者不会仅仅停留在关注一个群体或组织的状况上。另外一些学者则持相反的主张,认为内部人角色更好,因为被访者会认为研究者是移情性的,能理解他们的语言、观点和经验。内部人—外部人争论一直延续至今(参见Gorden,1987;Horowitz,1986;Naples,1997)。

内部人的身份可以使你看上去不那么有威胁性,因为你了解规则并像被访者一样受它们限制。同时,置身于被访者熟悉而可控的社会空间中可能是有帮助的。例如,如果被访者认识你的上司、组织领导甚至论文导师,他们会觉得自己可以影响你。告诉他们可以对你负责的人的名字和电话,也许就可以让他们确信,如果他们对你有意见,可以向你的上司告状。

内部人和外部人的身份通常是根据阶级、性别、民族或种族等人们认为难以逾越的界限来确定的。例如,Maxine Baca Zinn 引用了 Amwrico Parede 的一项研究来说明英国研究者是如何因为不理解该文化的"表演"成分,而误解了西班牙裔美国人的行为的。不仅英国人对西班牙人有刻板印象,西班牙人对英国人也有刻板印象,它们都使开展精确的研究变得更加困难。更有甚者,很多西班牙裔美国人会背离自己的行为方式,只讲研究者想听的东西(Paredes,1977;Zinn,2001)。

一些研究者通过建立合作型团队来处理内部人—外部人问题。例如,最近在两个州立精神病医院展开的研究中,研究团队同时包括了作为外部人的教授和作为内部人的护士(Thomas et al.,2000)。护士们的参与保证了问题在该场景中是有意义的,病人的身份是受到保护的,收集到的信息是合法可取的,并且研究耗时更少。

内部人和外部人的边界并不总是很清晰的,比如可能你认为自己是正在研究的文化或种族群体中的一分子,而被访者却把你当成外部人(DeAndrade,2000)。研究者几乎总是带着一些可以将自己与正在研究的被访者区分开来的特征。也许作为黑人女性的你在与黑人女性被访者交谈时,会发现阶级、收入、教育或措辞方式在你们之间构成了障碍。然而,被当作外部人并不必然就对研究不利,有时跨阶级、性别或种族的访谈与那些谈话者背景类似的访谈相比,效果可能更好(Cannon et al.,1988)。

跨种族的访谈在被访者受到激发而开始描述自己的种族经验时,看上去最好。例如,研究者要调查访谈者和被访者之间的种族差别如何影响某些敏感话题的对话,他比较西班牙裔美国女性和英国访谈者与英国女性和西班牙裔美国访谈者的对话内容并发现:

> "同时从量和质两方面提及性别相关话题……这些妇女在性别相关话题上确实对英国人谈得更多、更自由。而当话题变为歧视时,谈话模式自己会发生逆转,不出所料,谈话者更愿意与另一个西班牙裔美国人谈论自己对偏见的感受,而倾向于避免或尽量减少与英国人讨论这一话题。事实表明这并不是个别现象。(Tixier y Vigil and Elasser,1978:95)"

白人 Herb 发现,只要他先引入种族话题,他就可以与美国黑人就这一主题展开轻松的交谈。这些谈话伙伴后来成为 Herb 认识美国社会中种族主义的后果的引路人。这种谈话不同于两个美国黑人之间可能发生的谈话,但是仍然分享了重要的信息。

尽管很多话题都可以跨越社会边界进行讨论,但迥异的表达风格有时会让谈话变得困难。这样的交谈鸿沟常见于一些男—女对话中。Deborah Tannen(1990)指出,女性会从固有的交流模式而非孤立的意见的角度来看待信息。同时,女性更可能同时给出多方面的信息,要求被访者必须"多方位倾听,准确分辨主要和次要信息"(Anderson and Jack,1991:11)。不习惯多方位倾听的男访谈者可能会漏掉大部分信息。

性别风格的另一个差异在于女性发展了可以逃离男性统治的对话模式。Devault 指出,"尽管很多语言学方面的女权主义研究都旨在展现语言与谈话的安排方式强化了妇女的从属地位,它也常常表明,女性讲话者是如何富有技巧而创造性地绕过并推翻了社会控制过程",不管她们采用的方式是"回嘴"(hooks,1989)还是

"歪曲"（Devault,1990:112）。此外,女性可能比男性更容易在谈话之前表现出犹豫。女性的犹豫不应该被完全解释为无知或恐惧,相反,她们可能是在思考如何在表述时避免使用主流（男性）词汇（Devault,1990:110）。研究者应该耐心地给这类犹豫留出时间,而不要用提示词或短语来跳过它。

跨性别访谈还会出现其他问题。当男访谈者采用生硬而非委婉的方式提问女性被访者时,可能会获得不那么详细和全面的答案。当女性访谈者在访谈男性时显得过于自信,并频频使用女性的委婉措辞时,可能会让男被访者不自在。女性访谈者可能需要发展出一种兼具非威胁性和专业性的访谈风格。

鼓励参与和建立关系

响应式访谈奏效的关键就在于谈话伙伴关系。你很清楚自己参与该关系的原因,但被访者为什么要参与呢? 你怎样让人们开放地描述他/她的经验呢?

为什么人们会接受访谈且坦然回答

如果人们了解你——知道你住在哪儿,在哪儿工作,老板是谁,工作是什么,他们会更愿意与你进行交谈。如果你正置身于研究场景中,通常能很轻松地与该场景中的人进行交谈。当你研究一个社区时,可能想住在里面,在来往的街道上偶遇邻居,参加社区聚会,参与篮球比赛,在自助洗衣店里洗衣服。你可以频繁光顾你想遇到的人经常去的地方。你可能需要一段时间让人们来了解并接受你,但是这段时间过后你就可以邀请人们一起吃饭或喝酒,并开始谈论你的研究。

质性研究还可以借助关系网找到经验丰富、知识渊博的被访者。文化研究通常从被研究群体中的熟人开始入手。Felix Padilla经过他的一位曾是帮派成员的学生介绍,开始了对波多黎各帮派成员的访谈（Padilla,1992）。以生动描述内城生活闻名的 William Whyte（1955）和 Elliot Liebow（1967）,是在与当地领袖成为朋友后,经他们介绍而认识社区其他人的。Mitchell Duneier（1999）对街边摊主的研究就开始于跟某位摊主的偶然交谈,当时这个摊主正在卖他的书。这个人后来成了 Duneier 的朋友,并介绍了他跟其他摊主认识。

如果你想找的人通常被认为很脆弱,那么接近并说服他们参与到你的研究中可能会尤其困难。在一项对黑人年轻单身母亲进行的研究中,研究者碰到的最大问题就是找到谈话对象并说服她们信任自己而愿意交谈。研究者在两个邻近的社区中辗转找到了突破口,为了与被访者建立关系,她做了社会服务中心的志愿者,利用她在参与服务后遇到的社工和顾问的人际网络,请他们帮忙将自己介绍给那些年轻单身母亲认识(Kaplan,1997)。

一旦建立关系后,大多数人会愿意谈论自己的生活,享受这种社会关系和成就感,并且为有人对他们的谈话内容感兴趣而高兴。另一方面,他们可能会很忙或感到无法胜任,或者害怕暴露自己,不管遇到哪种情况你都需要尽力说服他们参与谈话。一旦你把握了人们的参与动机,就可以通过强化那些动机来赢得合作。

访谈者可以帮忙记下一种正在消逝的生活方式、一门技艺、一项宗教活动,或逝去很久的事件。你的问题告诉被访者,他们所知道的东西是有价值的,不应该丢掉,可以教给你,并通过你传播给其他人。与之类似,访谈者会给予被访者关心和认可。你可以通过提及被访者的成功之处来鼓励他们参与谈话。比如,在一项有关手艺的研究中,你可以说:"我来找您是因为人们都说您是最棒的织工。"再比如,在有关财政管理的谈话中,你可以说:"我想跟您谈谈是因为我认为您发明的管理系统影响很大。"当被访者知道自己是因为足够重要而被纳入访谈名单时,会认为接受访谈可以确认他的地位。因此,被访者可能会问:"你们还跟谁谈过?"这时,让他知道你认为他是杰出群体中的一分子,他可能会更愿意与你交谈——"我和市执行长约了明天见,昨天访谈了市长,今天下午将会和财政主管聊一聊"。

有时人们会同意访谈是因为他们希望你能帮忙解决某个问题。国家交通安全部的专业访谈者告诉我们,人们愿意非常详细地谈论他们在坠机事件中的所见所闻是因为他们希望以后的飞机旅行可以更安全。在访谈开始前的自我介绍中,你可以向被访者说明他们所提供的答案将会被用于解决他们关心的某个问题。

通常人们都需要讲述他们的恐怖经验:表达感受有助于减轻痛苦并减少恐怖感。丧子家长的互助群体会抱怨说,他们的朋友和亲戚都劝他们忘掉死去的孩子,继续自己的生活,但是他们不想这样,他们希望能有机会谈论并怀念这个孩子,公开表达自己的悲痛之情。研究者对被访者的痛苦和损失给予了认可,并提供机会让他们回顾生活中的重要时期,这样,被访者的痛苦就变得更有意义。例如,有关大屠杀的口述史研究就给了幸存者一个纪念死者、表达敬意的机会。

有个研究者解释了艾滋病人如此公开地谈论自己的原因,"我的很多回应者都明确提到他们的谈话就是'遗赠'。尽管可能带来痛苦,但他们还是参与到这项研究中,因为他们相信我会用他们的故事帮助其他人。因此,他们让我承担起赋予他们的生活和死亡以意义的重担"(Weitz,1987:21)。研究者也许可以给他们提供一种纪念。

人们还会因为要争取公众对他们的政治或社会关怀、职业、种族的支持而参与访谈。自由主义者可能想谈论他们反对审查制度的努力,历史保护主义者可能想为保护古建筑争取机会,宗教成员可能会喜欢描绘他们的节庆场面。在每一种情况下,被访者都希望他们的活动被从有利的方面看到。那些被其他人瞧不起的被访者,如妓女、非法侨民或无家可归的人,可能希望研究者能收集他们受伤和愤怒的声音,以引起人们关注他们的痛苦。

在有争议的场景中,人们都会站在自己的立场讲话。管理方可能会控制报纸描述劳动争议的方式,这样,工会发言人可能会愿意跟那些能替他们说话的人谈话。有一次,尽管做了很多努力,Herb 还是没能约到社区组织的资金赞助人。最后,Herb 又给他写了一封信,并附上了一篇从社区组织的角度谈与资金赞助人争议的文章。后来该赞助人答应了他的访谈,要向他说明为什么社区组织的说法是不对的。

有时人们参与访谈是因为你和他们的朋友或同事是熟人。有一次,Irene 在试图离家较远的市政厅预约访谈时,怎么都约不到。这时,她身后有位绅士询问她来自哪里。她回答说"迪卡布,伊利诺斯",还以为这个人可能从来没有听说过这个地方。"哦",他说,"你们的市长是 Gerg Sparrow,你认识他吗?""认识,"她回答说,"他是我的一个学生,他聘请我到预算评委会工作。""好的,"她的新朋友回答道,"我和 Gerg 很熟。我来帮你预约。"Irene 不但拿到了预约,而且从中得到了教训,即应该好好利用市长的关系网。当她回到家乡,向市长提起这件事时,市长说,"Irene,你真应该早点告诉我你要做什么,我就可以帮你安排访谈。"

有时候,关系网推荐在你还没有提出请求的时候就会自动出现。你访谈过的人可能会与其他人分享他们的谈话体验。最近,Herb 打电话给他不认识的人进行访谈预约。每位妇女都欣然接受了预约,在访谈时每个人都很开放,还提供了很多情报。尽管很高兴,Herb 还是奇怪访谈气氛怎么会这么好,后来被访者告诉他,Herb 之前曾访谈过她们的丈夫(他们有着完全不同的姓),而她们的丈夫在访谈时很愉快。

建立信任

尽管信任的建立并不存在一定之规,但你可以通过做一些事情来促进信任并避免破坏它。当人们发现你和他们共享同样的背景时,信任会增进。上过同一所学校或教会、在同一个街区长大或有共同的朋友都是可以增进信任的关系。有人替你担保是另一种建立信任的重要方式。你可以先构建关系网然后在建立预约的时候运用这些关系。比如:"Bob Albertson 建议我打电话给你。他说你最了解事情的经过,可能愿意跟我谈谈。"有共同的朋友可以使你看上去更可靠一些,提及你有一些相关的工作经验可能会使被访者更相信你能理解他们的回答。如果你有家人住在附近,和被访者有共同的朋友,或者在他们知道的地方工作,那么你就在某种程度上进入了他们可以理解的社会结构,而不是一个完全的陌生人。

如果你在访谈之前做过参与观察,观察期间潜在的被访者就可以了解你的为人和行为方式,这就为你们创造了共同的背景。在当下的研究中,Herb 参加了包括很多他正在研究的积极分子在内的电话会议。在一次电话会议的介绍部分,一位有影响力的积极分子指出他认识 Herb,并且 Herb 是他们组织中的一员。后来 Herb 打电话给这个电话会议的其他参与者时,这些人都把他当自己人看待。

诚实、开放、公平和宽容的形象有利于信任的建立。为了表明自己是一个守信且公正的人,Herb 与他潜在的谈话伙伴一起分享了他写过的有关他们的生活世界的文章。很多人读过这套书后都做了评论。他们从这些文章中看出 Herb 对他们持同情的立场,会对访谈内容保密,并且能给出公道的评价。

初步接触并建立预约

选好熟悉访谈主题的人后,下一步工作就是说服他们愿意跟你谈话。你要做的远不止找到这些人并建立预约这么简单（当然这两步也很重要），你还希望他们能理解你的研究内容，并愿意以一种有意义而开放的方式交谈。人们并不是非得跟你讲话，所以你必须提问，向他们说明你的研究内容，确保他们是自愿参加的，并说服他们帮忙。

有时候人们拒绝你，是因为他们太忙了。有时，你可以提前几周或几个月预约，以提早排上他们的日程，或者在他们忙季过后几周再打电话。Herb 曾经想不通为什么一个曾经愉快交谈过的人，在他提出再次访谈的请求时却不回他的电话。Herb 忘了这正是提交拨款申请（grant writing）的高峰期，而他的谈话伙伴正在受各种最后期限的折磨。高峰期过后，她打电话给 Herb，责备他怎么不给自己打电话约时间再访。

最难接触到的两个群体是经济政治精英和受到极度压迫的人。精英们或者太忙而无暇交谈，或者想控制有关他们的言论，并且他们有助手在中间做缓冲带。为了说服这样的人参加访谈，你需要表明他／他的组织可以从访谈中获益。我们的经验是，只有当他们的下属、朋友或同事向他们提过你之后，你才有可能接触到他们。被忽视或剥削的个体也会不愿意加入访谈。他们时常发现自己是某个研究的对象，花大量时间替别人谋利，而自己却一无所获。研究对他们而言只是再一次的剥削。访谈这些群体前，你通常需要进行一段时间的参与观察，或者参加一些积极分子的活动，表现你的勇气和对他们的关心。

当你已经开始参与观察后，初步的访谈通常可以很快展开。你可能已经开始提问了，例如："庆典上发生什么事情了？""这个会议是关于什么的？"访谈的开始，就像请你一道喝咖啡或闲聊一样自然。之后，你可能会提出更正式的访谈要求。

近来，我们的研究总是涉及那些很难在非正式场合碰到的人（有时候是因为他们工作的城市离我们的住所很远）。我们已经建立起一套通过写信和打电话的方式成功建立预约的制度。访谈的约访信必须非常简洁，内容主要包括研究项目简介、收信人入选的原因以及他／她应该配合的理由。信的内容应该很专业，能传达出你对被访者的生活和工作的关心与兴趣，并保证你在使用访谈资料时会尊重他们的意愿。下面是一则范例。

尊敬的罗比斯特夫人:

　　我是北伊利诺斯大学的一名学生,目前正在撰写有关影响卫生保健立法的政治可行性的因素的主题论文。过去几年里您在起草和推动卫生保健立法的过程中扮演着十分重要的角色,所以我想向您了解一下您对可行性的看法和对他人看法的评价。从 3 月 17 日开始,我会到华盛顿和推动卫生保健立法的其他积极分子进行交谈。您那周有时间跟我见面吗?我只需要一个小时就可以。时间依您方便而定,早上、中午或晚上都可以。我会在下周给您的助手打电话。

　　如果您对这个研究项目或我本人有任何疑问,请致电815-733-××××

　　您的朋友

　　玛丽琳·万茨图诺

　　在这个例子中,研究者采用的角色是学生。资料将会被作为学位论文的一部分加以使用,很可能不会普遍传播。研究主题和被访者入选研究的原因都在信中说清楚了。信中还应该再加一些话说明研究者了解该主题以及同情未来的被访者的原因:"我在攻读博士之前,曾经是一位健康保险员(health planner),所以我对提案中的技术问题很敏感。但是我一直不明白为什么那些很棒的技术提案无法在议会上通过。"这样的补充就说明了访谈者的背景和同情心,也以一种能打动人的方式提出了研究问题。

　　Herb 最近做过一项有关受过良好教育、知识水平较高且信念坚定的社会积极分子的研究。他希望通过约访信表明自己对这一领域比较熟悉,想要了解被访者对其他人的看法,以及他会支持谈话对象的工作。他在请求函中提到自己写过一本与这次研究主题相近的书。这本书表明 Herb 是一个公正的学者,他的研究成果将会出版,也就是可以发挥影响。那些真正读过这本书的人(他的被访者中竟然有很多人读过)会发现,Herb 保护了被访者的身份,虽然书中呈现的是现实的形象,但 Herb 对那些被访者是充满同情的。他在信中强调自己是某个与被访者的组织类似的团体中的积极分子,熟悉被访者的生活世界和工作。信中其余的内容则是鼓励潜在的谈话对象参与谈话,帮助他完成这项研究。

社会学系

北伊利诺斯大学

迪卡布,伊利诺斯60115

815-753-××××

hrubin@niu.edu

2002年9月23日

××××

执行主管

国家积极分子组织

地址

尊敬的×××:

　　我叫 Herb Robin,是一名社会学家,长期以来一直研究社区复兴运动(以及组织和抗议)并撰写有关作品。我想您可能不认识我,不过我们在 NCRC① 的会议上"碰过面"。我一直都很关注您的工作,特别是最近针对 BrickYard 银行的行动。在 NCRC 电话会议中,我聆听了您就直接行动发表的看法。

　　最近,我一直在研究各种支持社区复兴的组织,包括像 NCCED 一样的贸易协会,像 NCRC、NLHIC 一样的积极分子联盟,以及其他类似的全国性团体。我也一直在关注 Rehab 网站、伍德斯托克音乐节和转让前的芝加哥 CANDO。就现在的研究而言,我主要关注三个问题:①支持性组织和他们的联盟怎样通过培训与倡导给社区复兴运动定位;②支持性组织和他们的联盟怎样构建公共政策议程来支持社区复兴运动;③当支持性组织和他们的联盟展开上述两项工作后,出现了哪些变化。

　　从我现在的工作,尤其是从对芝加哥的伍德斯托克音乐节的研究中,我了解到了当地组织是如何在形成国家议程时发挥作用的。国家积极分子组织就是其他组织的范例,通过它的联盟工作,尤其是在 NCRC 内的工作,它在国内产生了巨大的影响。因此,我希望能够就以下两方面跟您交谈。

　　首先,我想知道您是否愿意向我介绍一下国际积极分子

_____

① 全国社区再投资联盟,一个致力于经济公正的组织联盟。

组织,以及它作为 NCRC 的成员之一,在拥护 CRA、反对掠夺性借贷(predatory lending)和推动经济公正方面的努力。其次,我想跟您探讨一下是否可以在我的研究中把国家积极分子组织当成在国家层面上有重要影响的组织的例子。

我希望能和您通电话,解答您对这项研究的任何疑问,然后如果可能的话,为讨论国家积极分子组织如何形塑国家公共政策的谈话预约一个时间。

我的访谈将会是非结构化、非正式的,因为我首先感兴趣的是参加过复兴工作的人自己的看法。为了让您可以感受一下我将如何进行研究(并表明我对社区复兴运动的支持),我给您随信寄去一本基于我最近对 CDC 运动的研究写成的书《邻里绝望中的复兴希望:社区运动模式》。

我将会考虑邮递时间,再给您打电话预约方便的电话访谈时间。

提前谢谢您。

Herb Rubin

没有等到 Herb 打电话,这位收信人收到信后就马上打电话给 Herb,约好了电话访谈的时间。

根据实际需要,Irene 有时会在访谈约访信里附上一份自己的简历。她发现很多公务员在发现她做过咨询工作后会对访谈产生兴趣,因为对他们来说,咨询意味着了解现实,暗示了她可能知道一些关乎他们利益的事情。市政官员想知道跟菲尼克斯或波士顿相比,他们做得怎么样?了解这类信息给这些被访者提供了参与的理由。

有时也可以附上其他各类介绍信。你可以列出一些将会涉及的具体话题。例如,在卫生保健提案研究中,你可以说,"我对贵单位在改变 75 号法案上面所作的贡献很感兴趣"。如果你想表明自己支持某项运动并想宣传它的成就,就需要给自己的说法提供证明。比如,"我从 1985 年到 1988 年在 ACT-UP(男同性恋维权组织)工作了三年"。为了说明你正在写书,你可以提到自己发表过的与之相关的文章,特别是支持该机构、项目或运动的材料。

寄信之后,我们通常会给收信人留出邮递和拆阅的时间,然后再打电话过去答疑,并确定他/她是否愿意参加访谈,愿意的话,定下具体的时间。在最近的两项研究中,Herb 用这种方式约访了数百个人,并且只有两次遭到了拒绝。

对谈话伙伴的伦理责任

响应式访谈模式的一个要点在于,以不伤害研究对象的方式获得丰富的资料。在极少数情况下,研究者会做出不合伦理的行为,比如掩饰自己的研究目的,违反保密性原则,使研究对象受到政府的惩罚,或者伤害研究对象的感情。为了处理这些伦理失误(以及医学或生物科学中更严重的失误),专业社团建立了很多伦理规范,大学与其他研究型组织也在政府要求下设立了伦理委员会来保护研究对象不受伤害。

不管伦理委员会的规定如何,响应式访谈者都有义务按照合乎伦理的方式对待他们的谈话伙伴,尊重他们,信守承诺。尊重意味着不欺骗谈话对象,不假扮他人,不误导人们使其相信可以从研究中得到好处,而事实上你又做不到。你不应该在资助问题上撒谎。如果你不打算写书,就不要骗他们说自己会写。浪费他们的时间是不礼貌的。

尊重体现在你对待被访者的方式中。要保持礼貌,向谈话伙伴表达感谢。不管是在访谈中,还是书写时,都不要嘲笑或讽刺谈话伙伴。不管被访者讲什么,你都要表现出关心,就算他们讲的故事与研究无关,也不要打断。要表现出你理解被访者有他们自己的话语。录音前要征求被访者的同意,当他们要求停止录音时,要及时做出回应。引用被访者的具体回答之前,先征求他们的同意。

征得录音许可后,你可能还需要不时地提醒被访者你可能会在研究报告中引用访谈笔记和录音。如果你在访谈之外还会进行参与观察,那你就会跟被访者进行社会交往,这时,他们可能会忘记你是一个教授,脱口而出一些非正式用语。你应该询问他们这类话能不能引用,可不可以记下来,提醒他们你正在做研究。Herb跟研究对象一起开会时,会不时在吃饭过程中随意提到自己是一名教授,正在写有关组织方面的书,由此提醒人们他在做什么。还有一种提醒的办法是记下非正式谈话的内容,引用之前先请被访者过目,允许他们否决。

当你告诉被访者不会暴露他们的身份或给他们的评论冠名时,就一定要信守承诺。万一出现不能保密的情况,一定要事先提醒被访者。例如,在监狱中做访谈,就可能无法做到保密,因为访谈笔记或录音可能会被没收。

在某些研究中,保密工作很容易做到。比如在访谈一个大规模的大学的学生时,可以在笔记和出版物中都使用假名。但多数情况下,仅仅使用假名是不够的。被访者的同行或利益相关者会根据你报告中呈现的背景信息认出他们。在有关改变联邦法规以增加政府投入的幕后策略的研究中,研究者可能并没有使用真名,但那些参与过游说的人知道哪个组织做过些什么,不需要人名就能把每个人对上号。这时,你可能需要对问题本身做些包装。

Irene 做毕业论文时,用一个秘密数字乘以关键表格中的数字,处理后的统计数字讲的还是同一个故事,但该领域的专家却无法从招生或财政资料上看出被研究的大学或引用的对象是谁。在另一项研究中,她给研究的城市起了个假名,这样,当她讲到市行政官时,就没有人可以确认他是谁,后面进行引用时,她都会确认这些信息要么不止一个人提过,要么可以在已有文献中找到。Herb 会提醒被访者尽管他们的名字在文中都被略去了,但他们的同行还是可能会认出来。那些可以直接识别出某些组织或人的故事片断,他都会在文章中只字不提。

保守秘密意味着你可能要这样来收集和保存资料:即使遇到法庭传审,你也一定不会交出笔记。它意味着把访谈资料存放在安全的地方,这样其他人就不会偶然翻到这些资料。有时,它还意味着你要销毁任何可能把访谈信息和具体的人相关联的证据。在极端的情况下,当你被要求出庭作证时,你必须决定自己是否要承担受法庭蔑视的风险,拒绝作证。极少情况下,经过很多程序性的辩论后,研究者可以获得联邦政府的许可,不向法庭提供访谈资料。但大多数情况下,如果研究者保持沉默的话,可能会受到法庭的处分。由于这种风险是很现实的,研究者需要提前设想一下当自己卷入这类法律诉讼时会怎样做。如果你无法想象自己因为拒绝向法庭提供访谈笔记而入狱,那就不要向可能参与非法活动的被访者承诺保密。

在极端的情况下,质性研究者为了保护他们的被访者,并信守保密承诺,而不得不选择入狱。20 世纪 80 年代时,Mario Brajuha 为写论文而访谈了餐厅的工作人员,他完全没有想到收集到的资料最终会将自己送入监狱——他研究的只是工作场所的社会建构(Brajuha and Hallowell,1986;Hollowell,1985)。Brajuha 向被访者承诺了会保密,因为他们当中有些人担心自己所说的内容会被同伙和上级主管拿来对付自己。但是,当餐厅发生火灾后,警察怀疑是有人纵火,并传唤 Brajuha 提供访谈笔记来做调查。Brajuha 处在一种棘手的伦理困境中:他要么向警察提供资料而打破他保密的承诺,要么信守承诺而坐牢。最后,他选择了信守承诺而坐牢。

一般来说,你遇到的情况都不会像 Brajuha 的那样棘手。但是万一出现这种情况时,你应该像他那样保护研究资料,使得被访者不会受到伤害。例如,人们的真实姓名对你的研究来说通常是不重要的,你可以用隐去真名或假名替代的方式保护谈话伙伴,以防你的笔记落入不适当的人手中。你应该有这样的心理准备:宁可销毁资料,也不让可能伤害谈话伙伴的人拿到。如果你在监狱中调查时带了录音机,要准备好很快销毁这些录音。如果你觉得研究可能被禁,笔记可能会被查抄,就不要做笔记,尽可能用脑子记住谈话内容。在最坏的情况下,即使损失部分或全部访谈资料,也比伤害谈话伙伴要好得多。

但是,如果你发现某些行为是非法的,或者可能伤害其他人,你可能会对自己的角色和义务抱有复杂的感受(Magolda,2000)。如果你向政府举报这个人,基本上就毁了这个研究,使自己变得不可信——不仅是对那些相关的被访者,也包括其他可能的被访者。但是,如果不举报这样的行为,当其他人受伤或被害时,你可能会有负罪感。为了避免这种情形发生,你可以请被访者不要讲非法的事情,同时提醒他们,如果他们讲了非法的事情,你可能不会保密。

但是有时候,就像我们的同事 Jim Thomas 研究电脑黑客一样,你的研究重点就是要了解非法活动。这时,你必须权衡哪种情况可能对社会更有用,是不加举报地了解黑客以及他们的世界、动机和技巧,还是向政府举报个别人的非法活动并毁掉后续的研究?你所毁掉的不止是自己的研究,也包括想涉足这个领域的其他研究者。

你有义务提醒被访者他们讲的话会不会给他们带来麻烦,并给他们机会收回说过的话或选择被匿名引述。如果他们不允许你使用某些故事或引言,就不要引用,即使你的最终报告中可能会少些有意思的材料。你可能需要在报告的精确性、趣味性与保护被访者之间进行选择,不过经过一番思索后,你通常可以既保护被访者,又让自己的发现可以被理解。

> **你可能遇到的问题**
>
> 　　Irene做助理教授的时候,需要发表文章才能拿到更高的职称。这时,有个杂志编辑找到她,说愿意发表她的文章,条件是透露研究城市的名字。然而她向被访者承诺过会保密,而透露城市名非但无法做到保密,还会给这个城市带来麻烦,于知识积累也无益。Irene觉得与出书相比,她对被访者的承诺更重要,于是她放弃了在这个杂志发表文章的机会。

　　另一种保护被访者的方式是允许他们查看访谈记录和审阅出版前的手稿。Irene不但允许她访谈过的政府官员查看并修正他们自己的访谈记录,而且会让他们提前阅读和评论有关章节,但不会允许他们随意篡改。她的被访者需要知道他们的机构在文中的形象如何,他们担心自己讲的话可能会影响形象。你不需要承诺被访者推翻研究结论的权力,但是你应该向他们保证你会站在公正的立场上,以平衡的视角推进研究。

　　保护被访者还意味着不要自私地利用他们。只是为了职业成就去研究受害者群体就意味着你在自私地利用它们。你所了解的内容不应该仅对你自己有一定的好处,也应该对那些慷慨地贡献时间和分享经验的人有益。至少,你应该让他们的问题变得更加可见,促进有关他们的公共争论,最好你可以想出改善你的被访者的问题的政策建议,并努力推动这些建议付诸实践。

　　一些研究者试图以付报酬的形式补偿被访者,尤其是在那些有资助的研究中,资助内就包括了这部分费用。如果他们出版有关访谈资料的书,被访者也许能从中分享一部分版税。但是,这种策略的作用十分有限,因为大多数学术著作都不赚钱,而且Mitchell Duneier在试图跟他访谈的街头商贩分享版税时发现,这些人既没有这样的期望,也不明白他为什么会这样做(Duneier,1999)。

　　在我们看来,设计响应式访谈方案时,可以考虑给被访者一些更直接的回报。比如,让谈话伙伴觉得访谈本身很有趣,可以集中整理并表达自己的想法。应该让他们觉得自己正在参与一项重要的研究,这项研究将创造和形成某种可以留传的遗产。跟忙人做完长时间的访谈后,我们经常会因为占用他们的时间而感到抱歉。但是,当我们说"谢谢"时,他们会打断话头,感谢我们提供机会让他们反思并表达自己的想法。

　　访谈精英时,他们知道自己是占上风的,即可以选择接受或拒绝你的请求；而访谈那些依赖于政府项目、被社会边缘化或对你有所求的人时，他们可能会认为你很重要，代表着官方，或者有支配他们的权力。如果你没有进行适当的澄清，他们可能会认为自己别无选择，只能参加访谈。因此，你可能需要提醒他们有拒绝接受的权力，不会受到任何来自上方的压力。你可能想避免访谈那些你有行政、经济或社会支配权的人，因为很难让他们相信自己确实有拒绝的自由。

另外，你不应该在被访者不愿意回答某些问题时强迫他们回答，因为这样做会给他们带来压力。询问人们生活中的痛苦经历，比如离婚、被强奸或被遗弃等，可能会引起超出他们控制能力的情感反应。质性研究的目标不应该是为了挖掘信息而不顾被访者的痛苦。

访谈不是审讯，所以不管是威胁被访者，还是暗示他们正在撒谎或有所隐瞒，都是不合伦理的。审讯中的警察可能会采取哄骗或指出矛盾的方法迫使嫌疑犯认罪，但是用这种胁迫性的方式进行访谈，既不礼貌也不好玩，它会引起人们的反抗，也会鼓励撒谎。响应式访谈需要温和的、更尊重人的风格。这样做的效果会更好，不会伤害被访者，双方都会觉得更舒服。

有时研究者会在不经意间胁迫到被访者，所以要小心那些答案本身包含的问题。例如，询问一个女教授如何在事业和家庭之间进行平衡，就暗含了太多假设。这个问题能得到的答案可能会与男教授的差不多，而她追求的可能是事业让位于家庭。

你可以在访谈时采取不那么专制的方式，让被访者能用自己的话语更好地表达自己的感受。Devault 在回顾对女权主义者的访谈时提到："我们经常需要超越常规词汇……以一种打破常规话题界限的方式谈话，我们就为回答者提供了话语空间，便于他们从自己的生活现实出发展开叙述。"（Devault，1990：99）让被访者畅所欲言，或者拓宽共享词汇都可以提供这样的空间。例如，Irene 听到她的谈话伙伴在某个会议上作报告时，说自己感到 "mushroomed"。她便问道："mushroomed，是什么意思？""他们使我感到沮丧，对我漠不关心。"她报以恰当的微笑后，问起事情的原委，随后又问了被访者感到 "mushroomed" 的其他场合。这个概念现在就为研究者和被访者共享，使得他们可以讨论一种感受和状态，并对一种处境作出反应，而在以前，由于无法就地位缺失提刺激性的问题，这种处境是不可以讨论的。

如果你在追问信息时需要特别注意伦理问题,可以采用非定向的提问风格,允许被访者自己决定谈论内容的边界。例如,你可以明确告诉被访者他/她可以自由选择是否作答:"如果这个问题给你很大压力,就不用回答了,我们可以以后再谈。刚才你提到回到空荡荡的家里,你愿意就这点再展开谈谈吗?"Herb 经常跟人们讨论有争议的话题,比如组织间的冲突。但他不会直接针对冲突这种有压力的话题发问,而是会委婉地提出问题。他在访谈参与某次斗争的组织时,会顺便提到他们的斗争对手,虽然他没有明确提到那场争斗,但给谈话伙伴提供了讨论冲突的机会。

有时候,保护被访者的努力是有争议的,因为它可能会妨碍撰写全面、真实而平衡的报告。一些研究者指出,如果在写作中略去故事的负面内容,作品就是不全面或不精确的。而且,研究者并没有义务保证自己的作品不会带来任何伤害。在我们看来,这一论点太极端了。如果你可以预见到自己要呈现的部分信息会被反对方利用来破坏某项工作,或者伤害你的研究对象,那你就应该有所保留。反过来,如果那部分信息对于理解你的研究对象很关键,而且不会伤害可辨认的个体,那你就应该呈现它们。

幸运的是,这些问题并不常见。负面的发现在叙述中并不重要,忽视它们并不会歪曲研究发现的真实价值。此外,负面报道有时也是利大于弊的。Herb 的被访者指责他对于社区发展中的问题提得太少。他的谈话伙伴希望这些问题可以被人们认识到,然后得到解决。

研究者需要注意,在精确性(和公正性)与保护被访者之间存在着张力。你不一定非要站在文学真实的立场上。有些真实与它们可能带来的痛苦相比,根本不算什么。为了预防这些痛苦,其他做法可能是必要的。

伦理委员会和专业伦理守则

很多联邦政府都会要求研究者在获得资助前详细说明他们不会伤害研究对象。它们还要求大学建立有关的监督体制,保护被研究者不受伤害。这些大学都设立了伦理委员会,研究者,包括写毕业论文或博士论文的学生在内,都必须向伦理委员会提交自己的研究计划,说明保护被访者的措施,以获得许可。伦理委员会由来自研究者所在机构的专家和有见识的社区成员共同组成,他们负责审阅研究计划,必要时督促研究者调整对被访者的保护措施。

伦理委员会及其他专业学会,鼓励研究者从研究对象那里获得签字的知情同意书。在知情同意书中,研究计划、研究者的背景、研究的预期收益及可能的风险都要一一说明。此外,研究者可能还会在其中承诺与被研究者一起分享研究成果,说明研究的保密性,并强调自愿参与原则。研究对象在这些表格上签名,就表示他们了解同意书中描述的风险,同意接受研究。

专业学会的章程和伦理委员会的规定都迫使研究者认真思考研究可能带来的伤害。他们鼓励研究者采取伤害最小的方式获取信息。这些章程和规定都指出,研究者应该告知被研究者他们正在被研究,并且有权拒绝参与。

这些正式规定是为了阻止那些胁迫性的研究继续推进,保护研究对象使其免受伤害,但是它可能会给质性研究带来很大(且不必要)的麻烦。有一个问题是,伦理委员会通常要求研究者在研究开始前就提交访谈大纲和对象简介,但这些都会随着质性研究的推进而不断改变。还有一个问题是,突然拿出知情同意书让被访者签名通常会让场面变得很尴尬。

我们有两种办法来处理伦理委员会坚持要在研究之前了解研究设计的问题。一种办法是,向伦理委员会提供各类问题的范例和典型的措辞方式,同时说明访谈问题可能会随研究进展而改变。很多伦理委员会都接受这种做法,但可能会要求你对研究进行重大调整时重新提交申请。还有一种办法是,先进行大量非系统化的探索性研究,不以出版作品或写论文为目的,这样就不需要通过伦理委员会的审批。在探索性研究的基础上,你通常都能写出可以有效指导后续研究的设计方案,就把这个方案提交给伦理委员会审批。

知情同意书的签名问题比较麻烦。一般来说,访谈是对话的延伸和关系的一部分,所以,正规的知情同意书可能会让谈话伙伴感到为难,从而不利于研究。你明明向被访者承诺了匿名性和保密性,却又要求他们在正式的文件上签名同意参与。如果他们在知情同意书上签了名,以后怎么能够否认曾经和你说的话呢?(这样是为了自我保护)?

在你决定进行正式的访谈之前,可能早就认识一些乐意合作和帮忙的人,他们引导你进入田野。当你想访问他们时,你应该自然而然地把他们从一般报告人转变为访谈对象。如果你突然拿出一个正式的同意书让他们签名,反倒会显得唐突而疏远,这一举动就意味着事情有变故,现在的谈话可能会冒一些风险。而且,这么做会给人一种医学实验和医院同意书的感觉,似乎被访者只是某种处置的消极的接受者,而不是积极的参与者。签名的知情同意书会让研究看上去更有风险,被访者可能会因为这样做于安全无益而拒绝参与。之所以会出现这些问题,是因为伦理委员会本身并不是为质性研究而设的。

假如书面的知情同意书会带来尴尬和误解,无法被访谈对象理解或接受,而研究本身又不是很危险,你就可以向伦理委员申请免除这一要求。如果你可以说明自己已告知被访者自愿参与的原则,并能解释清楚书面的知情同意书为什么不合适,他们应该会同意。

总之,质性研究者不应该认为仅仅遵守伦理委员会预先设立的规定,就可以保证研究是合乎伦理的。你应该尽可能按照伦理委员会的规定办事,说明你将如何按照被访者的要求做到匿名性,并保证自己在录音前会征求被访者同意,而且已经告知他们自愿参与的原则。碰到半自愿的被访者时,你应该详细说明在这些个案中,同意是怎样界定的,你如何跟他们解释这项研究,又怎么知道他们已经理解并且自愿参加。不过你要记住,盲目遵从伦理委员会的规则会使研究变得糟糕而不充分,且无助于保护研究对象。

要注意伦理委员会可能喜欢全面性的承诺,比如为所有研究对象保密,但是研究者在实际中可能做不到这一点,所以适度的承诺可能更好。有时你的被访者可能希望自己可以被认出来并借此为他们的群体做宣传。这时,伦理关怀就是要明确被访者的身份,而不是为他们保密。你需要保护被访者,但是这种做法可能不符合伦理委员会为医学或实验研究所设定的规范。一般来说,伦理委员会接受保护人类主体的做法,虽然这并不符合它们设定的普遍规范,不过你可能需要给评审多留些时间。如果你的研究给他们提出了新问题,就更要如此。

联邦法律和大学对这些规则的解释可能会不断变动,而我们只要遵照 Lofland 的想法就可以:"面对这种复杂性,我们唯一的建议是在研究开始之前,既要熟悉大学伦理委员会的规定,也要了解

当地研究者处理这类事情的态度。"(Lofland and Lofland,1995:43)

　　研究的伦理要求不仅仅是符合伦理委员会的规定就可以。你应该提前学习伦理规范,查阅有关触犯伦理的案例,对研究可能带来的伤害变得敏感。你要预见研究成果的可能影响及被访者受伤害的可能性与程度。伦理委员会一般会要求研究不伤害任何人,但你的研究可能会关注那些确实需要被"伤害"的人,比如非法污染者或房东,他们可能会舍不得供暖,迟迟不对供暖设备进行必要的修理,也可能会不当存放有害物。你要考虑到这些可能性,综合权衡研究的预期回报与可能的伤害。

作为拓展谈话的响应式访谈

只要你明白如何进行日常交流,那你就有可能在此基础上成为一个优秀的访谈者。不过,日常交流和深度访谈之间仍存在一些显著的差异。质性访谈要比日常对话更为集中、深入和具体,也不像日常交流那样双方答问次数较为平衡。因为在质性访谈中,多数问题是由一个人提出来的,而另一个人几乎只是进行回答。

响应式访谈与日常对话的相似性

不管是日常对话还是访谈,问题和答案都是有逻辑地彼此相连的。谈话者在能够听明白对方的意思时,通常会以某种方式表明自己已经理解,而在不能理解时,则会提问或表现出迷惑的样子,有时也会要求对方澄清某些含糊之处。两种对话中,参与者都会要求对方讲些故事或进行叙述以了解更多的细节。

保持连贯性

不管是日常对话还是访谈,都需要保持交流顺畅。如果两个人谈论起某项体育赛事,他们会非常细致地描述着比赛过程中所发生的事情,而不会突然将话题转到政治上去。在访谈中不要从一个话题直接跳到另一个毫无关联的话题。相反,你应该将问题细心地串联起来,需要改变话题时,应该使用一些明确的过渡句。

澄清意义,表达理解

不管是日常对话还是访谈都通过类似的方式——会话修正(conversational repairs)(Schegloff, 1992)——来消除误解。正是通过会话修正,暧昧、含糊或其他不清楚的陈述才得到纠正(Moerman,1988:52)。设想某人正在讲故事,他说:"她跟我说她要跑到办公室去。"第一个她是谁?第二个她又是谁?听者可能会继续追问:"是谁告诉你这个的?"或者"你的意思是,Bella 说 Edna 要跑到办公室去?"不论对话还是访谈,如果对方误解了你的某个提问,你都应该礼貌地听完对方的错误回应,然后,重新表述先前的问题,使它变得更为清楚,而不需要指出对方的错误。无论是礼貌的对话还是访谈,你都应当在继续交谈之前,通过点头或其他表情来暗示,或者直接概述你刚听到的信息,以这些方式向对方表明你已经听懂了前面的内容。

寻求叙述和故事

在日常对话及深度访谈中,人们都想要抓住一些具体的细节。你可以通过一些问题得到它们,例如:"有人冲进了你家?怎么回事?""今天上午开会时发生了什么?"这样的提问通常得到的都是一些叙述或故事。在叙述(narrative)中,被访者只是将自己认为真实发生的事情摆在一起。他们清楚自己所说的可能并不完整,因为他们只是看到了事件的一部分,或者只记得某些片段。相反,被访者通常用故事(story)来表达某个观点或呈现某个主题,不管它是明确表达出来的还是隐喻其中的。在讲故事时,人们一般不会顾及细节是否真实,往往会将事件重新编辑、组织,甚至为了达到某种效果而不惜夸大其词。

Irene 并不肥胖(Herb 认为不算太胖,Irene 认为根本不胖),她经常运动,饮食谨慎,却得了心脏病。朋友和熟人对此都感到非常吃惊,很想知道为什么会这样。Irene 不得不一次又一次面对同样的问题,原本是关于心脏病的事实叙述,慢慢地就变成了一个流畅的故事,并且蕴涵着亲身得来的教训。这个故事的要点就是:"这就是一个女人罹患心脏病的情形。如果它发生在你或你认识的人身上,千万不要迟疑——赶快就医。"故事通常都是事先准备好的,只要你问"发生了什么?"它就可以拿出来用。就像整人玩具,只要一打开,里面装着的怪物就会蹦出来。

结束对话

在日常对话中,谈话结束时你会有所示意,将通往日后接触的

"门"打开,比如"改天联系"或"改天一起吃饭"。同样,访谈结束时,你也可以向被访者表示感谢并暗示将来有可能进一步联系。你可以这样说:"我可能会在整理笔记时遇到一些问题,到时候我可以给您打电话吗?"或者"我会带着访谈记录回来让您过目"。

访谈和谈话之间的差异

想想自己是如何与朋友开怀畅谈的,这将有助于你成为一名优秀的访谈者。但你也必须注意和把握访谈与日常对话的差异。深度访谈是为了获得一些日后将被分析的细节信息,为求精确,整个访谈将被以这样或那样的方式记录下来。日常谈话可能天马行空,除了社交以外别无他图,但在访谈中,研究者需要不断搜寻某些特定的信息,逐步引导谈话使其进入不同阶段,询问一些自己所关注的问题,从而鼓励被访者回答得更加深刻和详细。

记　录

对谈话内容加以记录,以便日后分析,这是访谈与日常对话之间的一个显著差异。有时这种记录是非正式的,研究者访谈了一会儿就会停下来粗略地写下刚刚说过的内容。如果情况允许,研究者可能会在访谈时做非常详细的笔记,和/或使用磁带、录音笔甚至摄像机进行记录。正是通过分析这些记录资料,你才能找到下一步要追踪的问题,并有可能从中发展出某些主题及理论作为研究成果。

有些被访者在知道自己正被电子设备记录时,会变得害羞或犹豫不决。不过,也有很多人喜欢被录下来,因为录音/像会使他们确信你会将他们的信息准确地传达出去。他们中有些人在访谈之初会面对录音/像设备"正襟危坐",但至少在我们的经验里面,大多数人很快就会忘掉记录设备的在场。到底是应该做笔记还是适合用电子设备,要视具体情景而定。Herb 习惯将自己做的访谈录下来,这样一来他可以更为专注地倾听被访者,并且准备好要追问的问题,尽管他也会用笔速记主要的观点。对于非常敏感的话题,Irene 只用笔记下来,以解被访者后顾之忧——必要时,被访者总可以对外宣称"我从没有这样说过",因为没有确凿的证据可以证明他们说过。对于那些不是特别敏感的访谈,Irene 也会采用电子设备(参看 Werner,1998)。

即使采用电子设备记录,你也应当做些笔记。这样做有助于你专心倾听、抓住要领,同时也能起到备份的作用——万一电子设备出现问题还可以补救。做笔记还能将谈话的进程记录下来,万一访谈意外中断,被访者问"我们说到哪了?"时,你可以很容易找到刚才的话题。此外,做笔记还可以调节被访者的应答速度——在你写完之前,他们通常会放慢回答的速度。

做记录要有一定的技巧,有时还需要专门训练。Irene 一般用字母速记,配合使用一些经过专门训练的记录技巧。访谈一结束,她就会重读笔记,将原来只是简单标画出来的部分完整地写出来。尽快阅读自己的笔记,并尽可能将它们补充完整敲进电脑,这都能帮你完善接下来要问的问题,同样有助于你在访谈中找到还要进一步追问以便得到更具体的细节的地方,或者是你还要问清一些特别概念或者词语的地方,以及那些你可以将日后的访谈与已经完成的部分联系起来以最终组成一个整体的地方。

电子记录设备不仅有可能使访谈双方分散注意力,还会影响人们所说的内容。因此,你应该让录音/像尽量顺畅,避免多生枝节。如果你是用录像机,尽量不要用亮度过高的弧光灯。一定要在访谈之前为设备更换新电池,并做好检测,这样你就不必在访谈中突然停下来照看设备。类似的,如果使用磁带录音,那就要找相对长一点的磁带,这样在访谈中你就不用老是担心磁带是否录完。当然,要是能使用新型数码录音设备就更好了,这种设备小巧便携,无需磁带,录音时间长,非常省心。好的数码设备还能直接将声音文件传输到你的电脑上。这些文件可以反复播放,复制起来也非常方便。

当然,电子录音/像设备也有缺陷。在某些需要保持随意的场合,录音笔的在场,多少会让人觉得别扭。另外,对秘密信息的提供者不宜录音。再有一个问题是,过度依赖录音材料,可能会使你凭记忆力回想谈话和事件内容的能力下降,所以在一些不能录音、所做笔记又过于抽象的情况下,你非常有可能记不起太多有用的信息。

誊录——将记录下来的信息(用电脑或打字机)打出来,应该在访谈结束后尽早完成。如果记录中有不够清楚的地方,你还可以凭借记忆进行补充(这意味着,在誊录时你会添进一些你记忆的信息)。假如你的笔记非常潦草,就更应该迅速誊录,因为过不了多久,它们就会变得像鸡爪印一样难以辨认。有时候,你可能一天就得做好几个访谈,根本没有时间誊录(只是在记录上标了数字)——尤其是在外地进行访谈而你的住宿费又很高的情况下。这会带来一些问题,因为在进行下一个访谈之前,你无法仔细回顾每一个访谈,因而可能失去对某些精彩材料进行追问的机会。如果时间真的很紧张,那么至少应该在下一个访谈之前先将以前的访谈听一遍。

　　我们强烈主张录音/像之前要征得他人同意(就像检察官做的那样)。在大多数国家,进行电话通话录音是需要征得许可的,不管法律是否要求如此,你都应当征询对方许可。如果你不是特别清楚那些关于录音/像的伦理规范,就更应该谨慎行事。假如你在录一个访谈时有人走进房间,你应该主动告知录音/像机正开着,然后询问他是否需要关掉。如果被访者似乎已经忘记录音/像机处于开启状态,说出了一些你认为他/她不想被记录下来的内容,你可以说:"刚才有些谈话内容很开放,如果你有什么内容想删节的话,我可以寄给你一份誊录文件。"

在获得深度和清晰的同时紧紧围绕话题

　　与普通对话不同,在访谈中,为了确保访谈围绕研究问题展开,大多数的问题是研究者提出的。当然,这并不意味着你必须完全控制整个对话。通常情况下,访谈者通过提出追踪问题的方式来引导谈话,这些问题都是紧紧围绕研究主题的。

　　这类追踪问题在澄清那些含糊或肤浅应答的同时,可以帮助我们获取有深度、具体和微妙的信息。访谈者有责任向被访者示意谈话所需要的深度。日常对话中,人们习惯性地提出"你好吗?"这类简短的问题,而"还好,谢谢"是一句完美并且可接受的回应。但在访谈中,你需要得到更丰富的回答。一种向被访者示意你对更具深度的回答感兴趣的方法是,仔细聆听而不要打断对方对事件的大段讲述。

　　为了示意你需要更具深度的回答,你还可以进行追问,让被访者就某一回答进一步展开。在日常偶遇的对话中,一个人可能问另一个人"生意如何",第二个人回答"很好"。在闲聊中这是可以接受的,但对于访谈而言这不是一个令人满意的回答。在访谈中,如果你问"项目进展如何",对方说"还好"。这时你就要开始追问,比如"你筹到了想要的资金么"、"你们已经开始施工了?"或者"你们遇到了什么问题?"被访者就会明白,你想要的是更具深度的回答。

你的言辞应该让被访者明白,教科书式的回答决不是你想要的。Irene 曾经向一名预算官员询问城市如何决定市中心与周边区域之间的拨款配置。被访者顿时紧张起来,说"这个问题听起来像我们上研究生时伦理课上的问题"。显然,Irene 的表述方法存在问题,因为她并不需要一个伦理课式的答案。更好的提问策略(Irene 在其他城市所采用)是:在制订预算的过程中,哪些类型的问题需要预算官员解决,哪些需要他们呈交市长处理。这是一个预设成分更少的开放性问题,能够有效地鼓励被访的预算官员向我们描述他经历过的具体事件和决策。

日常对话中,人们经常只是形式性地回答问题,因而很少提供细节信息。例如,当朋友或亲戚询问某人的健康状况时,他的家人可能只是回应"和想象的一样好"。但在深度访谈中,你应该注意措辞,尽量避免得到这样的回答。有很多方法可以让你做到这一点:

一个办法是,在提出问题的时候,你就告诉对方一些具体细节,让对方明白你已经知道某些具体情况,希望能够得知更为精确的信息。例如,你在路上同别人打招呼,可以问"你爸爸身体如何?"(这得到的通常是"和想象的一样好"这样的回应),在访谈中却不行。在访谈中,下面的问法会好得多:"我听马蒂说,你爸爸昨天已经可以下床了。他情绪怎样?"

另一个得到深度回答的办法是问"正反双管式"的问题。也就是说,同时问两个相关的问题,为对方提供一个更宽阔的回答空间。例如,"你最喜欢你工作的哪一点,最讨厌哪一点?"这样的问题,就可以向被访者示意你早就想到了可能存在好的方面也可能存在坏的方面。这样,一股脑地回答出来就可以了,情况是怎样的就怎样说。

再有,你也可以通过询问一些你不明白的具体词语或概念来暗示你对细节感兴趣,而日常闲聊中人们很少这么做。这些词可能是重要的技术术语,也可能是以不寻常的方式运用的普通词语。例如,在与政府部门的专业职员对话时,我们经常听到他们抱怨,说立法者"微控（micromanage）"他们。也许问一问"微控"是什么意思（日常对话中，我们通常会假装自己明白），你就能开辟一条获得具体信息的新渠道，从而有助于说明政府职员与民选官员之间的关系。

也许，鼓励被访者提供具有深度且详细的回答的最好办法，莫过于向他们显示你已经对他们的世界非常了解。这样，他们就明白表面化的应付根本不能告诉你任何有用的信息。Herb 的做法是定期参加他所研究的那些组织的会议。这就告诉对方，他是群体的一员，并且知道发生了什么。Irene 则会使用一些被访者比较熟悉的技术术语，即使是在最初几个宽泛的问题中。这就暗示对方，她不需要表面的回答——"你能向我介绍一下签订合同的各个环节吗？从最初 RPF 或 RFQ 的交换，到最后的商定协议、合同终止、合同扩展或合同更新？"即使只是要求大体的回答，这些术语，如RFP（request for proposal，对合同草案的要求）以及 RFQ（request for qualifications，对质量的要求）也能显示出她对这一领域的了解。

在访谈的各个阶段，都应认真地引导访谈关系

日常对话是自然而然发生的，相反，深度访谈则是围绕着不同的阶段架构起来的，每个阶段所用术语及提问的方式都不一样。在访谈的第一阶段，研究者通常会介绍自己和访谈主题，努力建立起被访者的自信，并在彼此之间建立一定的信任关系。访谈到中间的时候，研究者会提出一些更敏感、更难回答的问题。而到快结束时，研究者则会逐渐降低讨论的强度。在实际操作中，这些阶段可能发生在几次不同的访谈中，并且常常相互交错。

介绍自己和研究主题

访谈通常会以几分钟的闲聊开场，闲聊的内容几乎可以是任何话题——从最近关门（或开张）的商场到购物、食物，再到体育赛事、旅游历险等都可以。有时一句得体的玩笑会使你和对方都轻松起来。Irene 在凤凰城访谈时，市政职员恰好在市政大厅外举行展览会，展会中租用了一台造雪机。Irene 用一种轻松而愉快的语调说，在这隆冬腊月，她从北方来到阳光明媚的南方，他们用白雪来欢迎她十分有趣。如果你以前见过被访者，那么，在访谈的最初

阶段就应该重新建立和她/他的关系:"我今年出去旅游时还想起了你,我记得你老婆是位导游。"也可以说:"上次和你说话时,你很郁闷,最近怎么样?"有一次 Herb 在一位被访者家中访谈时发现了三个小孩。他跟被访者说,他记得一年半之前访谈她的时候,她告诉 Herb 她只有两个小孩。被访者笑了笑,称赞 Herb 真是好记性,然后解释说有个小孩是邻居家的。此后,访谈进行得非常顺利。

有些被访者可能会紧张或缺乏自信,担心回答不了你的问题。在最初的阶段,你可能需要花一些时间,巧妙地使被访者相信他们是你合格的受访对象,他们所说的东西也使你非常感兴趣。你可以跟他们讲,是别人告诉你他们是知识丰富的人。或者,你可以提及他们的经验,如"有人告诉我说你已经做了十多年的木凳了",或者"我知道你做了 20 年的高级经理"。通过在访谈的开头询问一些被访者的个人经历,你可以向他们示意访谈将主要围绕他们的个人经历展开。Herb 访谈时经常从讨论被访者最近写的某篇文章(在网上或在新闻通讯上找到的),或做的某次演讲开始。一旦人们发现访谈将主要问及他们自己的生活和一些他们已经考虑过的事情时,他们就会找到和你进一步谈话的自信。

有些被访者担心你会评判他们回答的质量。因此一定要告诉他们,答案无所谓正确或错误,你是对他们的经历、他们的所见所想感兴趣。如果你受过多年正式教育而对方没有,你可能需要说一些话来表示对一线工作者的敬佩——活得有价值的正是这些人。用 Irene 的一个被访者的话说,他们是"双脚踩在火上(keep their feet to the fire)"的人。对预算官员进行访谈时,Irene 在自我介绍中就明确指出,能够真正实现创新和改革的,从来都是那些处理实际问题而非学术问题的一线工作人员,学者的任务只是向这些改革学习,并将这些成功的改革宣传推广出去。这样一番介绍不仅建立起了访谈者的角色,还将被访者塑造成为一个功勋卓著值得研究的专家。

接下来,你还要进一步介绍自己,表明自己的研究者角色,并反复申述研究的目的——"我来自北伊利诺斯大学,正在做一项关于市政预算演变史的研究",或者"我做这个研究是为了写一本关于美国社区复兴史的书",或者"我们受委托对'先行一步'项目的效果进行评估"。在介绍中,你应该说明你将如何使用收集到的信息,是变成一本书、一篇文章、一篇会议论文,还是呈交给某基金会或立法机构作为评估报告,还是你计划将这些信息用于某种竞选。如果被访者愿意接受采访,你应该表示感谢。此外,还需要和对方商量他/她是否愿意公开身份,或者是否需要对所说的内容进行核查和修订。

在介绍中,你可以提到自己之所以会对该研究主题产生兴趣的那些经历,也可以分享与被访者具有共同特点或与他/她有关联的那些个体的经历。如果你在监狱、精神病医院或重病护理中心进行访谈,你可以描述一下在听到身后的门砰然关上时的感受。这样,你就和他们共同体验了某种日常生活的经验。要知道,在那里工作的人每天都能听到这种关门声。如果你访谈的是保健计划员或住房管理员的话,你可以向他们描述一下一直以来自己所认为的保健计划员或住房管理员工作的情形。你可以和对方谈论你们都认识的人,如介绍你和被访者接触的那个人。

被访者通常都很想知道你是怎么找到他们的,为什么你恰恰需要与他们谈话。他们希望知道你是和他们站在一起的,或者至少,他们需要一些证据表明,你不是一个"大嘴巴"或有可能给他们带来损失的不靠谱的人。如果能找到一个被访者认识或相信的人作为介绍人,将有助于建立起他们对你的信任。如果没有合适的介绍人,你可以通过其他的方式来建立这种信任。比如,被访者的上级领导批准你进行研究的信件,它同样有用——被访者可能不认识你,但是只要上司认识就可以了。

下面是从 Irene 的田野日记中找出的例子,这个案例将告诉你如何在首次访谈中进行自我介绍。在下面的谈话开始前,她已经花了几分钟与被访者闲聊了。

Irene:上午好,Sette 先生,非常感谢您能接受我访谈的请求。正像我在来信中提到的那样,我在写一本关于市政预算的书,关注过去 20 年所发生的变化。我打算研究六个城市,Rochester 是其中的一个。

Sette:问一下,你为什么选择 Rochester 呢?

Irene:我看过你们市的预算,我被它的透明度打动了。那是一份非常清晰的预算。而且我还注意到 Rochester 在若干年前放弃了它的城市经理体制,我很想知道这对财政预算产生了什么影响——如果有影响的话。

　　Sette 先生问到了他想知道的核心问题,即 Irene 为什么选择 Rochester。Irene 指出 Rochester 的预算透明、清晰,是想告诉 Sette 先生,她不是要挑这个城市的毛病或破坏它的形象。而她之所以说她对城市经理体制的变迁感兴趣,是想告诉被访者"我已经做了准备工作,详细了解了你们的政治环境,我之所以选择你们城市是因为它是一个正在进行重要实验的实验室"。这个回答打消了被访者的紧张情绪,并开启了访谈。

从简单问题入手,表达同情性理解

　　自我介绍完成之后,你就可以开始提问,但要问一些让被访者感觉比较舒服的问题,不能太难。要选择那些围绕你的研究但不让对方感到有威胁的问题,最好是对方很有可能知道且比较喜欢回答的问题。Herb 在访谈前就已经知道接受访谈的社区发展者成功完成了的项目,因此他从这些项目开始提问。不仅如此,他还通过问题向被访者表示,他知道要完成这个项目他们需要克服的困难。"作为一个新组织的领导人,你是怎样为第一个项目争取到那么多钱的呢?"这个问题让被访者有机会表现他的能力和成就,是个好的开始方式。与之类似,在市政预算研究中,Irene 问一名预算主管他是怎样重新编排如此众多的部门和项目来制作项目预算,并能保证没有项目混跨于两个或更多的部门之间的。当 Irene 从预算主管办公室得知他能够完成这项工作时,她对被访者充满了敬畏,访谈时 Irene 就通过这种询问语气向被访者表达了自己的敬意。

　　被访者告诉你的内容是带有感情色彩的,如果你能据此表现出一定的同感,会让对方舒服很多,也有利于为整个讨论奠定一种基调。你可以通过身体姿势或面部表情来表达你的关注;你也可以说些简单的同情话语,如"听起来很惨,当初一定很恐怖",或者只用"哎呀"这样简短的响应。另一种表达情感理解的办法是,简单地提一提让你具有同样体验的某些事件,如"真是伤脑筋,对吧,当初负责电话总机的时候,我竟然在老板通话时把电话给掐断了",或者"早上 5 点钟我才得知医院来了个电话"。但要注意,只靠呈现一个虚构的类比,你的描述并不会减轻被访者的痛苦。

　　在你确实理解被访者的情况下表达同情是比较容易的,但如果你难以理解被访者的感受怎么办呢? 如果你表现出嫌弃或不赞成,访谈的效果可能就会很差。但是,如果假装接受,而表示接受的动作又不自然的话,他们就有可能认为你是个虚伪或不够诚实的人。这种情况下,你可以告诉对方,你对他们所说的内容非常感兴趣,并努力向他们学习。一个研究者可能并不支持为了反捕杀鲸鱼而将捕鲸船沉掉的政策主张,但他可以诚实地告诉被访者,那些秉持自己的价值并努力保护物种的人正在做一件很重要的事情,他们的努力应当被记录下来并得到广泛理解。在访谈中,你可以同意某些事情,而不同意另外一些,保持自己立场的做法同样可以被人理解。

提出尖锐问题

通常讨论完一些简单的问题后,你就可以问一些更敏感、更难回答的问题了。如果你确定自己有机会多次访谈同一个人的话,首次访谈时你可能只需问一些不具威胁的问题,把相对较难的问题放在后续的访谈中。在对竞选组织的研究中,第一次访谈时Herb会询问竞选获胜方的基本情况如何。这些材料是回答Herb的研究问题所需要的,但不具有威胁性,也不难回答。在后续的访谈中,Herb才会询问一些威胁性更大的问题,比如,为什么其他组织没能进入竞选,或者有关竞选失策的问题。从职业道德上讲,不到万不得已不要提出尖锐的问题,除非该问题的答案对研究问题十分重要。例如,如果我们能找到人们就工作达成的妥协,就能很大程度上解释组织的运作方式。但是,探求一个人为什么会被解雇则无关紧要,而且会给对方带来极大的压力。

敏感的问题可能涉及文化禁忌,如教授之间的剽窃或会计师中的腐败,也可能与失败、损失、欺骗等有关。如果对方婚姻破裂,你可以在访谈的这个阶段问及夫妇间的不忠行为。你可以探索被访者如何在自认正确的事情与只有做了才能保命的事情之间达成妥协。这个阶段正是问及此类问题的时候——它们在此前的访谈中被提及时,被访者表现出犹豫不决,甚至回避。

有时候你会过早地提出一些敏感问题,因为你不知道被访者会觉得它们有问题。Irene在Rochester进行预算过程的访谈时,询问了一些关于基金账户盈余(fund account surpluses)的技术性问题。事后她才知道这是非常敏感的,因为媒体曾将盈余作为攻击市政府的棍子。Irene从来没有想到过预算官员听到这个问题会警觉起来,因为基金盈余通常意味着良好的金融管理。Herb 最近也不小心闯进了一个敏感的领域。他很想知道某组织的内部政治情况,结果发现该组织内部正在发生一场围绕种族和性别的激烈争斗。幸运的是,这是他第四次与合作对象谈话。对方责备了 Herb,不过还是回答了他的问题。如果你不经意地提出了一个带有很大压力的问题,被访者看起来不太愿意回答,你应该做出适当的妥协。如果问题真的很重要,那就以后再问。你也不妨尝试其他较为委婉的方式,这样做可以让被访者拥有选择答或不答的自由。

有时候,紧张并不是由事情的情绪敏感性或政治敏感性引起的,而是因为你所提的问题概念难度太大。很多被访者能够回答较大难度的问题,但有些时候,需要你在开始阶段为他们提供些帮助。Irene 的一个学生在对他的一位同学展开访谈时弄得很是狼狈,他问被访者女权主义研究是什么意思。被访者觉得这个问题太过抽象没法回答,而他又不知道如何使问题变得更容易。为了将问题变得更为简单,你可以重新表述问题,从而使之与被访者的经验更直接地联系起来。其实,Irene 的学生当时可以问被访者一些在课堂上的经验:在她的妇女研究课上,学生和老师之间的互动是不是与其他课不一样?学生之间的关系是不是有所不同?当初她登记参加妇女研究课的期望是什么?这些期望是部分实现了,还是全部实现了?如果你能将抽象的问题转化为被访者可以回想的具体事件,那你就可以帮助他们回答更为概念化的问题。

当你和被访者彼此都感觉比较熟悉时(通常只有多次访谈后才能实现),你可以问一些更具刺激性(provocative)的问题。如果访谈是围绕性骚扰的,那现在你可以问问对方是否采取过一些办法来制止老板的不当行为。或者,如果是访谈警察部门的内部文化,你可以说些这样的话:"你说警察对谁是好人谁是坏人有很强的直觉,而且因为能够打击恶人、保护社会而感到十分高兴,但是我们仍然看到毒品控制部门有腐败出现,这不是自相矛盾吗?事实上它是对的吗?你怎么解释这个问题?"

在这个阶段你可以提出刺激性的问题,因为被访者已经知道你站在哪一边,知道你会在意他们的回答并尽可能理解。当你和访谈对象达到这种亲密程度时,你几乎可以用任何合理的方式提问,只要不太粗野或过分敏感。不过,这种困难到让人绞尽脑汁的问题会使被访者疲惫不堪,因此一次访谈最好只问一两个较难的问题。

缓和情绪

在讨论了较难的问题后,你需要将被访者(还有自己)从高涨的智力或情绪水平上缓和下来,但不要损失讨论的开放性,也不要排除以后继续讨论的可能。

一种办法是回到压力感较小的问题上。在谈论了高强度的问题(例如,发展领域的种族对抗)之后,Herb 发现让社区发展者描述一下从城市或基金会获得经费的成功经历能够让对方轻松起来,还能让讨论保持在足够率直的水平。在预算改革项目中,Irene 让被访者解释一下预算部门的组织情况,这样的提问一方面使得这个开放的访谈得以继续,同时也能把谈话从比较刺激的话题(如在金融管理中政治家的角色)上拉回来。向对方索要一些你知道他们有的文件,如预算复印件、项目策划、议会听证资料等,不仅能收集到一些证据,也能让话题从压力大的问题上转移开。在文化研究中,你可以问哪儿你可以拍照,与对方谈谈艺术,或者问问对方某个仪式是怎样进行的。总之,你要做的是将访谈拉回到描述性的部分,同时要采用巧妙的、对方愿意的方式向被访者寻求帮助。

这个阶段也是访谈中被访者反过来问你问题的时候,他们可以问一些你能够深入回答的问题。在被访者变得如此开放之后,他们会觉得让你说出一些信息只是为了公平起见。或者,你可以问对方:"现在你明白研究是关于什么的了,是不是还有一些我该问但没有问到的问题?"Herb 甚至让那些在倡导方面很有经验的人就他作为公民活动家(citizen activist)正在参与的一些运动提供建议。这样一来,谈话就回到了最初那种较为个人化的闲聊。

结束访谈并保持联系

访谈结束时,你应该向被访者表示感谢,谢谢他/她能与你分享时间和想法:"真是太好了,你给了我很多值得思考的东西。"你可以询问对方是否愿意(在访谈材料中)使用真实姓名,或是使用他们机构的名称。这会再次向被访者显示,这些材料是属于他们的,而你会充满感激地使用它。

结束访谈时,访谈对象偶尔会给你指出一些他们觉得你没有问到的话题或问题。有一次当 Herb 结束提问,起身准备离开时,一

个被访者追上来将 Herb 拉回到椅子上,大声说:

> 关于这个工作,我想对你说的是……我最普遍的体验是,
> 漠视或不尊重(社区发展组织)……有一种,一种对 CDCs 的明
> 显的不尊重和憎恶。

被访者的评论为研究提供了一个非常重要的主题,她感觉
Herb 遗漏了这一主题。Herb 捡起了这条线索,沿着对方所建议的
思路继续访谈,并且在后续访谈中与其他被访者一起探讨了这个
主题。

你要努力争取将来与对方再次访谈的机会:"需要我在访谈内
容录入之后也发给你一份吗? 这样你可以看看我是否记得正确,
或者还有什么需要补充?"或者:"我本来想问问你家庭监禁方案是
如何运作的,但我们没能谈到,我们能另找个时间继续聊聊吗?"或
者你可以直接问,将来是否还可以回来(或者打电话来)看看刚启
动的项目或工程的进展。

正式访谈结束后,被访者会继续一些更为随意的对话。有时
只是友好的说笑,但经常发生的是,被访者在间接向你传递一些额
外的信息。因此你要特别留意,离开后要迅速地把它们记录下来,
同前面的正式访谈结合起来对待。

这里描述了访谈的不同阶段,它们并不需要死板地执行。之
所以将访谈呈现成这个样子——一个阶段接着一个阶段,是想提
醒大家,不要一下子就跳到对话的中间阶段,除非被访者把你推到
那儿。这个访谈模式提醒我们:首先,人不会长时间地维持在情感
或智力的高峰水平上;其次,在隐私被揭露后,人会有一种被揭穿
感或不舒服的感觉。因此,在结束访谈前,你有责任让他们觉得已
被更好地保护起来,处于安全状态。总之,这个模式可以指导你将
提问与谈话关系建立的步骤紧密结合起来。

阶段模式的变型

阶段模式很好地描述了你作为访谈者与单个谈话伙伴的关系
进展。实际操作时也会有其他形式的深度访谈,这些访谈需要使
用一些其他的方法。在任何一种情况下,你的任务都是建立一种
坦诚的关系,获得有深度的信息,小心地把握敏感话题,但是需要

采取不同的表达方式。

多人访谈

　　有时,你需要一次访谈两个甚至多个人。在这种情况下,被访者之间的关系对谈话内容的影响要比研究者问什么问题更加重要。他们之间的关系可能在研究之前就已经建立起来了,他们彼此信任也好,不信任也好,研究者都无能为力。因此,访谈将成为一种介于日常对话和正式访谈之间的结合物。

　　在下面的例子中,Irene 正在和一个城市经理进行访谈,但市长助理也加了进来。Irene 让这位城市经理(高级专业职员)描述该市的预算变革历程,但市长助理的出现彻底改变了访谈,使话题转向对于民选官员与专业职员之间关系的讨论。

　　Irene:全面预算审核是怎么回事? 是怎么来的?

　　城市经理:从市长和议会来的……议会成员听说我们提供了
　　　　　　他们不知情的服务,便开始审查各部门的工作,并
　　　　　　对各个项目进行等级排序,将资金转向优先度高的
　　　　　　项目。他们严格审查了所有部门,列出所有服务项
　　　　　　目,并将其与资源挂钩,让议会审核并做出决定。
　　　　　　他们有可能削减预算,但更可能是一个教育过程。
　　　　　　Barry,你可能会有更好的看法。

　　Irene 试图重新表述问题,以更好地弄清楚现在的预算过程是怎么来的,谁的观点,是什么刺激了它的产生,但市长助理介入了进来。他部分回答了 Irene 提出的原初问题——这个系统从他的角度看,试图达到什么目的,但他将讨论的焦点转移到了民选官员与政府职员之间的关系上。

　　市长助理:我做了 8 年的议员,现在是市长助理。这是一条古
　　　　　　怪的路,不过,我也是一个古怪的人。我从不同的
　　　　　　角度来看待这个问题。这个系统有它的强处,也有
　　　　　　它的不足。站在市长和议会的角度上,他们喜欢它
　　　　　　现在的运作。他们与城市经理之间存在着一种信
　　　　　　任关系。一切都取决于信任,议会不可能什么细枝
　　　　　　末节都检查。没有信任,就会有很多经理,城市管
　　　　　　理将变为强市长模式——这在以前就发生过。我

们通过直接选举来避免这种情况。相信经理其实对议会有好处,这会减轻议会自身要负的责任。议员可能对一两个领域特别了解。除了财政局外,凤凰城的秩序都很好——也许我们被洗脑了。它顺利度过了经济萧条。联邦基金被抽干了,经理在那之前就离开了;而此前的经理就很擅长这样做。这是一个公开的系统,彼此信任。他们有时确实争吵,但权衡起来,市长、议会还有职员之间有较好的信任关系。这是条三条腿的凳子,很稳定。也许,是四条腿,第四条腿是商业团体和媒体。Frank(现任的城市经理,被访者之一)和Marvin(前任经理)是一个模子出来的。

那个经理没有回答 Irene 的问题,而是开始回应市长助理的观点。

城市经理:我正在努力坚持这一哲学。

市长助理:现在正是困难时期——州政府很可能要削减共享收入。信任还在;我们正准备那样做,以保证安然过关。因为我们以前也曾这样做过。

城市经理:每年我们都要削减一些支出,即使在好的年份也不例外。这,你可以从过去 10 年的报表上看到。

市长助理:职员方面已经做了充分准备;他们将最后一步交给议会决定。职员做了大部分的工作,而议会作削减的决定。合同从 5 年延长到 8 年,职员做了 90% 的工作,把最后的 10% 留给议会。议会内部争吵不休。

城市经理:那还不算太坏。

市长助理:是的,幸好我们掌握着一些管理技巧,不然,将是一场全面的斗争。

在上面的摘录中,有几点需要注意:首先,这两个人大部分时间里都在相互配合。他们之间早已存在一定的关系,而不必在谈话间建立,因而可以互相配合,直接深入谈话主题,如议会政治、管理关系和预算结果。其次,他们的谈话很少涉及 Irene 有关预算过程如何而来的提问。Irene 别无选择,只能保持沉默。助理因此而有机会告诉经理他自己对"议会—经理"关系的看法。虽然这与研究者的问题并无多大关系,但谁又能阻止他继续回答下去呢?该访谈的剩余部分都是这样继续下去的,只要访谈者提出一个快捷、简单的问题,他们两个人就能相互讨论起来。

这两个被访者中无论哪一个与 Irene 的关系,都多少有些不相干,影响访谈过程的是两位被访者之间已有的联系。幸运的是,被访者也讨论了与预算政治相关的问题,所以 Irene 还是可以从他们的交谈中了解到一些信息。

电话访谈

对于深度访谈而言,使用电话采访并不是首选方式。但如果研究涉及全国范围内的人口,而你又缺少远途出差经费的话,电话采访就变得很重要。尤其是在你与被访者已经做过面对面的访谈,需要再次提出追踪问题的情况下。Herb 手头的一项关于社区复兴倡导情况的研究,需要他在很短的时间内向来自华盛顿特区、圣路易斯和纽约市的被访者核查有关某个游说议案的描述性材料,紧接着还要向华盛顿区某些组织的积极分子追踪一些具体细节,在这种情况下只能采用电话访谈。

电话访谈,需要在阶段模式访谈的基础上进行一定的调整。在工作日,要想通过电话与对方闲聊是比较困难的,因为被访者可能会希望你尽快进入主题,所以在提问之前,你能够与对方建立信任的时间要少很多。

为了弥补上述缺陷,Herb 尝试着在正式电话采访之前与对方多次接触。如果他预计要对某人进行电话采访,而那个人又需要参加某个会议,那么 Herb 也会参加并努力和对方混个面熟。会议期间大多数人都没有时间接受采访,但是常常会有足够的时间听对方简要解释项目的情况。随后,Herb 会寄出说明函再次描述研究项目,并请求对方给予电话采访的机会。在这之后,他就会打电话进行预约,并努力将这次简短的交流作为访谈中非正式的、建立友好关系的阶段。他会回答对方提出的问题,聊聊共同的经历,并向对方介绍下次正式访谈可能涵盖的话题。因此,正式访谈已是第二次通话,到那时,双方多少已经建立起一定的关系基础。

很多情况下你不得不对未曾谋面的人进行电话访谈。如果是这种情况,那么你在请求信中一定要使用一些信息或材料——让对方觉得和你谈话是安全的,表明你认识某个彼此都认识的人,或者你们同在某个组织中活动,或者同是某个族群、俱乐部、兄弟会和妇女联合会的成员,只要是能够让你变得熟悉、可靠的信息都有必要提及。Herb 会随信寄去他的部分作品,让潜在的被访者看到访谈成果将会变成什么样子。在预约电话中,他不仅会简要说明他的项目,还会讨论一下那些共同关系。有时被访者也会追问信中提及的那些关系,以确认访谈者真的认识那些人,或者真的属于某个群体。

电话访谈的第二个问题是,你很难觉察到自己的提问是否敏感,什么时候该放弃,什么时候你的被访者已经足够放松和自信,从而可以再次提出那些敏感的问题,因为在电话里你看不到对方压抑的表情或紧张的神态。你也许不得不将一般情况下根本不需要用语言来表达的意思诉诸于语言交流,例如:"这个话题你能接受吗? 如果它让您感到沉重,我们不一定要讨论它。""如果我不经意间问到了一些让您感到不愉快的问题,请告诉我,我们可以讨论其他问题。"而且,那些通常能够降低被访者紧张程度的办法,在电话访谈中则有可能失去效用。例如,请求对方出示一下组织结构图或预算文件。但与之相应,我们也可以问在网站的什么地方能够找到这些信息。

电话补访(不管是面访之后,还是电话访谈之后)也可以被安排用来讨论非常有限和具体的问题。为了能进行这样的电话访谈,Herb 通常会向被访者发封电子邮件,问对方能否通过一个简短的电话讨论一下某个具体的话题,一般他们都会同意。有时 Herb 提出的问题非常具体,被访者当即就会通过电邮做出解答。

如何评估你的访谈

尽管在一些主要方面,访谈和日常对话很相像,但两者之间的差异还是很大,我们有必要去探索和思考如何改进访谈。最初几次尝试做访谈的时候千万不要期望过高,尽管被访者通常都很乐意帮忙,即使你问的问题非常蹩脚,他们也会给出很好的答案。重要的是,要带着一种批判的眼光反复重读自己做过的访谈,寻找可以提高的地方和途径。即使是从事访谈多年的人也会出现忘事、试图走捷径以及丢失访谈焦点的情况,也需要回顾他们的访谈以找出需要改进的地方。

反省你的自我介绍。看看自己对话题的描述是否过于宽泛、过于狭隘或过于抽象，或者向被访者发出了不恰当的信号，以致对方误解了你想知道的内容。你可能需要以其他方式去接近主题。那么，看看你在描述自己的资历时是否过头以至于吓到了被访者，看看你是否疏忽了增强被访者的能力感。

仔细检查你的访谈记录，看看被访者对整个话题的回答如何。对方是否用其经历轻松地回答了你的问题？被访者是否缩小或篡改了你的话题？这些信息能够帮助你将话题裁剪成被访者知道且愿意告诉你的那种形式。如果被访者看起来像是在回答一个与你所问的完全不同的问题时，你要特别注意。

有时你会发现，尽管自己对研究有某种原初的想法，但被访者会认为问题的另一方面才是重要的。例如，Irene 曾经组织一个访谈，与一位预算主管讨论该市为什么进行预算改革，以及如何进行预算改革。后来重读访谈时，她才发现，那位主管事实上回答的问题，是她根本没有想起要问的问题：当政府形式发生改变时，预算部门的角色会发生什么样的变化？因为她当时研究的那个城市刚刚从"议会—经理制"转变为"强市长制"，以这位预算主管的日常经验为基础来看，在两种政府组织形式下，预算部门的角色差异肯定是非常明显的。正是在回答这一不同问题的过程中，被访者向研究者指出了什么问题才是应该问的。一般说来，如果被访者的回答看起来与你的提问不相关，那通常表明你的研究问题还需要进一步调整。

有时，你会察觉到自己的问题并没有得到想要的那种深度。试着找出原因：你是否错过了那些本来应该问第二个甚至第三个问题的地方？是否忘了问具体例子？是否因为打断了被访者的某一长段回应，而打消了其深入展开的劲头？你是否跳过了对不完整答案进行追问的机会？是否接受了一个你本该对它进行质疑的概括？是否用了太多只要用"是"或"不是"就能轻易回答的封闭性问题？如果被访者的回答非常简短和谨慎，那你有没有鼓励其说出自己的观点？你在表达自己的观点时是否过于强势？如果被访者反对你的观点，那么你是否太过急于自我辩护，而没有表现出好奇和支持的态度？如果你的被访者很紧张，那么回顾一下访谈，看看是不是自己过急地提出了比较困难和有压力的问题？另外还要看看，如果你提出的问题使氛围骤然紧张起来，那么你有没有及时和委婉地收回自己的话题。

在自我评价的最后一步,问问自己,你做的访谈是否像对话。看看你的提问是不是从听到的回答中自然生发出来的,而且始终围绕在同一主题上;看看你是否认真倾听了被访者正在说的内容,并且做出了适当的回应,而不是一味地想将讨论导向事先定好的路径上。

结 论

要选择那些对自己生活中的重要内容非常了解的人作为你的谈话伙伴。只要这些被访者能正确理解你想知道的是什么,他们就能教你很多东西,根本无需你做太多的指导。有时,被访者会使我们安静下来认真听,让他们自己讲,然后教我们那些想要研究的东西。不过,你不能完全指望被访者自己接过话题自动说下去。因此,你必须事前认真地准备好你的问题,从下一章开始我们将讨论这个问题。

访谈绝不仅仅是学习如何表述和提出问题。正如本章所主张的那样,访谈只是正在发展的关系的一部分,在此过程中,共同感兴趣的话题被深入探讨。只有当你选择了知情的被访者,建立好了关系,并且提出了合适的问题时,它才有可能成功。

最终,怎样才知道自己完成了一个好的访谈呢? 如果你的被访者能够预期到你将提出的问题,并在你提问之前就进行了回答,这说明访谈进展得很好;如果你得到了深入而具体的信息,同样说明你处理得当;要是被访者如此希望你能获得正确的信息,以至于他们会直接指出一些你可能错失的微妙之处,那就太棒了;要是被访者能够向你推荐提问的思路,甚至帮你提出一些你没有想到但与话题有关的问题,那就更好了;要是被访者伸出手来拍着你的肩膀说"很有意思",并且欢迎你再来,那你当然就知道访谈卓有成效。

最后,如果你在重读访谈记录时被它吸引,并且兴奋不已,还非常希望与别人一起分享自己所知道的东西,那么你也可以确定这次访谈非常顺利;如果你找到了自己最初所提问题的答案,那么,访谈就是成功的;另外,如果你能发现很多在研究开始时没有认识到其重要性的问题及答案,那么,你的访谈也是成功的。

7

访谈的架构

    访谈是结构化的对话。你可以通过联合主要问题(main questions)、追踪问题(follow-up questions)和探测性问题(probes)组织一个访谈。事先就将主要问题设计出来,是确保能包括研究问题的所有主要部分;追踪问题探究的是被访者对自己所提到的主题、概念和事件的解释;探测性问题能帮助我们管理对话,我们通过它使对话始终围绕主题,向访谈对象暗示我们需要的深度水平,希望对方能举些例子或者进一步澄清。主要问题帮你确保你正在回答你的研究疑问(research puzzle),追踪问题和探测性问题保证你的访谈获得深度、细节、生动性、丰富性以及精妙微细之处。

好的回答

    在响应式访谈中,你追求的是深入、详细、生动及细致入微的回答,而且,还要有丰富的主题材料。如果你没有得到具有这些特征的回答,那你可能需要改变措辞方式,或者还需要花更多的时间来与访谈对象建立信任关系。

深度和细节

    深度和细节互有交叉,但概念上两者是可以区分开来的。细节意味着要探索部分、细目和特点。如果一个年轻小伙子告诉你他和一个漂亮的女孩一起出去了,你可能想知道对这个小伙子来说,什么叫"漂亮"。你可以问:"漂亮,她是怎么个漂亮法呢?"或者"你发现她哪儿漂亮呢?"你收集的将是一系列(有关这个女人的)特征。在探寻有关过程、事件或仪式时,你可以问事情的先后顺序:首先发生的是什么,接下来呢? 你可以问谁出席了会议,开了多久,谁坐在什么地方,谁发言了,他说了什么,什么动作在先、什么在后。为了获得一个步骤清单,你通常要问一系列含有"如何"和"什么"的问题:"你得心脏病后是如何学会做脱脂菜肴的?""你使用了什么菜谱?"

为获得细节,你可以鼓励被访者提供一些特定的例子,帮助你理解那些意料之外的事情,或者帮助你了解那些看似无关紧要实则重要的事情。在询问医务工作者的工作细节时,你会发现强制性的超时工作和接二连三的轮班虽然很平常,但会导致失误和焦虑感增加。在和社区发展工作者讨论项目资金问题时,你会发现一些必要工程得不到资助,其原因或者是基金会中多变的风向,或者是政府官员对贫困社区的需求缺乏理解。当你追寻细节时,你可以问事情是如何发生的,某个特定的词是怎么用的,或者集中在一个特定的事件或事物上,例如,一张照片、一幅画甚至一个奖项。"能跟我说说墙上那些照片么? 你是怎么得到的?""你们机构因为哪一项目获奖,它是怎么来的呢?"这些细节会为你将来做出结论提供精确的证据。

了解足够的历史或背景,可以将你所听到的相互分离的碎片用一种有意义的方式组织起来。而深度指的是探求不同的观点。深度要探求的回答,是那种超越表面的回答,超越第一反应,进入到第二、第三甚至更深的层次。

为了得到深度,你应该不只是让被访者按照他们已经做的那样继续他们的话题,而可以在你的提问中表达出你感觉到还有其他可能的解释或视角。例如,如果你研究的是人际吸引,被访者告诉你他/她的新朋友是多么的帅气或漂亮,你可以试着问问他/她以前是否被不帅气(或不漂亮)的人吸引过,或者对方有无幽默感是否重要。如果你的提问能够使被访者开始描述吸引人的具体方面而不是简单地说样子好看,你也许会发现其实他/她是被对方的自信、替人着想或对某种东西的激情(无论是高尔夫、阅读、政治,还是唱诗班练习)所吸引。一旦你揭示出了这些吸引要素,你就可以弄清吸引的精确含义、局限或例外情况。"你说你发现幽默的人很讨人喜欢,但如果一个人老是开玩笑? 你还会认为他讨人喜欢么?"得到的结果将使你对讨人喜欢(人际吸引)有更深的理解。

当你追求深度时,你也在向你的谈话伙伴寻求解释,他们拥有不同的经验和不同的观点。例如,一个非裔美国人社区的领袖可能认为,他们的再发展小组资金申请未获政府批准是因为种族歧视。为了获得更有深度的答案,你和他一起探讨种族歧视意味着什么,申请遭受拒绝的其他可能的及不可能的原因。与此同时,你可能与政府官员探讨申请遭受拒绝的原因,也许你可以问问他们是不是担心再发展小组完成其工作的能力,或者是不是资助机构已经没有钱了。通过追求深度,你可以探究其他可能的解释。

细节和深度不同,但两者互相补充。我们举例来说明追求细节与追求深度的不同。假想你正在做一个中年妇女的生活史研究,她告诉你最近她请母亲搬迁到他们镇。为了得到深度,你问她一个需要认真思考才能回答的问题:"鼓励你母亲搬过来对你来说是不是一个很艰难的决定?"但是为了暗示你想得到具体的回答,你可以问:"你妈妈决定搬迁之前发生了什么事情吗?"

多数时候,你既需要深度也需要细节。假设你的被访者告诉你,她母亲要她陪着去看牙医和医生。你可以追问细节:"你带她赴约的时候发生了什么?"她答道:"你知道,我用车接了她,带她到诊所,陪着她坐在那儿等医生,然后带她回家。"这时你正在获得到底发生了什么的细节,但仍然缺乏深度,因为你不知道这些有什么意义。接着你可以试图得到更有深度的回答,问:"你把她放到那儿,过半个小时再去接,不是简单多了么?"她回答道:"我不能去其他地方再回来接她,因为她太紧张了。"通过这个回答,你开始理解依赖是什么意思,它是如何被人们感知的。你得到了足够的深度以明白被访者的行动缘由,同时你也得到了具体细节来支持它。细节可以增加可靠性、明晰性、证据以及例子,深度可以增加意义的层次、对于主题的不同角度以及理解。

生　动

除了深度和细节外,访谈者还应设计一些问题以获得生动的描述。生动的故事或例子能够让读者构想出谈论的是什么,让他们带着感情而不仅是理性做出反应。为了得到生动的报道,你可以让被访者讲故事,或者一步一步地描述事情是怎么发生的。清新和清晰的回答能创造出生动的故事。

考虑一下这个例子。Jim Thomas 与我们分享了他有关监狱的研究:"那个守卫可能想挑衅那些家伙,他说:'来呀,上来打我呀!'

有一天,有人真的上前给了他几棍,让他的头上鼓了个大包[笑],他躺倒在地上,鲜血外涌,[笑]像小孩子一样哭泣起来:'别杀我,求你别杀我。'他想他可能就要死在那儿了。"以上描述非常生动,与其他类似的材料结合起来使用就能为监狱暴力提供让人信服的描述。抽象地谈论暴力不可能像上面这个片段一样影响到读者。

生动也可以通过追问背景性问题、充分了解整体情景而达到。它们可以让你的报告个性十足,使你笔下的被访者以活生生的人的面貌出现,而不是停留在抽象状态。追踪问题可以让你从被访者的话语中挖掘出展现其风格、幽默或洞识的细节。一定要充分把握被访者当时所面临或体验到的处境,这样你才能恰当地理解他们所说的话:"市长平时是一个随和从容的人,但当一个市民质疑市议会的决定时,他愤怒地咆哮起来……"

生动同样来自于对关键时刻或图像的描述的需要,对富于争议的总结性解释的追踪。一个丈夫可能在客人面前损一损他的妻子,一个政治家为获得某些短期利益而违背一项规则,诸如此类的小片段背后可能蕴含着更大的故事。它们是具体的例证,既琐细又熟悉,便于人们理解和辨认,而且富含意义。你可以在你的问题中问这样一些事情:"你第一次认为你的婚姻有可能破裂是什么时候?"或者,在对一个重大冲突的研究中你问到:"你刚才讲到发生冲突的那次会议,你们有谁预料到这次冲突么? 在此之前有什么征兆吗?"

微 妙

微妙是对复杂性的一种描述,一个事情并非全对或不对,它可能部分正确,或者在某种条件下或某个时候正确。不同于非黑即白,微妙意味着存在一种多重灰色梯度。微妙需要精确的描述:不是蓝色,而是矢车菊一样的蓝色;不只是爱,而是充满了激情和快乐的爱。微妙强调意义的细微差别。你说你爱一个人,这到底意味着什么? 是不是爱中混杂一点担忧,或者一点占有欲? 想法是怎样遮蔽或表达的? 你应该设计一些问题以捕获这种微妙的差别。如果你得到了一个没有遮蔽的回答,那就应该试图让它变得更加精确。

你可以通过恰当的提问方式让被访者提供细致入微的回答,尤其是在提出主要问题时,应该尽量避免得到是或否、黑或白这种非此即彼的答案。不要这样问:"你喜欢堕胎吗?"这样得到的只能是"是"或"否"这样简单的回答。你应该问:"你怎么看待堕胎?"这样的提问更容易得到更复杂、更充实有形的回答。不要问"学生文化是否把欺骗作为一种好的行为",这只会引起"是"或"否"的回答。你可以用另一个问题代替:同学之间的串通行为,在什么情况下可以被认为是正确的,什么情况下又被认为是有问题的?

你可以继续通过追踪问题去寻求微妙。假设你问被访者被爱的感觉,被访者回答道:"呃,我父母爱我们两兄弟。"为了辨识其中的微妙差别,你可以接着问他们的父母怎么表达自己的爱。假设回答是:"我母亲以前经常跟我们说她爱我们。"你可以接着追问:"那你爸爸呢?"也许被访者的回答将表明他们父母表达爱意的方式不同:"他以前带我们去参加球赛,让我们跟他一起劳动,带着我们到处转,把我们介绍给别人:'这是我的两个儿子。'他为我们两个感到自豪。"有了这样的答案,你才开始听到微妙细腻的差异,从而发现口头表达爱意与通过花时间陪伴孩子以表明爱意之间的差别,你也可以认识到自豪与爱之间的关系。

为了寻求微妙,你可以质疑那些看起来就很片面或言过其实的宽泛陈述。如果有人说"我这辈子是个巨大的失败",那么可以肯定,他也会有美好的时光。针对这样的陈述提出问题,会给讨论增加很多微妙细致的信息。概括越是粗糙,越是可以进行提问。如果有人说"我们总是能按时完成任务",你可以追问:"总是,是每一次吗?"如果对方回答"不是每一次",那么你就可以问例外的情况。如果对方坚持"总是"能完成,针对这样的回答,你可以有多种问法:你可以问他们"按时"是什么意思,是否有在截止时间之前就完成任务的情况,他们是不是可以影响截止时间的确定,或者在看起来按原计划无法完成任务的情况下有没有推迟截止时间的能力。你还可以问他们,如果中途任务发生了改变,或者团队中有人突然生病或被调离,他们会如何调整。所有这些问题都能帮助我们获得一个更加微妙、细致的理解。

丰　富

丰富意味着你的访谈包含很多观点和不同话题,其中很多是你在研究开始时所没有意料到的。丰富的资料能够让深度访谈者揭开他人世界的复杂性。

获得丰富的一个途径，是认真聆听被访者对所发生事情的广泛而细致的描述。假设你正针对城市议会面临的某个争议性议案展开提问，就要鼓励被访者详细描述那次会议是如何做出决定的。被访者讨论了相关议案的投票情况，还提到了议员之间的激烈辩论，城市专业职员被突然要求提供信息支持，议会并没有把市民的激烈评论当作一回事等情况。你不仅获得了你最初关心的有关决定过程的深度和细节，而且还发现了几个重要的新主题。你开始认识到议员们在会议上的相互关系，专业职员的从属地位，以及市民的评论如何被搁置等情况。正是这些复杂的主题构成了一个丰富的回答。

丰富来自不断鼓励被访者对回答进行详细阐发。在被访者给出一个详尽回答或展现一个叙述、故事时，你要安静、用心地听。你接着用探测性问题鼓励被访者继续说下去——表现出一种意愿或暗示，让对方觉得他做得很棒，你还想听到更多，以获得更详细、更确切的材料。即使故事或叙述看起来就要结束了，你仍然可以询问更多的例子。因为每个例子都可能存在一些不同，因而可能给你带来新的主题或概念，或者给它们添彩。

主要问题、追踪问题和探测性问题

为了让访谈正中目标，并能得到具有深度、细节、生动、微妙而丰富的回答，在组织访谈时，你可以将三种类型的问题（主要问题、追踪问题和探测性问题）组合起来使用。

主要问题

主要问题是访谈的脚手架，是骨架结构。主要问题的作用是鼓励谈话伙伴围绕激发某项研究的研究疑问（research puzzle）谈话，它可以保证研究问题得到彻底的考察，使宽泛话题的每个部分都得到探讨。

主要问题把研究话题转变成了一些小条目（terms），以便能够和谈话伙伴发生关联，可以被讨论。因为最初的研究问题常常太过宽泛和抽象，不适合被访者回答。Herb 对资源依赖理论很感兴趣，他很想知道对银行和基金会的资金依赖会怎样影响积极分子（activist）组织的方向。他的研究问题（在项目申请书中）可能是这样表述的:"资源依赖理论认为,经济势力强的组织将决定积极分子的议程,如果真是这样,那么积极分子组织怎么可能实施一个社区议程呢?"对大多数谈话伙伴来说,这样表达的研究问题将显得太抽象,他们会不知怎么开始回答。因此,Herb 设计了一些更具体、更容易讨论的主要问题:我从网上知道,你们组织和某个大银行一起合作给穷人做经济问题方面的培训,能告诉我该项目的来历么(该问题打探的是具体细节,关于一个小团队和给其提供资金的某个组织之间的关系)? 如果这个问题还不足以获得全面的答案,那么 Herb 可以继续追问谁是这个项目的首创者;如果该项目的发起者是社区,那他可以接着问,该组织是如何争取支持的。

研究者通常需要在访谈前准备好主要问题。为了决定主要问题所包含的内容,研究者可以从书籍、文章、文件、网络产品、以往的访谈或观察中找到线索。主要问题应该得到仔细透彻的考虑和表述,既不能限制或预定回应的范围,同时又要涵盖研究主旨。总之,目标在于鼓励对方谈论他们的经验、认知以及理解,尽量避免刻板老套的回应、官方言论,或者教科书式的答案。

每一个访谈都应该设计有限的几个主要问题,尽管没有固定的标准。一般而言,有经验的访谈者准备的主要问题很少会超过半打,实际上能够问到的也就三四个。准备的问题不能太少,万一某个问题不合适,访谈到后面可能就会没话说。而如果准备的问题太多,你就有可能急于把所有准备好的问题问完,结果无法让被访者尽量拓展地回答你已经提出来的问题。如果你太快地问完十几个问题,可能每个问题得到的深度都不够。

追踪问题

追踪问题是专门就被访者的评论进行提问的。要想提出好的追踪问题,研究者应该认真听明白对方所说的意思,然后再就其所说的主题、概念或观点提出问题,进行更深入的挖掘。追踪问题对于获得深度、具体的信息非常重要,也能帮我们引出更为微妙的回答。

如果开始时你提出的主要问题足够宽阔(broad),并且也鼓励了被访者尽可能详细地回答,那么得到的答案应该会非常丰富,并有足够多的细节供你进一步追问。不能对所有有趣之处进行追问,否则访谈将失去焦点,耗尽本来就不多的访谈时间。通常你只能追问那些对被访者来说至关重要,又与你的研究问题相关的部分。对那些令人困惑或不清楚的地方进行追问,那可能包含着你未曾想到的概念、主题或观点,可能为你的研究提供完全不同的解释方向。

追踪问题可以在同一个访谈中使用,用以探查被访者引入的概念、主题、吸引人的观点或意料之外的想法。追踪问题也可在对同一被访者随后的访谈中使用,甚至还可以在对其他被访者的访谈中使用。被访者为了回答有关竞选运动的主要问题,可能会描述其中的联盟过程。访谈中你可能决定追问这一联盟是如何实现的,或者不同组织在竞选运动中扮演什么角色。也许,你还可以争取对该联盟的头面人物进行访谈,向他/她询问不同成员所扮演的角色。

访谈新手在开始做访谈时,一般都会在进行追问方面存在困难,但只要勤加练习,就可以使即时追问变得越来越容易。当你翻开自己的笔记,发现上面有很多你本可以追问,甚至必须追问却没有追问的地方时,不必过于焦虑。通常你可以再次访谈同一个被访者,追问这些漏掉的问题,你还可以向其他的被访者询问这些问题。

擅长在访谈中追问令人肃然起敬,但这主要是事先充分准备的结果,而不是临场的机敏发挥。那些看起来像是随机应变产生的追踪问题,实际上常常是事先分析的结果。在访谈史密斯前,你已经访谈过约翰先生和艾尔女士,分析过他们所说的内容,找到了自己该追问的问题。因此只要史密斯一提到该问题,你就能很快意识到,并提出这些从以往访谈中总结出来的追踪问题。

探测性问题

探测性问题是让讨论继续进行,同时又获取进一步澄清的技术。探测性问题让被访者继续谈论眼前的话题,使其说完某个想法,补充某个缺失的板块,或者让其就所说内容做出详细说明。其他探测性问题则可以用来获得与特定观点相关的例子或证据。日常对话中,人们经常担心自己的喋喋不休会使听众感到厌烦。探测性问题恰好针对人们这种不愿深入细节的倾向,鼓励对方提供更为多元化的答案,并对之进行详细的说明。

探测性问题的表述形式十分程式化,一样的问题可以用在不同的访谈当中,至于究竟选择哪一种表述就要看谈话的具体情境——探测性问题的表述一定要与当下的情境意义相符。如果有人对你说"我去了购物商场",你不要问:"你能给我举个那样的例子吗?"而应该问:"接下来发生了什么?"总之,探测性问题的表述一般不构成问题。它们简单、短小、平凡,只要与被访者所说内容相协调就可以了。

何时使用主要问题、追踪问题以及探测性问题

做完自我介绍后,你通常会以你的第一个主要问题开始访谈。你可能准备了很多主要问题,但第二个主要问题提出的时机,是在你觉得第一个问题已经得到充分回答后,或者至少被访者已经能记住那个问题,并且你也已经做了必要的追问之后。在提问后续的主要问题时,你应将每个问题与刚刚讨论过的话题之间的联系展现出来,以免访谈听起来紊乱不堪。你可以这样说:"刚才我们讨论了上一次财政改革如何开始的问题,我还想知道你们现在在做什么,财政预算方面是不是又有什么新的变化?"只要你能有逻辑地安排好你的主要问题,使之涵盖整个话题,它们就会自然一体,听起来不会突兀或互不关联。

一般来说,追问发生在新鲜、有趣、恰好能回答你的研究问题的内容被提及时。被访者可能会冒出一些值得进一步探讨的吸引人的概括,提到一个你意料之外的微妙看法,或者说出可以回答你的研究问题的新词汇或新句子。这时,你应该认真听,然后围绕它们进行追问。

你可以对不一致的回答进行追问,但不要让人觉得你是在故意挑刺。探索这些矛盾点时应该尽量温和:"之前您跟我说那个帽子是绿色的,刚才您好像又说是蓝色的,它是有时呈绿色有时呈蓝色呢,还是有时候在你看起来是蓝色的呢?"不要对每一个明显的矛盾点都进行追问,以免让自己看起来像一个审查官,只要搞清楚该给已经得到的回答多少分量就足够了——存在明显矛盾的描绘很难有什么证明力。

第一个主要问题一经提出来,追踪性问题就可以出现在访谈的任何时候。不过,你会发现,追问更多地发生在每个访谈及整个项目的收尾阶段,因为,只有在花了大量时间后,你才能找到需要

更加深入具体地探索的主题。

到底该有多少追问,并无一定之规,但尽量少些,这样才能保证你全部听完被访者想告诉你的内容,不会老是在中间打断对方。如果有些事情没问清楚,你通常可以在第二次访谈时再追问。离开访谈地,把访谈誊录出来以后,要重读你的访谈,进行初步分析,看看有哪些重要的主题,其中有哪些主题虽然提出了但没有追问,而对回答你的研究问题又很重要。从中选出最重要的以备追问。然后争取再做一个访谈,对同一个人进行第二次访谈。如果第一次访谈结束时你做出了客气请求:"如果回去检查访谈时有疑问,我可以再回来问您吗?"那么要给对方打电话并说出以下内容就会容易很多:"我回顾了我们的访谈,对里面有些地方还不太明白,不知能否再给我安排一点时间,我想再向您问问这些不懂之处?"

另一条建议是:在有些情况下最好别追问,即使有些东西看起来令人困惑,甚至对你来说是错误的,因为访谈时你有可能掉进面具或自我辩护中。戴上面具意味着一个人担当着某种夸张的角色,并且试图坚持这一角色,以营造出某种想要的形象(Goffman,1959)。领班在酒店里会带上一种极端礼貌和端正的面具,以营造出一种酒店氛围;民风凶悍的街区里的警察则会制造出一副无所畏惧、凶狠粗暴的形象,因为任何温和或让步都会被人看作是好欺负的表征,使其成为暴力或嘲笑的靶子。而自我辩护是指自我合理化的解释,是一个人在做了通常被认为是错误的事情后,用可被社会接受的理由来进行自我开脱(Lyman and Scott,1968)。如果你发现自己遇到一个"面具人"或者对方正在逃避指责,这种情况下问一些破坏对方自我表现的问题就不是好的策略。这个时候尽量认真聆听、观察,并记下一些细节,如果可能,另外再选时间向同一个人访谈同样的话题,这一次应该注意措辞,尽量避免引起"面具"效应和自我辩护,例如,你可以询问具体的例子、案例或经历。

有时,访谈者不经意就会引起被访者的自我辩护。你可能因为疏忽而在提问中夹杂着责问或评判,从而引起对方进行自我辩护。如果真是这样,尽量放低这部分提问的语调,注意不要有任何可能传达责备的附带信息。

你既可以在同一个访谈中追问,也可以在后续访谈中再追问,但你必须当场就决定是否"探测",因为探测是想让被访者就其刚刚说过的内容进行更深入细致的解释和阐述。你会发现,访谈开始阶段所做的探测要比末尾阶段多。你通过探测来暗示你所寻求的回答应具有什么样的深度,一旦被访者明白具有深度和细节的回答是你想要的,你就达到了目的。同样,你询问那些不明白的关键概念时,被访者就会明白,他们需要向你解释某些技术术语、缩写概念甚至流程,这些对他们来讲都很平常,但像你这样的外人可能就不知道。

总的来说,要尽量控制探测性问题的数量,并避免让其显得唐突。如果可能,保持几秒钟的沉默(这通常很难做到),等被访者继续;或者,通过点头或其他举止暗示对方:"再多讲点!"只有在相当确定某信息非常重要的情况下,才去探问那些缺失的信息,或者要求对方对某个混乱语句进行澄清。探测得太多、太冒昧就会影响谈话的顺畅性。在访谈中说"是的,我明白"一两次,可能表示赞同,但如果访谈者将其重复上 20 次,就只能被当作是机械回应和浅薄(shallow)。第一次问"你是怎么知道的",被访者可能会给出如何知道某事的具体说明,但如果问好几次,就会造成一种不好的印象——你并不相信被访者的观点或结论。如果被过度使用,探测将会带来适得其反的后果。

通过组合主要问题、追踪问题和探测性问题来组织访谈

所有响应式访谈都是由主要问题、追踪问题和探测性问题构成的。打个比方,将主要问题、追踪问题和探测性问题组合起来有点像打高尔夫球。你有一系列的球洞,针对每个洞都有一个主要问题通向它,就像打球时预先计划好的那样,针对每个洞都有一个远射发球。然后再根据球发到的位置,适当地击打几次,利用不同形状的杆,以争取最大可能将球从你所在的位置推到果岭。如果你把球打到了长草区——也就是说,你得到了一个含糊不清或者不可理解的答案,就选择专门的球杆,即探测性问题,帮你渡过难关——不断探测和追问,直到你把球打进洞里。打下一洞时,你继续重复这一过程,用另一个事先计划好的主要问题,以及必要的追问和探测。这些洞是有逻辑地联系起来的,从而使整个游戏具有某种结构。就像球杆的选择取决于你的球落在什么地方一样,追问和探测方式的选择取决于被访者回答主要问题时你所听到的

内容。

在高尔夫运动中,赛程是设定好的,洞数也是固定的。这就相当于有一定数量的主要问题来覆盖你的研究主题,不过响应式访谈还不至于结构化到那种水平。你可以只有一个主要问题,加上很多追踪问题和一些探测;你也可以有几个主要问题,而追踪和探测问题的数量少些。每个访谈中各种类型的问题的数量之间比例可能相差很大,这就像打高尔夫球每次都在洞数不同的新场地上打一样。

例子:如何平衡主要问题、追踪问题和探测性问题

我们来看一段摘自 Irene 某个项目的访谈资料,看她如何用追问和探测来平衡一个主要问题。Irene 的研究问题是这样的:"联邦政府学习过如何控制赤字吗？ 如果学习过,那这种学习是在哪发生的,怎么发生的呢？"她访谈了很多曾经与联邦预算过程近距离接触过的专家。其中有一个被访者叫 Tom Cunny,他是一个退休的预算官员,对财政预算概念(如平衡)如何被操纵和规避有很强的感触。Irene 的第一个主要问题是:"Gramm-Rudman-Hollings(1985 年通过的预算平衡法案)与预算执行法(Budget Enforcement Act,1990 年最初通过,后来有些修正)之间存在相互借鉴的部分吗？"

Tom:Gramm-Rudman-Hollings 的确想严格控制支出。第一年我们只是削减(一些项目),这样(花费)就会下落一个台阶。可是到了台阶边上,谁都不愿削减,于是我们就修改了法律。相反,有了预算执行法后,我们可以控制非强性项目的整个拨款过程(the appropriations process the nonmandatories),可以建立预算目标,其总和将作为该时期的预算目标。该法律的思想是,只要我们能压缩非强制性项目,使其开销控制在总数范围内,我们就能成功。但我们错误估计了财政收入,高估它们,低估了强制性开销,根本没有弥补的办法。赤字不断增加,超出了我们的控制。GRH(Gramm-Rudman-Hollings)和 BEA(Budget Enforcement Act)都一样有着致命的缺陷。

并非我支持或不支持平衡预算,从平衡预算的角度来看,这两个法案都注定要失败。

……三年前,(宪法)平衡预算修正案看起来好像要被通过时,Hartman 想在修改案执行前就调整预算。Hartman 从来就没有遇到过他不喜欢的资本投资。他想把对资本的新投资排除在预算之外,只保留从概念上无法控制的折旧。成本只有在进行投资时才可控制。排除了控制点,预算就不成为预算。

Irene:意图也许就是这样吧。(这是一个探测,鼓励 Tom 继续说。)

Tom:是的,把能控制的放在预算外,不能控制的纳入预算当中,预算就会成为记账。

Irene:在这一点上他不成功?(这是一个追问,目的在于得到更具深度的信息,它意味着对正在发展的主要话题的调整:被访者认为人们会逃避预算控制;访谈者表示,人们会努力这样做,但并非总能成功。)

Tom:是的,不过还是有多种办法将资本调出来。有人会使用诡计弄到饼干并将其吃掉(have their cake and eat it too——想挪用财政资金的人)。我在 OMB(Office of Management and Budget,行政管理与预算局)和 CBO(Congressional Budget Office,国会预算办公室)工作时,经常能遇到试图获得他们的饼干并吞掉的人。

Irene:针对这些问题我们有专门的举措吗?(根据被访者的话题——逃避预算控制到处存在——进行追问,想让他进行调整,使答案变得更加柔和,更加微妙。)

Tom:根本没有专门的举措,基本的预算概念一直在那。我们学到的只是一些伎俩,帮助我们逃避自己制定的规则,假装正在做某些其实并没做的事情。供给经济骗人的万金油。预算平衡也是万金油。如果 Clinton 没有使用预算平衡这一万金油来回击共和党人削减权利的主张,把 Dole(鲍勃·多尔)逼到绝处,Dole 也没有必要推动削减税收这一万金油。

　　上面的主要问题直接提到了特定立法的名字,这就向被访者表示,研究者至少知道该话题的核心要素,因此提供一个比较详细的回答才合适。被访者在回答主要问题时说,前后两次立法作为平衡预算的措施都是无效的,并且简单地解释了失效的原因和机制。接着他拐了个小弯,讲了个故事,即以上引文的最后一段。故事的观点在于,一些支持财政支出的人会力图保留那些他们认为可能会被宪法条例修正案删减的条目,这个法案正在审议中,并试图将这些条目排出预算以期获得预算平衡。

　　为了让对方继续说下去,Irene 做了一次探测性提问,但并没得到太多东西。于是她又做了一次具体的追问,想搞清楚试图逃避控制与成功摆脱控制之间的差异。这个追问确实得到了回应,但与 Irene 设想的回答不同,Tom 并没有继续讨论试图规避规则的努力的成功与失败,而是回到他的主题,即回避规则的尝试和努力是持续存在的。这样做时,他给我们介绍了另外一个在他看来代表着打破预算平衡原则的例子,削减税收作为对经济的刺激,要求对预算进行平衡。他认为以预算平衡为名进行税收削减就是骗人的万金油,你不可能通过削减财政收入来平衡预算。

　　在最后的回答中,被访者介绍了一个新的话题:党派攻击会使另一个政党选择短期行为策略,从而破坏良好的预算管理所依托的清晰原理(clear concept)。Irene 没能在这里继续追问,因为她并没有意识到这个话题在其整个访谈中出现的频繁程度。于是,在得到主要问题的清晰答案(在被访者看来,政府没有学到任何消除赤字的方法)且无法得到更为微妙的答案后,Irene 转向了她的下一个主要问题(上述引文只是该访谈的一小部分)。

　　主要问题与追踪问题之间的总体平衡因访谈目的不同而有所变化。

　　某些访谈形式可以由最初的主要问题来主导。评估性访谈是用来评定某项政策或项目的改变对于特定人群的影响的,例如,一项新的福利政策对受惠者、管理机构、成本等方面的影响。在这样的案例中,访谈大体包括三个主要问题:其一,受惠者受到了什么影响;其二,对于机构的影响;其三,对于成本的影响。而你可以针对每个具体问题提出追问,从而挖掘更多细节。生活史访谈用来追溯共同的文化形态,诸如被访者读的小学是什么样的,他们年轻时的约会和性接触有什么样的规则,他们怎样找到第一份工作,或者当父母生病时发生了什么。这些访谈由少数几个主要问题组成,人生的每个阶段都有一个问题与之对应。口述史访谈主要探索的是个体如何经历重大历史事件,如战争、政变、瘟疫等。口述史研究的目的是客观展现被访者的看法,尽量少地带有研究者的主观解释和选择。因为很多其他人会将这些访谈材料用于其他目的,所以确保访谈材料明晰、透彻和扎实成为口述史研究最重要的目标。典型的口述史访谈通常围绕着少数主要问题、少量必要的追问以及大量的探测性问题展开。这些探测性问题,有的用来厘清问题,有的用来获取例子和证据,有的只是鼓励被访者继续谈话以期获取更多细节。

　　其他类型的访谈更多地依赖于追踪问题。如果访谈的目的是概念阐明,那么很可能只需要一两个主要问题,加上一定数量的追踪问题。二者都致力于发掘该概念的微妙细腻之处。探测性问题并不是那么重要,它只是为了延续对话,而非挖掘详细的证据。如果你进行的是个案研究,需要考察事件的真相和它的影响,那么你应该准备一组主要问题来询问每个被访者可能知道的信息。但是,访谈的其他部分则主要依托于追踪问题和探测性问题。

正如前面的讨论所指出的那样,响应式访谈的架构可以是多种多样的。但是这些变化仍然可以粗略归纳为以下三种类型,我们分别命名为:开闸泄洪型(opening the locks)、干枝型(tree and branch)和河渠型(river and channel)。有些访谈确实和这些类型完全吻合,但更多的则是它们的混合体。熟知这些结构,有助于你去考虑使用多少主要问题,在多大范围内使用追踪问题和探测性问题。

开闸泄洪型访谈

开闸泄洪型访谈(opening the locks)是研究开始阶段最常见的类型。研究者在这一阶段对所要研究的问题知之甚少,但能确定谈话伙伴是非常了解情况的人。使用这种访谈模式,只是为了对所发生的事情有个宽泛的了解,以便找到后续访谈中真正需要深入挖掘的内容。

开闸泄洪型访谈通常围绕一两个设计好的主要问题展开,这些主要问题意在鼓励谈话伙伴能够尽量深入、具体地谈论所要研究的问题。比方说,你可以要求一个政治说客描述一下与某项立法会草案相关的政治因素,你可以问某组织的首席财务总监一项预算是怎么决定的,你可以问一个十几岁的电脑游戏爱好者有哪些电脑游戏,你也可以问一个社会服务机构的负责人该机构在困难时期是怎么维持下来的。某个事件似乎能说明一个重要主题,如果研究者和谈话伙伴都听说过该事件,直接询问该事件预示着什么,即可算作设计主要问题的方式之一,例如:"你觉得会上真正发生了什么?""那是一个转折点吗?"在这种访谈模式下,我们希望的是,只要某个主要问题被提出来,熟悉情况的谈话伙伴就会像河流上的某道闸门被打开了一样,河水(信息)奔流直下。

Herb 有很多前期访谈都属于这种类型。例如,在扶贫住房支持项目中,Herb 问那些政治活动家们,他们所在的组织是如何设定议题的。他不仅听到了大量的例子,还听到了一些他以前知之甚少的应用策略。Herb 意识到了这些例子和策略的重要性,因为好几个被访者都提到它们,所以在后续的访谈中,他进行了针对性的追问。

干枝型访谈

在干枝型访谈(tree and branch)中,研究者会将研究问题分成相对匀称的几部分,每部分都有一个主要问题对应。在评估性的访谈中,研究者可能不仅需要知道某职业培训是如何增强受训者的技能和自信的,可能还要同时搞清楚培训对受训者的收入、家庭稳定以及居住地选择等方面有何影响。因此,每个部分都需要准备好一个主要问题。在一个离职访谈中,研究者既想知道哪些因素推动一个人离职,又想知道其他工作对他/她的吸引力如何,同样,这些话题也会被分开放在不同的主要问题中。在这一模型中,访谈就像一棵大树,树干是研究问题,树枝是主要问题,每一个树枝处理的问题都不同但是重要性相当。在这类访谈中,研究者会试图将所有的主要问题询问一遍,并对每个问题进行追问,以得到相同程度的深度、细节、生动性、丰富性和微妙水平。

在准备干枝型访谈中的问题时,应该保证各个主要问题有逻辑地联系起来。在表述时,则应该保证主要问题之间的切换在被访者看来说得通。例如,如果你想建构事件的历史过程,那么,主要问题就应该按时间顺序排列。首先发生了什么? 接着发生了什么? 这是人们分享叙述时常用的方式。又比方,设想你在对一个养老院的生活状况进行访谈,假设你已经在那里做了充分的参与观察,并且为了涵盖养老院生活中你觉得不同但同等重要的几个方面,已经准备好了三个主要问题。第一个问题是:"养老院员工提供的服务怎样?"第二个问题是:"养老院的社交生活如何?"第三个问题是:"你是否继续与家人和老朋友联系?"被访者可能知道每个问题的重要性,但并不一定清楚这几个问题之间的关系。为了使这些问题之间的关系更为清晰,在谈完了养老院提供的照顾后,接着访谈时,你可以这样问:"养老院的工作人员主要只是照顾您的身体健康,还是说,他们同时也会照顾您的情感及社会生活?"

河渠型访谈

在干枝型访谈中我们不仅希望获得深度,而且也对广度有兴趣,即能够向每一个被访者询问所有的主要问题。与之不同,如果你想特别深入地探讨某个概念、观点或事件,而不管追问到什么地方,那么你就可以采取河渠型访谈(river and channel)。你可能永远也接触不了多个主要问题,因为你只管顺着其中一个不停地追问下去,而不提出其他主要问题。这就像给河流挖渠道,它流向什么方向你就向什么方向挖,不管它流向什么地方。当你想深入细致地探讨或透彻地理解某个主题,并且愿意只集中关注该问题而放弃其他的主题时,河渠型访谈很管用。在这种模式下,每个访谈讨论的问题可能都不同,但所有这些问题通常都印证着一些相关的主题。

假设你正在研究政府如何在机构反对的情况下进行决策。你首先询问机构间的竞争情况,并且得知有些机构对某职业再培训项目的运转方式存在不同意见。你觉得这是个合适且具有说明性的例子,于是决定对这个具体的分歧进行追问,问到底发生了什么,怎么发生的,谁的利益受到了威胁,最后是如何解决的。你顺着渠道追踪下去直到得到最后的结论。在另一个访谈中,别人告诉你另一个冲突:某住宅项目究竟由哪个组织进行管理。你对这个冲突也进行详细的追问:发生了什么,怎么发生的,关系到谁的利益,最后是怎么解决的。你可能重复这种模式的问题好多次,每次都只详细追踪一个话题而忽略其他。在经过了一系列的访谈之后,你会收集到一大堆丰富的例子,虽然有点分散,但综合起来就能显示出机构之间产生异议的原因。最后你可能了解到领地冲突(每个机构都觉得某个工作属于他们的职权范围)或资金冲突是如何得到解决或得不到解决的。

准备访谈提纲

响应式访谈是个费脑筋的活。访谈时,你不仅要搞清楚人们说了什么,还要知道他们所说的是什么意思,然后还得做出适当的、能够刺激出想法的追问。为了解决访谈中的顾虑,即担心自己思考问题的速度不够快而无法做出好的访谈,或者害怕丢失试图进行追问的线索,一些质性研究者会准备访谈提纲——草稿、笔记、问题表格/问题核对清单、重点(问题),用来指导访谈者需要问哪些主要问题,向谁问。

准备一个访谈提纲并不意味着访谈时你一定要依靠它。有很多次,我们带着写好的问题来到被访者的办公室,但双方见面寒暄一阵之后,被访者就可能主导了谈话,讨论起在他/她看来我们会感兴趣的事情(这样的情况经常出现)。最近有一次,一个被访者与 Herb 简单聊了几句之后,就开始谈论他对于自己所在的组织怎样及为什么需要改变目标的看法,一直讲了一个半小时后,他才问

Herb 想谈什么。在这种情况下,准备好的提纲通常只好扔掉或留到以后用。

不过,在很多项目中,初期访谈就倾向于涵盖一组合理的、事先拟定好的主题:试图看看一个亚文化中发生了什么,一个组织是如何工作的,在一个人的不同生命阶段都发生了什么,或者人们如何被同一历史事件所影响。在这些情况下,能够且最好事先准备访谈草案(提纲),上面写明要问的主要问题。提纲是最正式的访谈指导,事先写得详细清楚,能在访谈之前就让被访者参看,必要时,还能提交给研究审核委员会。

即使拿着正式的访谈提纲,如果访谈是按照不同的路径进行的话,你也可以不使用它。如果被访者在回答前面的问题时就问答了后面的问题,你可以直接跳过后面的问题。另外,访谈提纲上罗列的问题并不是固定的,如果你发现有些新的重要问题需要询问其他被访者,你就将它们加进去。比方说,你在最初的访谈提纲中准备了一个非盈利性组织预算方面的问题,但是在做了第一个访谈后,你就发现运作预算(基本工资、电费、暖气费、租金等方面的支出)、服务预算(组织为顾客解决问题或从事其他事情时的支出)以及政策或赞助预算(为改变法律或规章制度所做工作的开销)之间存在巨大差异。这些差异可能极其重要,以至于必须对访谈提纲进行修改,以便为后面的访谈增加针对每种类型的预算所提的问题。

一个访谈需要问访谈提纲中的多少个问题呢? 最理想的,当然是每个问题都被问到,但这很少能真正做到,尤其是在被访者比较外向的情况下。不要因为自己不能将全部问题问完而担心,因为这通常意味着你得到了非常丰富的描述。如果有些重要的问题没有问,你可以另外安排时间继续访谈,或者向其他被访者寻找这些缺失信息。在其"基于社区的住宅及经济发展项目"中,Herb 的访谈提纲中准备了三个主要问题:第一,该项目是如何被选中的;第二,社区对这个项目的反应怎样;第三,关于完成该项目过程中的技术性问题。Herb 并不担心某个被访者将分配好的访谈时间全部用来回答其中的一个问题,因为他已经计划好再访谈几十个人,通过他们,其他的话题应该都会被涵盖到。

正式提纲有其长处,但有时我们却需要不太正式的指导提纲。其中,最简单的是一套我们称之为略记(jottings)的东西,因为它们只是我们在观察一个会议或关注某个事件时速记下来的一些条目。这些粗糙的记录可以告诉我们,后面需要向被访者提出哪些问题。

访谈时我们也能做略记,以引导我们进行追问。反复打断被访者,尤其是在对方说事时发起追问是很不好的做法(或者说不好的习惯)。正确的是,被访者正在说话时你可以把要追踪的问题记下来,等对方说完了再问。虽然 Herb 通常会对访谈进行录音,但他仍然坚持做些记录,将其写在一个有中折线的速记本上。本子的左边,用缩写形式写下被访者说过的主要内容(以防录音设备出问题),更重要的是,在本子的右边,他会简单地记下一些关键词,提示一些能在该访谈中使用的追踪问题。

写下好的问题——不管是正式的还是非正式的——通常都很有用,但可能会使一个访谈新手在访谈时分心。如果总是依赖访谈提纲来决定接下来要问的问题,而不是用心聆听被访者所说的内容,并根据他们的回答调整你的问题,会让你听起来好像只是在重复一个事先准备好的单子,而不是在进行访谈。为了让访谈有个整体结构并使对话顺畅自然,一些研究者会给自己准备一些要问的话题,但并不用句子把它们写出来。Herb 以前会将这些表单贴在他的研究墙上,每次访谈前都会将对应的部分抄下来。现在,他会在电脑上保存着他的核对单。

核对清单变动得很快,尤其是在研究的初级阶段。例如,Herb 在他有关社区发展的研究中,最初的核对表只是下面这样一个东西:

1. 对社区项目进行描述
2. 组织的历史
3. 与政府的关系

经过几个访谈后,Herb 发现,他所研究的组织从其他的社区群体获得过支持,并且与它们一起形成联盟进行游说。他还了解到,这些社区群体的领导对于应该做什么来改进社区有着强烈的意识形态般的信仰。于是,他对自己的核对清单进行了调整,增加了下面三个问题:

4. 与其他社区组织之间的关系
5. 联合
6. 社区发展的哲学(意识形态)

准备一份主要的核对清单对你的研究会有很大帮助,尤其是当你不准备对所有的被访者提问相同的问题时,例如,他们知道不同的事情,或者看到了同一过程的不同方面。核对清单上写明你需要找出哪些内容,以及从谁那里可以知道这些内容。这个单子可以帮助你草拟每个特定的访谈。有时候,你正在寻找的某条信息可能同时有好几个人知道,而另一条信息则只有一个人知道。因此,在访谈某条信息的唯一知情人时,一定要问那个问题,若是其他问题没有问到,不用太担心,因为你还有其他人可以问。得到某些特定信息后,你就可以把对应的问题从清单上清除。这样的矩阵还能帮助你搞清楚自己需要知道什么,从谁那里可以知道。

在近期的项目中,Herb 在电脑中存了一个主要的单子(不像以前那样做一个很大的矩阵),上面写着需要探讨的话题和想法,标记好是否已经得到这些信息,写清楚在众多的被访者中,特定的问题应该问谁。他规律地更新这个单子,把那些已经获得了充分信息的条目删掉,并将那些他现在觉得应该讨论的条目加进去。Irene 做得没有这么系统,她只是保持着一个话题概要,将自己要问的主要点和次要点记在上面。在为新的访谈做好准备前,她会查看以往的访谈和背景材料,从中找到需要了解的其他问题。

用问题概要来准备每个访谈(而不用具体问题清单或主题列表),有利于区分计划要问的主要问题与可能提出来以便激起讨论的例子。你可以在文档大纲里,给每个主要问题一个大标题,给可能利用的例子一个次级标题。有一份这种形式的文档不仅可以让访谈者放轻松些,还可以使你能同时做好准备应对两种类型的被访者,不管是喜欢先讨论大话题的,还是喜欢先讨论具体问题的。

下面的摘要出自 Herb 的工作大纲,用来说明大纲如何使用。罗马数字代表应该涉及的主要问题(没有预先确定的陈述方式);英语字母代表更为细小集中的问题或追踪问题;阿拉伯数字所提供的是具体的例子,可以在宏大问题太过抽象而无法激起对话时使用。

Ⅰ.组织问题
　A.如何以较低的工资获得合格的职员
　　1.Jones 小姐,辞职后去了银行
　B.和社会委员会的合作
　　1.委员会成员有获得公寓的优先权
　　2.最后一次资金筹集活动

　　C. 为组织的基本运作费用争取资金

Ⅱ. 项目实例

　　A. 外观改善工程(在报告中提到的)

　　B. 合作家具厂

　　访谈前,Herb 会准备好罗马数字标示的主要问题。例如,对于罗马数字 Ⅱ,他准备了下面的问题:"你能给我们描述一下你们组织做过的最有趣(最成功、最不成功、最矛盾)的项目吗?"通过以往的访谈和文献研究,Herb 知道如果访谈辗转不前难以深入,他就可以通过提及一些具体的例子来使被访者继续说下去,如他在纲要中列出的外观改善工程或家具厂等。

　　不管你使用的是草案、大纲,还是清单列表,指导提纲都能作为"地图",让你可以放手进行谈话。虽然难以具体指定哪些隐秘或矛盾之处需要探索,但能给你指出大体的方向。指导提纲使研究者能够在预先准备的必要性与探索非预期话题的自由之间寻找平衡,指导提纲能够防止我们迷失在成串的追踪问题之中。在研究项目的早期阶段,指导提纲应该适度简单、短小,避免对所需研究的问题做太多假设。

　　除了帮助你架构问题外,有形的指导提纲还能够作为访谈的道具。手里拿着一个道具能让你看起来有所准备,也让你知道自己要探知什么。而给被访者一份访谈提纲也能减轻其紧张程度,因为他们知道你不会问他们不知如何回答的问题。当然,事先给受访对象指导提纲也存在不足,对方可能急急忙忙地答完提纲上的问题,而不给访谈者太多追问的机会。

总　结

　　我们用了四章的篇幅讨论如何进行访谈,这是第二章。在第一章里,我们主张访谈只是不断演变的关系的一部分。这一章里,我们讨论了建构访谈的三类问题——主要问题、追踪问题及探测性问题,然后指出了正式访谈中这些问题组合的不同方式。在后面两章,我们将讨论如何决定什么可以作为主要问题提问,什么可以作为追问,并简要指出如何表述这些问题,同时还将列举各种探测性提问的案例。

8

访谈中主要问题及
探测性问题的设计

　　访谈围绕主要问题、追踪问题及探测性问题之间的平衡进行设计。本章首先说明研究者为了回应整个研究问题如何确定主要问题；然后就如何措辞提出建议，以求被访者可以根据自己的经历回答；接下来我们将讨论如何提探测性问题，以鼓励谈话伙伴提供充实故事所必要的细节。

　　主要问题可以引出谈话伙伴大体的经历和想法，但可能无法提供回答研究问题所必要的深度。追踪问题是在被访者的谈话基础之上创造出来的，以便更深入、更好地理解被访者的回答。下一章我们将说明何时提追踪问题，以及如何措辞。

如何简述主要问题

　　通常，我们不可能直接向谈话伙伴提出研究问题，因为它过于抽象，无法引出有意义的回答。如果你提出资源依赖是否影响管理策略的问题，只有专业的社会科学家才能明白它的含义。被访者会对其婚姻如何得以维系之类的问题感到头疼，因为他们从未想过这个，所以也无从回答。取而代之的是，你需要把研究问题分解成一个或若干个主要问题，以便被访者可以基于自己的经历作答。比如，要解释资源依赖的概念，可以询问组织领导人如何决定组织做什么，然后从他们的谈话中发现他们是否被资金资助者所影响。如果要弄清楚婚姻如何得以维系，你可以问一对夫妻他们一起做些什么，他们怎样应对冲突，怎样要求对方，怎样可靠地获得他们所需要的东西，婚前他们对婚姻有什么期待，这些期待是否都实现了，等等。这样一系列可以让被访者依据自身经历作答的主要问题是你访谈的基础。

有两种方法可以将研究问题转换成一系列特定的主要问题。第一，你对研究主题了解较多，并确信一旦你获取了某些特定信息，就有能力回答你的研究问题。在这种情形下设计主要问题，你只需记录下你所需要的信息并设计出主要问题以引出所需信息的细节。第二，你的心里有一个研究问题，但你不知道什么样的信息可以帮助你解决这个问题。你一定大致清楚在研究场景中会发生什么事情以及如何将发生的事情分解成特殊的活动或要素。在后一种路径中，你应该设计主要问题以鼓励被访者讨论这些独立的活动或要素。注意倾听哪些回答中涉及你研究问题的信息，然后基于特定回答制作出追踪问题去搜集解决研究问题所需要的信息。

提出主要问题，获取你所需要的信息

一旦你知道需要何种信息来解答研究问题，设计主要问题就很直接了。你设计出一个个主要问题，以获取每一条缺失的信息。你寻找这些信息或许像一个人手里拿着城区地图去找市长一样简单，也或许如同在解释研究问题的过程中规划出一整套活动或步骤一样复杂。

假设你的研究题目是"地方政府如何在明知不合法的情况下运转赤字？"。Irene 在开始研究这个问题时，根据自己对地方政府的了解预料到解决这一难题需要了解三部分情况。第一部分与"明知"这个词相关。要解决这个问题，她需要知道谁了解与赤字有关的情况，在发现赤字时他们做了些什么。第二部分涉及不合法的问题以及参与者的后果。这些人知道运转赤字是违法的吗？他们有没有想过能够隐瞒赤字？或者他们有没有想过即使赤字公之于众也不会惹祸上身？第三部分，她需要知道这些参与者怎么看待他们所面临的财政问题，他们想到什么替代办法，他们为何做出这种选择。以上三部分被转化成一系列主要问题。当她将回答汇总，她就能说明一个城市是如何在明知违法的情况下运转赤字的。

但如何弄清楚什么是你所需要的信息呢？做到这一点的基础，是你所掌握的该主题的背景知识，还有你对所考察的情景逻辑的理解。Irene 近来在研究一个问题："政府可以学习吗？"为了探

索这个更有广度的问题,她决定考察先前处理财政赤字的经验是否教会了政府官员如何应对赤字重现。研究问题的逻辑及她对政府的了解使她明白这个问题可分为两部分,且每部分都意味着一个主要问题。第一,她要考察现今的决策者是否能接触先前的组织经验和知识,即从历史中吸取经验教训是否可能? 信息是否以某种方式储存在组织内部以供官员调用? 第二,她要弄清楚决策实际上是如何做出的,基于先前组织经验的信息是否会被提及和应用? 她认为在历史中学习是完全可能的,但是她想知道官员是否真的如此做了。为回答研究问题的第一部分,她设计出主要问题,试图搞清楚民选官员和职业官僚是否记得过去曾发生了些什么,是否能接触记录既往事件的档案,或者认识那些记得既往事件的人。这些主要问题意在唤起谈话伙伴的经历。我们看她如何措辞。她首先问被访者是否能回忆起 20 年前里根执政期的预算削减,是否与年长者或退休人员长期保持联系,政府中是否有这样的地方供他们查阅关于这一主题的报告或备忘录。为回答研究问题的第二部分,她准备好了一些主要问题去追踪当前的决策方式,当被访者回答问题时,她在听的时候留意着决策过程中听起来依赖以往经验的步骤。如果这些回答还不能提供足够的细节或疑惑依然存在,她就转而通过追问来获得这些信息。

询问有关更广泛场景的因素

有时候你不知道哪些特定信息能够回答你的研究问题。如果你只是基于猜测而不是实际知识去设计最初的主要问题,你很可能会对被访者回答问题时所依靠的经历造成不恰当的限制。如此一来,你将不会是了解被访者的经历,而只是在验证自己的观点,并失去走出你自身偏见的大好机会。怎样引导访谈但又不将问题仅仅局限于自己最初的猜测呢?

根据自己的观察、阅读和前期访谈,你可能对到底发生了什么知之不详,但你应该对研究场景中进行的活动的所有类型有所了解,并能够列出一个有关这些活动和要素的清单。你可能对板球知之甚少,无法提出针对性的问题,但是你必定知道在体育运动中有诸如"队"、"比赛"和"计分方法"之类的要素,你可以就这些逐个提问。这类主要问题的措辞,是为了获得对各组成要素的描述。这些主要问题的表述,应该能够涵盖各个独立的要素或活动,并使得回答往你所要了解的有关研究问题的方向倾斜。你要仔细聆听被访者的反馈,从中提取任何可能回答了你的研究问题的信息。掌握了这些新信息之后,你就可以设计一些追踪问题,将焦点放在那些对你的研究问题有启发的那部分回答上。

例如,假设你很想知道妇女的地位在过去几代是如何变化的。如果你只依据自己对这个问题的认识去寻找特定的信息,那么你可能会误判已经发生的变化,至多,你只是基于自己现有的知识提出一些有关过去的问题。你了解得还是不够多,不能判断你对过去发生了什么的看法是否正确。尽管如此,你肯定知道人们过日子是一个阶段接着一个阶段的——孩提时代、上学、结婚、养家糊口、工作、退休、生病和死亡。你应该围绕生命历程的这些重要阶段提出最初的主要问题。访谈之初你可以声明你非常想知道妇女地位是如何改变的,然后就她们生命的每一个阶段发生了什么提出一系列主要问题。当被访者道出一些与妇女角色改变相关的信息后,你就应该进行追问以挖掘更多的细节。

又假设,你要研究一个组织自被某跨国集团并购之后发生了什么变化。如果你去设计一些主要问题,询问你以为的变化,诚然,你也许碰巧涉及一些要点并获得有价值的回答,但是你很有可能会错失那些当事人的观点。你可以换一种做法,针对你所了解的一般组织行为(比如新员工的招聘、培训、资源获得、预算、生产控制、营销和分配)设计若干主要问题。针对这些任务中的每一个,你可以让被访者比较组织并购前后他们所做的工作有何不同。当你听到他们提及有关目前和以往的不同时,就要由此深入下去以获取更多具体的信息。这样你才能够基于被访者对问题的理解而不是你自己的偏见来探讨需要研究的问题。

主要问题的扩展及延伸

主要问题并非从研究一开始就确定不移。你在对被访者所看重的东西有了较多了解后,可以增加一些针对他们提出的议题的主要问题——现在你明白这些议题以更具体特定的形式表达了你的研究问题。偶尔你还可能发现自己的问题远远偏离现实,这时你就需要完全变更它们,然后拿着这些新问题再去访谈。

Herb 目前正从事一项全国性支持组织如何援助地方团体改善贫困街区的住房和经济状况的研究。Herb 最初认为它们可能通过技术支援和培训来实现这种援助,所以他就此设计了一系列主要问题。但在试访谈中,Herb 发现,全国性组织现在更重视的是倡导政府为这些贫困街区提供更多经费,而不是由自己直接提供技术支援。因此 Herb 改变了关注焦点,扔掉了那些关于技术援助和培训的主要问题,增加了关注这些组织如何开展倡导性活动的主要问题。Herb 的研究问题仍然是全国性支持组织如何帮助地方团体,但主要问题却变为真实再现这些组织实际上在做什么事情。

如何表述主要问题

在响应式访谈中,对于主要问题的精确表述并不重要,只要你的问题引出的被访者的理解和经验能以某种方式与你的研究问题对话就可以了。有时我们提主要问题,尤其当我们紧张的时候,我们摸索着找一些字眼,而不是抛出一个清晰表达的问题,却发现只是提到某个话题——花旗银行合并,2001 年废除法(rescission),就足以让我们的被访者提供一个很长的、详细具体的和深思熟虑过的回答。

尽管这种摸索性的表述的确时有发生,但不值得提倡。更加精确的表述能够引导被访者表述他们自身经验的范围,同时又能让这些经验与你的研究主题相匹配。

设计主要问题的一些一般原则

首先,要确保你给了被访者机会让他们能按自己觉得合适的方式回答。访谈往往从比较宽泛的问题开始,它们比较容易为被访者按经验回答,同时又不会框定被访者的反应。

提出一个主要问题时,注意不要将你自己的理解或例子强加其中。这样做是很具有诱惑力(tempting),尤其当被访者没有及时回答,而你又想提供例子让访谈继续的时候,但是这种做法会限制被访者回应的自由。假设你正在研究家庭在约会、谈恋爱方面教给了年轻人什么,你根据自己的经历开始提问:"当我还是孩子时,我奶奶经常警告我在结婚之前怀孕是非常严重的错误。你的亲属有没有说过类似的话?"这个问题里面有很多假设,这会让被访者难以将自己的经验切合到回答当中。一个更好的提问方式是问被访者是不是就约会、谈恋爱和家人交谈过,如果回答是肯定的,就可以问谈了什么。

第二,多数时候不应该直接将你的研究问题塞给被访者。相反,你应该把它转化为从被访者的角度来说比较容易回答的问题。Irene 的研究问题是,机构在应付预算压力时是削减工作得以持续的基础性资源还是杜绝浪费(I. S. Rubin,2003)。Irene 没有直接问她的研究问题,而是设计出一系列主要问题,让被访者描述预算减少时发生了什么。在听到他们的一手回答之后,才进行一些追问,然后由 Irene 自己来判定被削减的东西对机构的工作是否重要。

另一个主要原则是尽量避免使用那种鼓励或只能回答"是"、"否"的问题。例如,如果你问:"你的上级通常对你公平吗?"你可能得到一个很快的回答,"是"或"不是",然后就是沉默。一个更好的表述是:"你能描述一下你在这儿工作时与上级的关系么?"这样提问,被访者就不可能直接用"是"、"否"进行回答,而很可能从多种角度来看待这种关系,还可能包括历时的变化,给你的将是一个更丰富的答案。

一个相关的原则是避免在主要问题中使用"为什么",即使你非常想了解某些事的原因。人们乐于谈论自己的经历,但是通常不知道怎么来回答较抽象的"为什么"之类的问题。通过询问他们的经历和反应,从你听到的东西里面就可以找到"为什么"。

尽量不要在主要问题里面询问意见,至少在进入访谈末段之前不要这样做。在开始的时候,如果你问有关意见的问题,人们会回答,然后整个访谈中他们都会试图跟自己说的东西保持一致,即使他们后来想到了矛盾的情况或微妙之处也会那么做。不要问:"在你看来,从你在这儿工作开始,组织有所改进么?"你可以问:"你在这儿的工作期间,你看到组织发生了什么变化吗?"如果你要问一个评价性的问题,尽量拖到访谈快结束时再问,在被访者告诉了你一定数量的例子和各种想法之后。如果你一定要在较早的时候就问这样的问题,尽量以一种比较平衡的方式表达,使回答能够包括好坏两方面:"你最喜欢你的工作的哪些方面,最不喜欢什么?"是一个比"告诉我你最喜欢自己工作的哪些方面"更好的主要问题。

简述你的主要问题,这样被访者才能做出回应

尽量别将你的研究问题作为主要问题,因为研究问题往往倾

向于表述得过于正式,而且通常用的是学术行话。你需要将自己的研究问题转换成一系列被访者能够回答的主要问题。这样做需要使用那些你的被访者能够识别的词汇、术语和概念,表述的方式应该鼓励被访者以他们自己的经验和认识为基础来回答。你可以通过参与观察以及阅读报纸或其他材料的方式学习这些词汇,然后向你的一般报告人询问那些你还不熟悉的研究场景的细节。在正式访谈前,你试着访谈一般报告人,让他们说出对你的问题措辞的反应。

主要问题应该是被访者可以根据他们的经验和知识进行回答的。在美国,人们怎么变老是一个宽泛而有难度的问题,但是,问人们年龄的增长给他们带来了什么变化,可能是引出对你的研究问题的回答更实用的方式。主要问题一般要避免别人怎么想或者如何感受。问一个女儿怎么应对她母亲日益衰老是可以的,但让女儿告诉你母亲感觉如何就不好了。

避免在你的问题中使用学术行话,因为那对多数被访都显得有些神秘。假若你是一个研究青少年行为的社会设计了一个研究问题,探讨差异交往(差异交往是一个念,它认为人们最频繁互动的群体对其价值观影响最大。)是如何影响青少年的娱乐选择的。但是,为了探讨这个研究问题,你不可以拦住一个 15 岁的少年问:"你能解释一下差异交往是怎么影响你的行为的吗?"绝大多数 15 岁的少年不会明白你说的是什么意思。相反,你可以问被访者,他/她是和谁一起出去,他/她与这个群体一起做什么,该群体成员认为做什么事比较酷。如果一些少年说他们与教堂的成员一起出去玩,他们在唱诗班练习上花了很多时间,进行巡游演唱是很酷的事情,另一些少年说他们与社区的大孩子一起出去玩,他们花很多时间学习挣钱,在法定年龄之前开车是一件很酷的事情,那么,你不必介绍那些学术行话,就已经在回答你的原初研究问题上有了一个起步。

表述宽泛的主要问题

表述主要问题的一个中心原则是尽量宽泛地开始,这样可以让你对主题了解得更多,然后当你的认识日益增多从而能够提出更狭窄、更特定的探询时,再来调整主要问题。在刚刚开始一个项目时,你可能需要去发现研究场景中发生了什么,了解问题的整个

背景,甚或去寻找你的被访者用以解释他们自己的世界的概念透镜。在此种情况下,你需要从一个比较宽泛的初始的主要问题开始,以得到所要的那种总体面貌。

初始的主要问题的一种主要类型叫做导游(tour),你建议你的被访者像导游一样,带着你走过他们的地盘(turf),并给你指出这一路上在他们看来什么是重要的。导游式的问题表述得非常一般:"能跟我说说你们在这做些什么吗?"或者"能跟我讲讲这个过程的步骤吗?"(多取材自 Spradley,1979,有修改)在一项关于教授如何获得学术研究资助的项目中,导游式的问题可以这样表达:"假如我要准备一项课题申请书,能跟我讲一下您是怎么一步步做的吗?"或者,如果你想知道有关教学的情况,你可以问:"能告诉我您是怎么备课的吗?"

导游式问题也可以有一些针对性。例如,你可以用导游式问题来进行历时比较。在对一所大学当前进行的经费裁减和 20 年前所做裁减的比较研究中,可以这样开始:"您能告诉我 1987 年进行经费裁减时发生了什么吗?"接着你可以针对目前状况问一些同样的问题。关于学生生活的研究中,宽泛的导游式问题可以这样问:"我对这所大学的学生生活非常感兴趣,您能跟我说说典型的一天(typical day)是怎样的吗?"一个稍微狭窄点的表述可以是:"能告诉我昨天你做了些什么吗?"这样的问题是为了得到在给定的文化场景下所发生的事情的概貌。

在对文化场景有了一个大致了解之后,你可以问一些目标更明确的导游式问题以弄清那些你觉得对理解这种文化很重要的更具体的事情,这些更狭窄的导游式问题叫做微型导游(minitours)。在学生生活的例子里你可以问:"能告诉我在一场典型的足球赛中会发生什么吗?"或者"一个典型的兄弟会聚会是什么样的情况?"或者干脆用一个略有不同的更为简单的表述:"发生了什么?""能给我描述一下在一个婚礼中(或者在板球竞赛或葬礼中或感恩节晚餐时)会发生些什么吗?"针对医院的医务人员,一个导游式问题可以这样问:"一旦有人被送到急诊室,这儿会发生些什么?"另一类用于微型导游的问题是:"你是怎么做⋯⋯?"例如:"你是怎样执行这项新法则的?"这种微型导游仍然允许被访者自由选择描述的内容,但它们集中在那些访谈者看来具有文化上的重要性的特定领域:对于理解学生生活非常重要的体育赛事或对了解医院文化非常重要的急诊室中的行动。

导游是表述初始的主要问题的最一般方式,还有很多其他宽泛的起头问题可以使用。例如,在评估项目的开头,你可以问一个宽泛的问题,如:"总体上讲,在这个项目或计划中你经历了什么?"例如,为考察政府与私营部门的外包承包关系,Irene 以询问经理们的相关承包经历来开始她的访谈。这样做给予了被访者充分的空间以提供或多或少的正面表述的例子。或者你可以问被访者在特定的一系列事件中什么是重要的。例如,在访谈女性负责人时,Chase 询问了被访者工作史中的精彩部分(highlights):什么是被访者认为重要的或成为职业生涯转折点的(Chase,1995)。通过这个办法,你让被访者指出了他们认为重要的东西。这些事情或现象预示着在接下来的访谈中要进行追问的问题。另外,接下来你可以问被访者他/她以什么标准来决定事情重要或不重要。

这些宽泛的问题鼓励了谈话伙伴为我们提供一个没有被过滤的、他们自己理解事情的方式,这样通常会引发非预期的话题。Herb 在要求他的被访者详细描述他们的组织如何进行游说时,听到了很多已经知道的内容,但是也有一个没有预料到的话题:支持同一个立法案的所有组织,会为谁是该立法案通过的促成者的名声而相互竞争。因为一个宽泛的导游式问题不会限制谈话伙伴能够说什么,Herb 的被访者讨论了他们与其同盟之间的争斗——他们世界中非常重要的一部分。对于 Herb 来说,这是一个新的观点,提示了他必须对其他被访者提出的很多问题。

另一种提出初始宽泛问题的方式是询问假设性例子的情况。Fine 和 Weis 使用了一个假设的例子来开始关于布法罗贫民面临的困难的讨论:"如果克林顿总统到布法罗来,这里有些什么事情应该处理,你特别希望他对此做些什么?"(Fine and Weis,1998:29)。

同样你也可以试试对比或对立性(comparison or contrast)的问题——让被访者将他们的经历分成对立的两部分,比方说最好的和最坏的,或者最喜欢的和最不喜欢的,然后立马追问是什么因素导致这些经历成为一个或另外一个极端。你也可以让被访者比较两个东西,如两种立法,两个事件,或者两个管理者或领导,或者对不同时间的情况进行比较:"能够跟我讲讲你现在居住的街区的情况吗?与你小时候成长的那个街区有什么相同或不同?"(Fine and Weis,1998:163)。

更有针对性的主要问题

很多访谈从很宽泛的问题开始,逐步发展到较有针对性的问题。如果研究者对要研究的背景和过程已经熟悉了,他/她就可以从有一定针对性的问题开始。这时,你设计出来的问题是为了得到回答你的研究问题所需要的特殊信息。

你的措辞必须足够具体以获得那些信息,但仍然要足够宽泛以让被访者能自由描述他/她知道的东西。在你知道了什么事情或概念可以描述被访者的世界时,你可以在表述问题时插入这些事件或概念。当你在问题中使用一些词语,像税收信用(tax-credit)、供得起的房子(affordable housing)、撤回(rescission)、调解法案(reconciliation bill)、税收支出(tax expenditure)或地块(plat)时,社区发展者、预算员或规划师很快就知道你对他们的世界很了解。研究者对事情非常了解的话,被访者更可能提供必需的细节(requisite detail)。

你可以问年代学问题:在某些特定的日子、时间、季节发生了什么,或某些特定事件发生于何时? 口述史中,你问人们做了什么或者是怎样应对(取决于研究者关注点的)著名事件的。如果你试图追踪某个特定的冲突,并且已经有了一个年代表,你可能想要找出每个步骤的具体内容:"在那封被认为带着秘密信息的信件被公开之后发生了什么?""当市长在市议会的会议上提出这个问题时发生了什么?""你私自造访市长时发生了些什么?"

当你通过研读背景或试访谈发现了某个过程所包含的阶段时,你可以就每个阶段问一些更有针对性的主要问题。这些阶段性的问题常常可以这样表述:"你能告诉我在……时发生了什么吗?"生命阶段包括儿童、教育、谈恋爱和结婚、工作、生孩子、生病和死亡。职业也可以分成不同的阶段:拜师学艺、往上爬、应付竞争者和对手、成为主管、放松退休。提这种阶段性的问题,你要一次只集中在一个时点上,然后再问被访者,接下来发生了什么。

阶段性问题是通用的,在很多研究中都可以使用。例如,研究公共政策的学者发现立法议案经过了以下阶段:最初提出、预备听证、修饰(markup sessions)、小组委员投票、全体委员投票以及两院投票,最后可能会有一个会议来解决两院通过的议案之间的差异之处。你在设计一系列有针对性的主要问题时,可以询问你所

关注的立法议案在每一个阶段的情况。例如："我发现会议委员会
（conference committee）放弃了议院议案中的一个重要部分。你能
告诉我发生了什么吗？"你可以针对每个阶段设计出类似的问题，
向被访者表明你已经看到（或得知）了结果，现在需要他们说明事
情是如何发生的，对他们又意味着什么。

　　将研究问题分成了不同的部分之后，你需要确定针对每个部
分都有单独的主要问题。在文化研究中，你通过初始的宽泛问题
（通常是导游式问题），来了解那些体现文化价值观的重要事件、仪
式和图标。现在你可以逐一地问一些更有针对性的主要问题：在
婚礼上发生了什么？四旬斋期间发生了什么？

　　项目逐渐推进，主要问题业已提出，你正在为你的研究问题建
构一个尝试性的答案。此时，而非此前，你需要设计一些十分狭窄
的、直接的确认性问题，以观察被访者对你正建构出来的阐释或解
释反应如何。

　　Irene 研究地方政府如何在明知不合法的情况下运转赤字。她
做了大量的背景阅读，进行了一些探索性的访谈（采用导游式问
题）。她将赤字发生前的一系列事情结合起来，包括限制了财政收
入的减税和增加了成本的工人罢工，每个事件都意味着一种可能
的解释。接着她设计了一系列确认性的主要问题，针对赤字之所
以发生的每种可能解释都问一个主要问题。在一个问题中，她让
被访者描述减税是如何发生的；在另一个问题中，她探讨罢工是如
何解决的。一旦得到叙述性的细节，她就问被访者这两件事情对
于赤字的出现产生了怎样的影响。注意，她的意见性问题是在访
谈的末尾才问的，在她已经引出了被访者对每个主要事件的描述
之后。

被访者对问题措辞的改变

　　有时，被访者在回答你的问题时会改变问题的表述，然后开始
回答改变之后的问题，而非你问的那个问题。不要因此而气馁。
很有可能被访者只是用他们自己的语言来表述你的问题——如果
你早知道如何做的话，这本是你该做的事。不过，有时你的谈话伙
伴有意改变主要问题的措辞，是在以一种礼貌、温和的方式帮助
你。你的被访者可能在告诉你，你误解了什么东西，或者在暗示
你，他们正试图回答一个相关联的但比你实际上所问的更有意义

的问题。当 Herb 的谈话伙伴不去回答他的组织如何与其他团体"一起工作"的问题,转而开始解释他的组织如何与其他群体进行"竞争"时,一条全新的询问路径向 Herb 铺开来。

探测性问题的目的与措辞

主要问题通过聚焦在研究问题的主旨上而架构起一个访谈。探测性问题通过调整回答的长度及详细程度,厘清不清楚的句子或短语,填补缺失的步骤,保持谈话不离题等方式帮助你控制访谈。它们可以帮助研究者将所说的话按照日期或时间顺序整理形成叙述,也可以通过将更可靠的、偏差较小的、有更多可信的证据支持的回答梳理出来组合成叙述。

你设计了一大堆(a warehouse of)可能的探测性问题,然后拣出访谈时你需要的。探测可以是口头的也可以是非口头的。口头的探测通常很简短,例如,"能多告诉我一点吗?"和"继续,这样就很好"。非语言的探测包括稍稍等候一下让被访者继续说下去,身体前倾表示你很感兴趣,或者急忙记笔记暗示被访者继续说下去。

调控对话

探测能够帮我们调控被访者回答问题的方式。有些探测可以向被访者发出信号,让他在某一点上扩展开来,提供更丰富、更详细的答案;另外一些探测则在谈话对象离题太远的时候礼貌地将他们拉回到主题上来。

要求继续的探测

一个继续性的探测鼓励被访者在当前的主题上继续说下去。一个继续性的探测可能就只是说"嗨,嗨,然后……",或者带着追问的语气重复一下刚才说过的话的一部分:"你在拍卖会上买的这些鸭子?"或者你可以说"然后什么?"或"还有……",以及在被访者继续前的停顿。

如果被访者自己打岔,导致不完整的思考,你可以通过总结或重复他/她说过的最后一句话的方式使其将那个思路完成。"之前,我们讲到了罢工,你说工会非常有趣(all absorbing)……"这就可以引出一个对于"非常有趣"的解释,或者他会对起初想法进行补充。在下面的例子中,MacCleod 重复了最后一句话,不过在前面加上了"你的意思是"。

> 被访者:开始,他们(他的父母)要我成为一个律师,从我去
> 　　　　Barnes 时就有这样的念头。但是我做不到。我想要一
> 　　　　个"动"的工作(that has action),我需要活跃。要我成
> 　　　　天坐在办公桌后面挣生活我做不到,这是不正确的。
> 访谈者:你的意思是,那是不正确的?(Macleod,1995:77)

如果你错误地重复了回答的部分——因为你的震惊或迷糊,你会使访谈偏离路径。例如,谈话伙伴详细描述了她与福利系统之间的问题,谈到福利官员忽略了坏父母(bad parents)。

> 被访者:青年和家庭服务部(Division of Youth and Family
> 　　　　Service)对坏父母无所作为。那些父母是他们应该调
> 　　　　查的,但是他们没有做。他们只是去追那些刚刚犯过
> 　　　　一个错误的人。你摆脱不了他们,你走到哪里他们跟
> 　　　　到哪里。
> 访谈者:他们跟踪着他们?(Fine and Weis,1998:202)

这个探测鼓励被访者继续说,但是它将谈话导向了回答中的错误部分。回答中重要的部分是福利机构关注错了人,而不是机构四处追踪人。一个更好的探测可以是"只有一个错误?"。

如果有人回答问题时罗列了好多项,但只对其中的第一项进行了评论,你就可以进行探测以获得完整的回答:"那,你刚才提到的第二项呢?"或者,如果遗漏了其中一个,你可以问:"我们跳过了骑自行车那件事,我们现在说说那个怎么样?"

要求细化的探测

要求细化的探测与要求继续的探测之间有些不同。要求继续的探测要求被访者继续说下去,但你不知道他们会说到哪儿;然而,要求细化的探测是希望就你从被访者所说的话里选出的某个特定的概念或主题得到更多细节或说明。

如果有人做了一个比较宽泛的评论,诸如"这附近有很多的冲突",这时你没有足够的信息来就某个特定冲突提出一个针对性的追踪问题(a focused follow-up question),你甚至不知道自己是否想就这个话题这样做。这时,你可以使用一个要求继续的探测,用短

暂的沉默或一个手势,来表示你想听到更多。另一方式是让他/她讲得更详细一些:"就像……?""能给我一个例子么?"或"能够多告诉我一点么?"或者你可以说:"这听起来很有意思,你能跟我说说那些冲突么?"要求细化的探测可以引出事实性的细节。记住下面这些公式化的表述:"例如……""能给我举个例子吗?""你能多告诉我一些吗?"和"关于……你能告诉我些什么吗?"不管访谈的内容是什么,你几乎可以在任何地方使用这些表述。

在下面的例子中,访谈者要求被访者细化他回答中的某一点,而特指(specificity)将一个继续性的探测转变为细化的探测。在对穷人童年进行研究时,Lois Fine 同 Virginia 进行了如下谈话:

> Virginia:我在 Dodge 和 Rollers 长大……在那个街区里。那儿
> 一直有个帮派(gang),我注意到虽然是同一个社区,
> 但是有些不同,这些帮派(在我们长大的时候)有一种
> 保护自身地盘或街区的倾向,但现在他们不再这样
> 做了。
>
> Lois:能够多讲些么,你说的那些帮派保护他们的街区是什么
> 意思?(Fine and Weis,1998:166)

"关于那个你能否多讲一点?"是一个标准的继续性探测,但访谈者紧接着增加了一个细化的探测,要求被访者解释某个点。

另外一个细化的办法是让他讲故事。"嗨,"你可以说"听起来,这儿好像有个故事。"或者你可以问:"是不是还有什么其他事情发生了……?"这两个问题都鼓励被访者提供更多的解释性细节(explanatory detail)。

表示关注的探测(Attention Probes)

一个表示关注的探测是让被访者知道你正在认真倾听,这通常会鼓励他们进行细化(elaborate)。作为一个关注探测,你只要表现得很感兴趣,或者说"嗯,我明白"或"非常有意思"。另一个问话方式是:"我能引用(quote)你刚才说的吗?"不管你需不需要许可,这都可以告诉被访者:"我用心听了,关于刚才那点你说得非常好,我想将它记下来,像你所说的那样使用它。"

澄清性的探测(Clarification Probes)

一个澄清性的探测要求被访者解释一下你没有听明白的地

方,比如混乱的语法或模糊的发音:"你说她不想去护士家。这是社工说的,还是你妈妈说的?"一个澄清性的探测可能仅仅是表现出迷惑的样子,问一句"什么?"或者说:"能跟我再说一次么? 我怕我没有听明白。"

澄清性的探测可能包括对重要细节点的检查。例如,当一个贫困社区的被访者抱怨警察的行为时,访谈者基于对贫困社区种族问题的敏感性,问了一个澄清性探测问题:"白人警察,黑人警察,还是两种都有?"(Fine and Weis,1998:34)。

有时,为了非常确切地知道被访者到底说的是什么,需要很多探测,像下面这个询问为什么穷人不参加街区俱乐部(neighborhood block clubs)的例子一样:

访谈者:你属于街区俱乐部吗?

被访者:街区俱乐部我是不会参加的。我完全讨厌他们的观点,我指的是,"让他们出去,踢他们的屁股",就……

访谈者:谁说"让他们出去,踢他们的屁股"?

被访者:隔我家几个房子的人,他们偏见得很。

访谈者:他们是白人?

被访者:是的。

访谈者:白人要将黑人赶出去?

被访者:就是这样。不管他们是好是坏,他们都不管。你知道他们可能是租客或房主。他们就让他们出去。(Fine and Weis,1998:47)

有时技术性的词汇比较陌生,或者一个过程的步骤没有被清楚地指出来。我们的同伴 Jim 问一个电脑黑客是怎么进入大学的电脑的,他得到了下面的答案:

他们不知道他们自己系统的安全程序,我们只是得到了那本书。我们读了,我试了试,就进去了。他看见我们了,我想。我们使用了一个账目已经被取消的家伙的 ID,他们问我们是谁,但是我们很走运,我们攻击了(social-engineered)它。他让我出去,我就出来了。我们除了进入之外,没有做任何事情,你知道,但那就是我们想要的。

Jim 接着使用了一个澄清性的探测:"你能再跟我说一次吗? 我想我还不明白你是怎么做到的。"

尽量少问一些关于技术的探测性问题,以免让你听起来像个白痴。如果你一定要问,让问题别显得太唐突(unobtrusive),顺便问一问就可以了:

> 被访者:那有几次 RIFs(裁员)很多持续的预算压力。I 局……
> Irene:I 局?(再说一次)
> 被访者:……信息局被重组。但是当他们这么做的时候,他们又遇到了一次预算削减。很难进行计划。公共经理人要进行长期的计划有很多的障碍。

操纵性的探测(Steering probes)

有时谈话脱离了轨道,你需要一个操纵性探测将谈话重新带回轨道。一个简单的操纵性探测是说"对不起,我让你转移了话题,你刚才说……"——在省略处填上话题转移前你们两个所在的主题就可以了。以前,Herb 曾和一位被访者就明尼亚波利斯的 Whittier 社区的政治斗争进行了一场对话。在 Herb 提到附近的 Farview 社区也发生了类似争斗时,被访者被转移到了另一个话题上。听了一会儿后,Herb 插话道:"不好意思,我刚才问了 Farview 社区的紧张状况,转移了话题,现在让我们回来,继续探讨 Whittier 社区斗争中的紧张状况?"这个操纵性探测一方面结束了关于 Farview 社区的讨论,另一方面又可作为关于 Whittier 社区问题的一个继续性探测。

根据分析预期必定要问到的探测

除了帮助我们控制访谈的结构之外,探测性问题同样可以用来获得信息,以满足对访谈材料进行后续分析的需要。顺序性的探测(sequence probes)可以将事件按照恰当的顺序排列起来,证据性的探测(evidence probes)可以寻找信息以帮助你决定争论中何方观点或者对某个问题谁的回答应该被更多地考虑,倾向性的探测(slant probes)可以为你判断被访者的立场以及如何解释他/她的回答提供线索。

顺序性探测(sequence probe)

使用诸如"你能告诉我事情是怎么一步一步发生的么"这类顺

序性探测,你可以得知事件发生的顺序——首先发生了什么接着发生了什么。你可以通过顺序性问题来发现原因,尤其是在被访者对事件的顺序模糊不清时。例如,在 Irene 对一个处于财政困境的城市进行的研究中,管理者指责工会,声称是工会的固执导致了一个花费高昂的合同解决方案(contract settlement),从而带来了很大的财政压力。为了考察管理者的解释,Irene 使用了一系列的顺序性探测:首先问财政最早在什么时候出现赤字,然后问工会合同的谈判是什么时候进行的,还有附加薪水和福利是什么时候出现的(came on line)(I. S. Rubin, 1982)。当她将这些材料与管理者的谈判策略结合起来时,她得出了结论:管理者为了应付财政压力,试图打败工会的抵抗,这使工会变得更激进并要求更高的薪水涨幅,而非工会的激进导致了财政压力。由此她找到了暗示因果关系的事情顺序。

有时你可能直接进行顺序性的探测,比如问:"那是什么时候发生的?"但是人们通常记不住细节,因此如果被访者不大情愿就不要强求具体日期。相反,你可以问一些在此前后发生的事件——那些你或被访者更容易确定日期的事件。Irene 已经听到了三个关于预算改革的日子。Irene 得知有个被访者记得改革就在他被雇佣的第二天发生,很自然,他记得那一天。

证据性探测(evidence probes)

你可能问几个人同样的问题,但得到不同的答案,如果可能,你需要找出谁的答案更值得信赖。证据性的探测询问的就是人们是怎么得知事情的,他们是如何得出结论的。

相对于来自大众知识、新闻故事、叙述性的读物或道听途说的答案,研究者通常会给予第一手说明和来自经验的答案更多的分量。因此,一个证据性的探测是询问被访者在这个主题上有多少一手经验。在一个关于政府裁员的访谈中,你可以这样问:"我知道你们部门参与了解雇政策的制定,你个人和这件事有关吗?"你也可以问这样的问题:"他在会上这样说的时候你在场么?"下面是 Fine 和 Weis 的例子,从中我们看到探测性问题可以评估即将得到的回答(puts screen on future answer),筛选出一手经验。

> 访谈者:你跟我说了你在小时候从继父和母亲那体验到的暴力,你个人还体验过其他暴力吗?

被访者:哦,是的,在街上。是的,我看见人们开枪,看见人们扣动扳机,就是那种你也可能碰到的暴力。

访谈者:你对这些事情是怎么反应的?(Fine and Weis,1998:63)

当我们使用证据性探测时,可以通过强调诸如"个人"或"你"这样的词语来表达我们希望知道被访者亲身经历的事情。

为了确认被访者的概括是否有证据支持,你可以礼貌地请他/她举出例子:"你说你的很多病人来自多问题家庭,能给我们举个例子吗?"或者你可以用其他得体的方式来问出证据:"你是怎么发现那些的?"

让他/她举个例子常常是比较直接的。如果你要进一步探测,就必须很有礼貌,因为要求人们证明他们所说的内容会令人有些不快。在听到一个概括之后,你可以问:"发生了什么,会让你这么想?"例如,一个教授说"学生在进入大学时素质不再像以前那样高了(less well prepared)",你可以试探着问:"是你印象中有具体的例子,还是从大体上这么说呢?"如果有人告诉你一些不可思议的事情,你可以笑着说:"你是在开玩笑吧,太野蛮了,不可能是真的。"这样就礼貌地引出了进一步的证据或否定:"不,真的,我亲眼所见。"或"啊,我夸张了一些。"另一个获得证据的办法是请被访者一步一步"转播"事情的发生过程或其所说的内容,就好像那些事情已被录制下来。如果被访者告诉你"她让我开始找另外一份工作",你可以问:"她是怎么说的,你记得么?"或者"准确来说她说了些什么?"

倾向性探测(slant probes)

倾向性的探测帮助你找到人们看问题、解释其世界的透镜。一个劳工组织者可能对管理层有偏见,而管理者也看不到劳工组织有什么好的地方。如果被访者表达了强烈的意见,但是没有经验根据,你就得小心答案可能是有偏差的。如果你得到的是一面之词,其中只提到好处或坏处,就很可能带有倾向性,尽管有时候倾向性没有那么明显,你也需要进行仔细的检查。这样做时,不要让你看起来像是在质询一个不道德或思想狭隘的人,倾向性探测措辞时一定要尽量礼貌,你可以问:"对于这个(主题)你感受怎么样?"或者"这个(事件、人)让你感受气愤吗?"

　　有时被访者会以某种强硬的口吻表达潜在的倾向或者偏见——"他们希望黑人民俗没落"，然后停下来等你的反应。一个困惑的表情或者紧跟着一句"真的?"或者"是这样吗?"，通常就会鼓励那个人继续和解释，或者对他/她的倾向进行合理化。在这种情况下一个更加明显的倾向性探测可以是："你是说市中心真的希望黑人民俗败落?"如果答案仍然是"是"，那么被访者对于市中心的态度就很可能具有强烈倾向性，其回答不一定是错误的，但所带的意见过于强烈以至于可能影响其他回答。

　　对于探测性问题我们总的建议是，尽管这类问题不难表述或提出，但你不能对什么事情都进行探测，以免过多关注细节而对重点关注不够。太多的探测会影响谈话的连续性，让被访者感到烦躁，让人感觉你有点高人一等(patronizing)。比方说，你完全没有必要在每个回答后都说"非常好"。记住，一个好的访谈是由数量相对平衡的主要问题、追踪问题和探测性问题组成的。由于探测性问题很容易提出，因此即使是经验丰富的访谈者在更合适追问的地方也会使用探测性问题。如果你发现自己这样做了，努力减少你的探测性问题，认真听，找准你需要进行追问而不是探测的地方。

结　论

　　有了主要问题和探测性问题，你应该可以得到那些组合起来即可以说明你的研究问题的相关回答了。这些回答应该比较完整、清楚并围绕着主题，你也应该对给予每个回答多大分量有一定的考虑。你所听到的内容是不会自动做出解释的。一些你不明白的新问题会产生，或者是已有回答中背景信息不够，你无法找出最重要的概念和主题，或者是你不明白概念和主题是怎么联系在一起的。你可以通过追踪问题达到这种深度并理解你的被访者提出的问题和观点。我们将在下一章对如何展开追问进行介绍。

9

准备追踪问题

当你觉得被访者提出的某些观点、概念、主题、事件或问题与研究问题相关时，就可以提出追踪问题以挖掘深度和获得理解。此外，追踪问题能够保证访谈所获得信息的平衡与完整。追踪问题还能帮助你探索非预期的回应，帮你在最初的回答过于简单、概括和刻板时得到更精细微妙的回答。一些追踪问题是根据同一次访谈中提到的有意思的话题而临时设计和提出的。另外，你也可以在访谈结束之后，仔细检查访谈记录，找找有没有其他可以进行追问的地方，然后在后续访谈中提出这些问题。

在访谈中对什么进行追问

在访谈中要认真倾听，如果你听到了过于简化的回答、新观点、有关联的故事，或者发现某些信息遗漏了，就可以试着进行追问。关键在于一旦访谈中出现这些情况，你要能立即意识到。

过分简化

在听到过于肤浅的回答（针对主要问题）或者太过强硬、简单或宽泛的概括时，你就应当进行追问。比如，你听到一个类似于"大多数情况下，通过内部渠道我们能提供的服务比外包给私营企业更便宜"这样的结论，如果你觉得这种评论太过绝对就可以追问："你们是如何使价格变得更便宜的呢？"或者"什么时候外包给私营企业才会相对便宜呢？"再或者，为了得到更多细节信息，你可以直接追问："你能举一个例子吗，什么时候即使通过内部方式提供服务便宜，你们仍然不得不外包给私营企业？"

新鲜观点

如果被访者提出了某些新观点、意料之外的主题,或者与你从其他访谈中得出的结论相对立的观点,你就可以进行追问。在 Irene 关于外包的研究中,一个被访者被问及有没有什么服务(function)不适合通过外包来获得,他认为通过外包获得律师服务是错误的,因为可能存在利益冲突。但此前的被访者都声称没有什么不适合通过外包来获得的。这时,你就可以通过探究利益冲突这一观点来追踪这一对立。你可以问:"除了律师服务之外,还有什么其他专业服务也可能存在利益冲突吗?"或者你可以要求对方提供一些例子:"这只是一种假设的可能,还是你听说过律师间存在利益冲突的案例,如果你知道这样的例子,能跟我讲讲这些例子吗?"

遗漏信息

如果某个事实、事件或解释看起来被有意忽略了,或者只是有所影射但并未展开,你就需要对这些点进行追问。要想找出这些缺失点,你需要对这个话题做背景考察。例如,在 Irene 的一个访谈中,她问一个在职多年的市长,为什么制定预算的过程发生了改变。市长给了很多理由,但是唯独没有提到资金紧张这一项,而这个原因在相关研究文献中经常被提到。Irene 立即追问,"我注意到您刚才提到的原因中没有财政紧张这一项"。市长回应说,之所以忽略财政紧张是因为市政职员总是在处理资源匮乏问题,因而它的存在没有影响。他的这个忽略是有意的,而他的解释为 Irene 的发展模型(developing model)增加了一个新的主题,对持续存在的问题与插曲型(阶段性)问题进行区分。

故　事

另一个进行及时追问的线索是听到与你的研究问题似乎有关的故事时。你需要确保自己完全理解故事的潜在主题和寓意。讲故事常常是为了间接地传达某种信息(Boje,1991;Boje,1995)。故事也能提供一些非常生动的论述。

在进行追问前,你要意识到对方在讲故事,然后,等待故事讲完了再提出问题。被访者会通过一些话或动作告诉你他即将给你讲个故事，或者跟你说"听我给你讲个故事"，或者设置一个让你似乎入戏的情境。有时故事可能很短，而且是在没有任何开场白的情况下讲的，因此很难在访谈过程中辨认出来。不管怎样，要想意识到故事的存在，就必须注意观察或聆听具有以下特点的内容：

1. 故事讲起来通常会很流畅，几乎没有打结和重复迂回的情况，因为被访者可能已经将这些故事讲过很多遍了，所以他们非常清楚故事的主线。

2. 故事可能讲得像探险一样，诸如我祖父母怎样一无所有地从古老的乡村走出来创立一番事业，或者 Herb 和 Irene 在泰国怎样遇到并成功摆脱喜马拉雅黑熊泰迪。

3. 较长的故事通常会被认真地安排（structured）。它们可能以时间或场景开头，介绍人物，描述一些事件或复杂性，然后给出一个解决方案。并不是每个故事都包括所有这些元素，但如果连其中一些要素组合以及戏剧性的事件都没有，（那么一段叙述）是故事的可能性就不大。

4. 故事常常以一些令人难忘的符号或凝练的、概括性的形象作为标志。这些符号或标志往往传递着大量的情感和复杂的意思。

5. 故事也可能以讲话语调的变化作为标志，简短而不完整的句子被高度雕琢的观点所代替，或者被访者舒服地靠坐在椅子上，居于中心位置，并开始大段的描绘。

6. 有时候访谈者提出一个问题后，得到了一个扩展的回答，只是看起来有点答非所问。问题与回答之间的断裂可能就提示着被访者正在讲故事。

在 Irene 的一个关于机构如何运行的访谈中，报告人没有回答 Irene 提出的问题，而是讲了一个与他的毕业论文有关的故事。两者之间的断裂如此之大，使得 Irene 意识到他刚才应该是在讲故事，如果她听得足够认真也许就能抓住一个主题。他的故事讲的是他没能得到由总审计署（GAO）颁发的论文研究奖，而此前他听说所有申请者都可以得到这个奖项。但是几周之后他被告知没拿到奖，当他四处打听自己的论文为什么没有得奖时，他发现原因是他论文的题目被该机构认为风险太大。他对故事进行总结时说，GAO 是一个很谨慎的组织。这个故事中被访者介绍了一个新概念,将研究者的注意力引向了它,与此同时还做出一番评论并为其提供了证据。Irene 借机进行追问,以更加详细地探讨"谨慎的组织"是什么意思,找出谨慎表现在哪些方面,弄清为什么有的组织比其他组织更谨慎。

为以后的访谈准备追踪问题

不管你在访谈中有没有追问,访谈结束后,你都应该仔细检查访谈记录看看有什么地方需要进一步挖掘,找出那些需要对概念进行厘清,或者对主题的意涵进行检查的地方。另外,你也应该找找那些由被访者介绍了观点但缺乏足够信息的地方,然后进行追问以把它弄通透。

对概念进行追问

通过深入探索被访者平常用来描述他们世界的概念,可以知道他们的生活及世界的核心特征、规则、目标以及价值。首先对访谈进行回顾,看看有哪些被使用的概念及暗含的观点需要进一步厘清。如果发现用到了技术性的词语或者日常词汇被特殊地使用了,问问自己搞清楚这些词语对被访者的意义对于回答你的研究问题是不是很重要,还有,这些词语是不是超过了通常的用法,如果确实如此,就可以准备好追踪问题。比如"废除"这个词语,你可以在字典(或者关于公共预算的文件)中查到它的字面意思,但如果在阅读访谈记录时你发现被访者对该词的使用可能超出了字典定义的范围,你就可以对附加的意思进行追踪探索。

有时你的被访者会使用一些很普通和常见的短语,以至于你难以马上意识到它可能是个重要概念。在就城市预算进行研究访谈时,Irene 听到了"底线(the bottom line)"这个常用词,但根本没有多想。直到后来重读访谈记录时她才发现"底线"是个商业用语,作为会计词汇并不适用于政府预算。这个用于私营领域的词汇在公共官员的词汇及世界观里充当着怎样的角色呢? 这点洞察意味着可以设计出两套不同的追踪问题:一条线索是探索这个词在公共领域组织中的意思;另一条是找找是否有其他私营领域的概念被引进到公共部门,如果发现有,就检查看看它们的意思发生了怎样的变化。

在仔细回顾访谈时,你也能发现一些对方没有明确说明但现在你觉得有必要进一步追问的概念。这些观点通常在整个访谈的不同片段中被提及。例如,一位妻子在访谈的不同部分抱怨到:她丈夫不理解她的需要,不听她的话,不珍惜家里的钱,经常在外面待到很晚。只要回顾整个访谈,你就会发现其实这些分散的观点紧密相关,并可用"婚姻紧张"这个词进行标注。这样,你就可以继续追问,看看这些刺激因素到底严重到什么程度,或者有没有被(她丈夫的)甜蜜、体贴的行为所抵消。

区分主要概念和次要概念

也许你很想对被访者使用的每个概念都进行认真的了解,只可惜你没有时间,而他们也会感觉到厌烦。因此,在进行追问前,你必须判定这个概念是次要的技术概念(可以从网上或书上查到的),还是能够帮助你对某种文化进行解释,或者为你的研究问题提供缺失材料的重要线索。

有些技术概念初看起来不重要,但是一旦认真追问,你就会发现它们有着更宽广的意味。如果有人要就厨艺对 Irene 进行访谈,他们会得到很多概念,如 Tortilladora(一种用来做墨西哥烙饼的擀杖),或者不同食物脱水器的细节。从这些概念本身来看,并不需要辨析,因为它们只是对机器的简单描述罢了。但如果你对 Irene 提出一个追踪问题,比方说,你问她什么时候,或者为什么买一个这么大、这么贵的脱水器,你就会知道,买这些东西只是 Irene 得了心脏病后的反应之一,因为从那以后她决定要吃健康、可口的食物(Herb 把该决定叫做积念(obsession))。这样你就知道了 Irene 的某些重要事情,以及烹饪在她生活中的意义。同样,对消防员来说,环型供水主管(looped main)只是一个技术术语,表示水可以通过两条不同的途径到达相同的地方。但如果对这个词语的意思进行追问,你会发现这个词还带有在紧急时刻的额外能力的意思,一种用来应对由于持续不断地应对生死问题而带来的紧张的安乐毯。

怎样区别次要的技术性概念与能够帮助你解决研究问题的重要概念呢? 一个办法是寻找访谈的模式(patterns),另一个办法是认真对待那些在被访者看来很重要的条目,这种重要性可以从它们的花费或代价(食物脱水器,将水管轧成环状),或者从访谈对象试图得到或回避它们时所做出的努力程度,或者从提及这些事物时所激发的情绪等方面看出来。

Irene 曾经访谈过一位心脏病病人，问她丈夫怎么应对她的疾病。有一天该被访者提到，那段时间她每周都要做一次指甲，她说丈夫一点也不介意，尽管花费很大。做指甲本身显然没什么意义，但在当时的情境下，这告诉 Irene：这个女人的丈夫正迁就着他的老婆，并不吝惜钱，他知道自己的老婆病到了怎样的程度，并且接受了这样的事实，很想通过一切可能的办法哄她高兴。这里有两个概念可以追问下去：一是对疾病严重程度的接受，二是迁就。"迁就"这个概念更为明显，因为它就是与该被访者进行的其他访谈中出现的模式的一部分。

尽管选出重要概念很难，但有时它们会直接跳出来。举个例子，我们同事 Jim 在一个监狱里做访谈，一个囚犯在回答有关监狱生活的主要问题时说无聊是他面临的最糟糕的问题，Jim 追问到：

Jim：你在监狱里通过做什么来使生活变得不无聊呢？

囚犯：如果没有工作安排的话，可以加入一些团体，和同伴一起打牌、去锻炼场、喝酒、参加美国青年会、或者在囚房里躺着看电视。

大吃了一惊，Jim 试探着寻求更清楚的回答。

Jim：呃，"喝酒"？你刚才说"喝酒"？

囚犯：是的（笑），喝酒。就是喝酒。

Jim：就是"喝酒，喝酒"？像……

囚犯：就是喝酒，豪饮，烈性酒，啤酒，酒精，知道吧？

Jim：（笑）

囚犯：你获得新闻了吧，你在外面能得到的任何东西，我们在里面都能得到。

在监狱里喝酒这个概念非常突出，不仅因为它让人感到吃惊，还因为在监狱要搞到酒所需要付出的努力。

对主题进行追问

在对前面的访谈进行回顾时，如果看到有些主题出现了但未得到任何具体解释，这就需要使用追踪问题。某些主题可能反映出人们的感受如何，例如，人们可能对婚礼仪式感到紧张，或者新的立法建议可能使安居工程的行动者担忧起来。其他主题则可能解释为什么有的事件会发生:因为白宫的施压,预算部门歪曲了他们的业绩报告。主题能够呈现出如何将两个或多个概念进行关联:举办婚礼会增加紧张感,来自白宫的压力(压力是个概念)迫使机构歪曲其业绩报告(歪曲是个概念)。

有时你能够在访谈中发现主题,但就像概念一样,它们更容易在事后回顾访谈时被发现。下面的例子里,Irene 对一个主题进行了立即追问(虽然问"为什么"通常不是个好的提问方式,但在这个例子里没有造成损失):

Irene:为什么会发生这些(预算)改变?

Pat:1960 年代末发生过一次预算困难,私人企业的人在议会上说,他们以工业管理学的办法处理这类问题。我们深入研究后发现,很明显我们也需要注意效果,而不仅仅是效率。PPB(program planning budgeting system,项目规划预算系统)在 1960 年代末盛极一时,所以我们采用了它。

Irene:你们并不是"五—五—五"城市之一,对吧?

pat:不是(他说了一两个他记得起来的,Irene 补充了一个),这其实很大程度上取决于国家的大势。联邦政府开始使用 ZBB(zero-based budgeting,零基预算)时我们也采用了。市议会的人员问过我们是不是采用了它。

　　劳动关系对 MBO(management by objectives,目标管理)的采用作出了贡献。那也是一个全国趋势。以前我们有过工会,但那是在 1970 年代中期,在我们发现它的存在、开始进行集体的讨价还价之前。我们通过了一个会议和协议,通过这个,管理层的工资与集体协商捆绑在了一起,帽子扣在效益增长上。他们问:"你们为什么不控制管理层的薪酬?"答案是依据绩效确定报酬,经理们可以得到 0 ~ 10% 的增长,这就对管理层的工资进行了合法化。

上面的交流,被访者在对主要问题的回答中,通过重复说明不同情境下的改革情况表达了主题:该市采用项目规划预算系统,是因为它在 1960 年代风行一时,当联邦政府开始使用零基预算时他们也开始使用,开始使用目标管理也是因为这是全国趋势。被访者甚至会说"很多这类变化都是全国趋势使然"——对众多例子给出了自己的归纳。要是访谈者在重读访谈记录时竟会丢失这个关于"跟风"主题的陈述,那他/她肯定是睡过去了。这里也有一些非预期的子主题,例如,管理层的工资增加是因为工会施加压力要提高普通员工的工资,而管理层工资的提高又需要冠以合适的名义,或者说,以绩效的方式对其进行合法化。在后面的访谈中,这些主题都得到了更进一步的探索以获得足够的深度。

有时能意识到一个话题是因为被访者几乎已将它喊了出来。在一个访谈中,Irene 问合同中的串通勾结是如何产生的,她没有得到关于勾结的答案,得到的是:"其实存在大量腐败,只是没人揭发罢了。工人补偿金诈骗、警察(包括州级狱警)和消防员的腐败都是例子。"分析这段话你就发现了这样一个观点:日常事件中存在很多腐败,只是没有人去查找。这就告诉 Irene,她要更为详细地探讨什么内容。

在探索某个具体话题时,首先应该努力弄清楚它的意思,可以尝试通过寻求例子的方式:"你能想到其他腐败么,除了工人补偿金诈骗外?"接着确保自己理解主题中各术语的意思,以及这些术语是如何互相关联起来的。在这个例子中,主要术语是腐败和揭发。在确切地理解这些术语的含义后,你可能想探索它们是如何关联起来的,甚至会进一步追问:是不是有些腐败被揭发得很多,但是另外一些则很少甚至从没被揭发过?是什么东西使得有些腐败被人注意?是不是被揭发得多了,腐败也就少了?是不是因为腐败的普遍性,使得它相对难以被发现?这种关系究竟是如何运作的,像被访者认为的那样?

一旦你知道了这些主题的含意,就可以探索其证据的可靠程度:"在当法官那会儿,你遇到过这种诈骗么(用其他的话说,就是根据第一手经验你能告诉我些什么)?"有时候你可以直接问:"你是怎么得出这个结论的呢?"或者"是什么让你这么说的呢?"如果被访者能够接受一个中等程度的质疑,你可以问:"我们怎么可能知道这种腐败到底有多少呢?如果真的只是缺乏揭发的话?"

最后,你可以提出几个问题检查一下对主题进行概括的局限性:"在哪些情况下日常腐败会比较多或比较少?你曾经工作过的地方有没有日常腐败较少的?"如果得到的答案是肯定的,那么你可以追着问:"在那种情况下是什么因素使得腐败比较少呢?"注意,直接问被访者的结论是不是可以适用于所有情况是不恰当的,因为他/她不可能从一手经验中得出这样的结论。但是如果被访者在一个以上的地方工作过,你可以让他/她比较这两个地方的腐败程度。在向其他人(而不是最初提出这个主题的被访者)问这些问题时,你应该首先问他们是否同意存在日常腐败,因为一个被访者看到的东西,其他人不一定看得到,或者看到了也可能不愿意谈论。

例子:对主题的追问

假设你正在询问医生有关顺从的问题,也就是,病人是否以及在什么情况下会听从医生的建议。你已经问了被访者他们所知道的有些病人不按时吃药的原因。有的医生告诉你有些药有副作用,从令人烦躁到很严重,病人为了避免这些副作用而停止吃药。为了探索这个主题——医生认为副作用是导致病人停止用药的原因,你可以问他们所谓"严重的副作用"是什么意思,哪些类型的副作用会使病人停止用药。

如果你想获得更多证据以支持这个主题,你可以问医生是怎么发现病人已经停止用药的,或者病人是否有途径报告药物的副作用。如果发现根本没有系统的途径帮助医生去了解轻微的副作用或者病人没有吃药的情况,你就可以对他们做出此类概括的根据进行质疑。

为了检验该主题概括的适用范围,你可以问过度依赖,即不管合不合理医生怎么说病人就怎么做的情况,例如,药物使他们发晕或呕吐,或者根本不见好转;或者你可以问病人不顺从医生的其他原因。你可以多问一些医生,有的医生的病人要穷一些,有的富裕一些,有的病得厉害些,有的健康些,看看医生们给出的病人不顺从的原因是否一样。

对主题进行追问往往需要一系列问题,你接下来要问的问题取决于你刚才听到了什么。你可以准备好最初的追问,但是访谈走到什么地方常常是无法预期的。假设在一个评估项目中,你问一个贫困社区的人们,新的门诊部开放之后,基本卫生保健方面发生了什么变化(你以一个比较型主要问题为开端)。被访者告诉你,他们现在去门诊部而不是去医院的急诊室。这意味着新门诊部的开张减少了急诊室的使用。你要进一步对这个回答进行探索,因为减轻急诊室的使用是开设门诊所预期得到的效果。

由于你已经知道主要术语的意思,所以第一个追问可以直接探讨其中的机制:"新的门诊部的开设是怎么减少急诊室的使用的呢?"你也可以问一个宽泛些的问题,让他们比较一下以前在急诊室得到的服务与现在在门诊部得到的服务之间的异同。或者你可以接着对方的回答,进行具体的追问:门诊部更长的营业时间或者免费提供药物对其是否具有帮助。你也可以让对方做更细致的比较,如:"在门诊部,服务速度是不是比在医院要快?"或者"门诊部的护士是不是要比医院急诊室的友好?"记住,只有在你有了一些关于门诊部运作的背景知识(包括药物免费、营业时间长)之后,你才可能进行这样的追问。

对与研究问题有关的主题进行追问是重要的,但不需要对每一个你听到但难以充分理解的主题都进行追问。假设你在对学生的宿舍生活进行访谈时,发现楼里面声音过大是一个特殊问题。在他们的回答中,被访者可能会提到某些歌手或乐队。你最好别追问学生们听到的音乐如何,以免把你对宿舍的研究这条主线给迷失了。然而,你可以通过问他们在宿舍太吵的时候是否有地方学习,或者是否有规定限制这种吵闹的音乐,来看学生们是怎么适应这么吵闹的音乐的。你可以问这些规定是否被强制执行,或者当有学生向宿舍管理员反映问题时发生过什么。追问必须能够使你不断靠近对于研究问题的解答。

为了透彻而追问

透彻并不是说要对任何事情都进行追问,它是指你不要让主要线索悬置着,让一些观点处于不完备的状态,或者主要概念还没界定好或没有解释清楚,或者没有能找出解释主题的机制。透彻需要对多种可供选择的解释以及对你的先见构成挑战的材料进行挖掘,它意味着对主要的空白、缺失的信息、论证中的缺失步骤以及序列中的缺失事件进行填补。缺失的到底是什么,各个研究有所不同,下面是一些关于我们应该倾听的内容的建议,这些你应该听的东西意味着你有必要进行追问。

局部性的叙述与仅简单提到的故事

当叙述不完整时你应该进行追问。比方说,你只听到一次打斗的一半,或者某些重要的步骤看起来缺失了。如果在一个访谈中,有个官员吹牛皮介绍自己是如何将一个购物商场引进到该镇来的,你可以问他,这个项目最初是谁的想法,是否给了补贴,与商场开发商的协议内容怎样,然后看看里面是不是有矛盾的地方。

有时被访者会提到一个故事,但只是给你一个标签并没有真的将故事讲给你听。如果这个故事看起来对应着一个即将诞生的主题,你就很有必要对其进行追问。也许,你访谈过市长是怎样来应付发展商的,如果被访者不经意地提到了"桌下的信封",那么,桌下的信封是什么? 被访者在这里所指的故事是什么? 是不是存在贿赂? 市长是否受贿呢? (这些都是可以追问的问题)

矛盾不定(ambivalence)

如果被访者的表达矛盾不定,其背后往往有某种尚未触及的解释。在前面 Herb 的访谈中,社区发展者有时说抗议行动是很好的,有时又说它们是非常有问题的。Herb 追问他,什么时候抗议是合适的,什么时候带来的坏处比好处要多。通过这样的追问,就可以知道倡导策略是如何小心地制定出来的。

被提及但未被界定的概念

有时被访者会使用一些不常用的概念,或深具启发性的概念,有时还会变换你所使用的术语,但都没有给出更多解释。在一个访谈中,Irene 问被访者是否会有一些投标人互相勾结以获得为城市提供服务的合同。被访者说没有,不过存在"加强优势"的情况。这个概念没有被界定,Irene 不得不进行追问以弄明白它说的是什么。她发现,所谓的"加强优势"是指,有良好记录的地方公司在竞标过程中有着显著的优势。

已被界定但是缺少例子或解释的概念

经常会有些概念看起来很明显,但缺少细节和例子,这很值得追问。Irene 某次在华盛顿做访谈时,被访者提供了这样一个概念及其界定:"我们在这个桌子上创造了赤字的锁箱(lock box)! 这就是赤字削减信托基金。这是一种会计花招。"被访者将锁箱界定为赤字削减信托基金,但是没举出例子来,Irene 不知道它是什么意思。被访者说(得意洋洋地)锁箱就是在这张桌子上做出来的,接着又说那只是一个会计花招,让它看起来像某种不该拿出来吹嘘的东西。为了搞清楚其中的意思,Irene 必须进行追问以得到更多关于"锁箱"的细节。最后,她发现有些预算改革并不是真的,而是象征性的,这成为其作品中一个非常重要的主题。

隐含而未道出的概念

有时被访者会在话里隐含某个概念,但是没有把它说出来,需要你对它进行追问。在下面的例子里,研究者已经讨论了专项资金(即为某一特定目的划拨的钱)怎样影响政府部门的工作量:"在 INS(Immigration and Naturalization Service,移民局)各种费用的用途是指定了的。如果费用和工作量之间的关系可靠,那就没问题,但并非总是那样。'使用这种方式或那种方式'的优势是什么? 这是一个未知的领域,我们还需要深入研究。""这种方式或那种方式"说明还存在将工作量与费用联系起来的其他不知名方式,只是没有被具体指明。你可以通过下面的问话对这些还不知道的技术进行追问:"工作量和费用之间的关系怎样才能得到改进呢?"或者"除了现在所用的办法,还有其他方式解决这个问题么?"

缺失的中间状况

对于大多数的被访者来说,描述一个连续统时,指出它的两极要比谈论中间比较模糊的部分容易很多。人们常常将自由企业原则和政府管制对立起来,忽视了很多甚至大多数案例都是处在中间状态的。为了探讨这种模糊的中间状况,你应该问一些处于中间状态的案例,比如,受控产业(regulated industry)或享受了特殊税收政策的私人公司。

没有回答或回答得很模糊的问题

在对访谈进行回顾时你会发现,有些你觉得很重要的问题只得到了部分回答,尤其是针对争议性问题的提问。这种情况下通常需要进行追问,但必须找到适当的追问方式,以免显得太过无礼。

在早期的访谈里,Herb 得知在他所研究的住宅供给组织中,有些只承担为极端贫困居民服务的项目,而有些组织则努力争取项目以帮助低收入的工人阶级(收入比极端贫困者高)。有个被访者提到这些相互竞争的组织曾经联合起来为一个主要法案的通过进行游说。Herb 在想,这些组织之间的理念鸿沟是怎样消除的呢?

> Herb:我该怎么说呢? 似乎不太好表达,你看,你们联盟内的成员服务的目标人群经济水平并不同。

被访者:关于这个的确有过很长时间的有组织的讨论,并且最后
　　　　也达成了妥协,最后的立场是经过协商产生的。呃,但
　　　　确实有人,呃,有的组织对为收入较接近中等的人服务
　　　　感兴趣,有的人更多地站在低收入群体这一边。

Herb:嗯,呃。

被访者:在这个问题上也存在分歧,呃,不过也,呃,解决了。
　　　　就是,这种新的产物在什么程度上,保持到什么程度。

Herb:呃,嗯。

被访者:或者说是一种混合吧。什么混合呢? 是那两类我认
　　　　为很满意地解决了的主要问题。

被访者明白各个团体之间的不同,并且提示他们之间有妥协,
但没有为我们提供任何关于妥协内容的线索。缺乏细节(经常来
自比较外向、愿意表达的访谈对象)使 Herb 猜想这后面一定存在
很有意思的故事,所以他进行了追问。他让来自不同组织的人分
别描述谈判过程,问他们每个人为什么做出某个妥协。

追踪问题怎样措辞

追踪问题的表述需要一定的练习,因为要说的东西取决于被
访者所说的内容。这一节,我们会提供如何开始追问的指导原则
和示例,直到你找到自己的套路。

表述追踪问题的一些原则

追踪问题一定要直接反映被访者说过的内容。如果是在同一
个访谈中进行追问,你要总结一下对方说了什么,然后提出你的特
定问题;如果是在后来的访谈中进行追问,你应该在问题中包含以
往访谈中对方说过且引起过追问的部分内容。为了追踪前一次访
谈中没有问到的信息,Irene 这样表述她的追问:"你上次说,你们准
备了一些材料来帮助回击(公司的)裁员的决定。你们准备的是什
么呢?"

追踪问题不仅要反映出你在听被访者说话,还要表现出你明
白他们的感受。像下面的例子所显示的,对内容进行追问相对容
易,对情感的追问则比较困难。

访谈者：你父亲过世时，你的感受如何？

被访者：我都崩溃了，情况坏极了，好些天睡不着，缺了好几个
　　　　星期的课，经常哭。

访谈者：过去几年你们家有人过世么？

这个追问听起来很有逻辑，但是它忽略了被访者回答中的那种痛苦感，这种感情被如此无情地掠过了。这样，访谈者就错过了对悲痛的影响及其控制这一主题的探索。好的追问应该紧扣材料。像"那你会向谁诉说你的这些感受呢？"这样的问题看起来就比较富有同情心，而且可以鼓励被访者进一步细化悲痛的概念。

在追踪问题中，尽量避免使用"为什么"这样的问法来寻找事情的原因。"为什么"是一个正确的英语词汇，但是它太抽象了，可能会导致被访者不知道如何回答。间接提问的效果会更好一些。例如，你可以问"你有没有想过，是什么引起这场争斗的呢？"（问题的意思是，为什么争斗发生了），或者"是什么因素导致赤字的增加呢？"（意思是为什么会出现不断增加的赤字呢）。问"你什么时候辞职的，是什么让你走到这一步的呢？"和问你为什么放弃工作是一样的，但可以避免使用"为什么"。有一些词汇可以替换"为什么"，包括（不止下面这些）"什么影响"、"什么导致"、"什么推动"、"什么塑造"了那些你所感兴趣的东西。

另一个避免直接使用"为什么"提问的办法是到被访者的话里去寻找因果陈述，例如，"他打她，因为他非常不自信"或者"他们削减了我们的预算，因为他们认为我们在玩党派游戏"，然后提出其他可能的原因让被访者回应，从而实现追问。例如，通过提出"也许是因为她有时会因他不带钱回家而刺激他"或者"也许另一个原因是你们机构占用了很大一笔预算，除非削减你们部门的（预算），否则他们得不到足够的钱"。

要根据访谈关系的亲密程度，已经得到的答案的深度，以及话题的敏感性来选择合适的直接程度和挑战水平。确保不要让自己的问题把被访者搞得很紧张。在极端情况下，你可以将是否回答的选择权留给被访者。比如，在对一个出现资金危机的组织进行研究时，Herb 下面这个问题进行了追问："如果下面这个问题太具压力感，你可以不回答。当你没有足够的钱给工人发工资时，你怎么处理呢？"

例子:提示某些原因,而不直接问"为什么"

　　一种避免直接问别人"为什么"的方法是你自己提示某种原因,然后请被访者一起讨论你的提示。下面是从 Irene 的访谈中摘取的一个片断,能够反映出如何使用这种办法。访谈围绕的主题是一个将专利和商标办公室(Patent and Trademark Office, PTO)转变为一个基于绩效的组织(Performance-based organization, PBO)的计划,也就是说,将它从一个由财政开支的政府机构转变为一个更为独立的组织,就像商业组织一样,收取服务费。被访者解释说,专利和商标办公室是隶属于商务部的,但是当有机会向绩效组织转变时,它就尝试从商务部的管理中争取更大的独立性。

被访者:专利局已经有了一个支持国营企业的策划。当 PBO 理念出现时,我们将 PTO 组织也放进去了,加到这个理念中去。而且还不止于此。他们做了 NAPA(National Academy of Public Administration,国家公共管理学会)的研究等,要掺入、设计、增加一个 CFO(chief financial officer,首席财务官),业绩标准或奖金都很容易。

Irene:顺便提一句,这可以让 PTO 继续隶属在商务部内部。

被访者:即便作为一个公司,它还是隶属于商务部。

　　这个追踪问题(表述得像一个不完整的宣称)提示了一个商务部支持基于绩效的组织理念的原因,即商务部对于一个基于绩效的组织还会有一定的控制权,但对一个公司的控制如果有的话也非常少。被访者被要求对这一原因表示同意或不同意。在这段对话中,被访者不同意 Irene 的说法,但后来他承认将专利与商标办公室(局)继续挂靠在商务部下面是商务部设计 PBO 策略的考虑之一。

　　通常来说,在访谈关系中建立的信任关系越强,采取直接追问就越容易。Herb 听到某倡导组织"栗子"说另一个他正在研究的组织的坏话,但这两个组织又正在通力合作。因此,Herb 在与一个他特别熟悉的被访者进行访谈时,直接问了下面这个问题:"都说'栗子'是一个难以相处的组织,但我发现你们正与他们合作解决这个问题,这是怎么做到的呢?"

　　在对敏感话题进行追问时,一种比较温和的方式是"抛出一只兔子"。这个词描述的是非裔美国人教堂布道的一种方式,"抛出一只兔子"包括一系列影射某个敏感问题的不具有威胁性的追问,而非采取直接提问的方式。通过这样的方式,你可以向被访者表明自己对这个问题很感兴趣,但是并不强求获得答案。例如,Herb

有个访谈对象一直都很直率,但一谈到他们组织与该社区的市议会成员的关系时就开始兜圈子。Herb 猜想他可能不小心触及敏感的东西了,于是改变了一下提问方式,并"抛出了一只兔子"。每次被访者说到社区项目(如种树、停车标志的设立、购物中心等)中的市镇参与时,Herb 都要追问市议会的成员在其中做了什么。每次,Herb 得到的都是简短、直接的回答,没有什么细节。Herb 非常有耐心,一直追问市议员在各个项目中的角色,而不是强迫被访者提供不愿意告知的细节。后来话题转到了这个社区组织是怎么处理分区事件(zoning cases)的。这一次,Herb 没有问,访谈对象就告诉Herb,市议员因为社区组织参与到争议性的分区事件中而被激怒,社区组织的参与使得官员们难以通过操纵结果收取贿赂。这样,被访者紧张的原因及大致的答案就都变得明晰了,尽管 Herb 并没有紧逼,也没有问"为什么"。兔子就这样被抓住了。

对所听到的矛盾和不一致之处进行追问,要注意采取温和的、不具有威胁性的提问方式。一种方法是在问题中使用选择句,这可使明显的矛盾变得缓和一些:"你提到 B 先生,但我听说他已经被解雇了。你认为他是正常退休呢,还是被解雇了呢?"另一种选择是,提示被访者两个说法之间存在不一致,再问对方是不是在实践中也和在访谈中所说的那样不一致。

对故事进行追问时需要使用不同的追问方式。第一,一定要有耐心,问题不要问得太快,因为被访者通常在他们的故事中夹带了大量感情。因此,对他们来说,完全从故事中走出来很重要。要追问也一定要等故事讲完,并且小心地进行。尽量不要质疑故事内容的真实性,如"是真的吗?"或者"事情是这样发生的吗?",相反,你应该关注这个故事对于被访者意味着什么,他/她通过这种委婉而生动的方式要告诉你什么。同时,你不能直接问这个故事是关于什么的,因为这样会让你听起来好像根本没有听他/她说话。相反,在表述追问时,应该先让被访者觉得你已经接受了故事的前提,然后再问刚才讲的故事对被访者意味着什么。例如,听完一个关于心脏病的故事之后,你可以问:"那次心脏病怎样改变了你的生活?"

如果你觉得被访者的回答过于正式,或者对问题的解释太过简单,追问时"稍微"带点"对着干"的语气会比较奏效。如果被访者提供的话题或解释太宽泛,你可以指出一些该解释无法适用的场景，让被访者进行评论。有时你可以更细致地探讨矛盾点，以表示不同意被访者说过的内容，或者提供其他可能的解释。如果合适的话，你甚至可以怀疑被访者所使用的证据。在用这些有点针锋相对味道的提问时，你必须确信被访者对这种"交锋"感到舒服，并且喜欢与你辩论。

表述追踪问题的几种模式

访谈新手往往担心自己不能在访谈中迅速反应过来并找到表述得当的追问。记住下面这几种快速表述问题的模式是很有帮助的，尽管有了经验后这些都会变得很自然。

比　较

让被访者比较他说过的两个东西，是一种常用的表述追问的办法："你如何比较以前的工作和目前这个？"你询问的是它们之间的相似性或差异性，或者需要被访者描述一下与现在相比，某个东西在过去某个时刻是什么样子。你也许想知道一个后发的事件是否与某个先前的事件相似，或者一个问题（如吵闹的宿舍）是变得更糟糕了，还是变得更好了。

让问题更加具体

追踪问题通过指出看起来遗漏的部分而获得更多的细节。假如你问："联邦赤字怎么在这么短的时间内就变得这么大？"被访者也许会回答说："呃，简单来说就是我们增加了花费，但是税收没有跟上。"这个回答太概括了，没有什么用，因为有很多途径会导致这个结果。可能的追问包括对财政平衡等式两边的东西——支出和税收的追问，找出为什么支出增加了而财政收入没有跟上的原因。你可以首先问，哪些项目的支出出现了快速增长，然后追问是什么因素导致了这些项目的增长。你可以问财政收入到底多大程度上随着经济的波动而出现同方向波动，或者是不是税收政策发生了改变，以致财政收入下降。这些更精细的追问能促使被访者提供更多的细节，而又不会过度压缩可能的回应。

另一个让追踪问题变得更精细集中的办法，就是根据被访者回答你的主要问题时所描述的各个阶段进行提问。例如，在 Herb 的研究中，开发者描述了杠杆作用，也就是说，向一个项目投入少量原始资金,利用这点钱再鼓励企业、政府以及基金会投入更多的钱。他需要进行追问,以弄明白这个重要过程究竟包括哪些步骤。经过几个访谈,他找出了"杠杆作用"的四个环节:①原初项目的提出;②将这个想法卖给一个支持基金;③促使公共部门愿意承担资金缺口;④在其他资金到位后,再带着项目找常规投资者,如银行(争取资金)。每个阶段至少可以有一个追问,例如,对于第一个阶段,Herb问"你是怎么想到这个项目的呢?",对于第二个环节问"这个想法是怎样吸引资助者的呢?",等等。

让问题更一般化

有时原初回答太过具体,从而会忽略更大范围内的关联,因此在追踪问题中应该讨论这些更宽泛的问题。例如,在谈话伙伴叙述自己的工作经验时,Macleod听到的是一个具体的小事件。

> Frankie:你想,我是作为码头工人进去的,只是卸卸卡车而已,一直到结束时我都干得很好。是一个朋友的朋友帮助我出来的。码头工之后,我就成了托运人,再变成物料专员,他妈的成天就坐在电脑前面。

在这个关于旧城区工人的研究中,Macleod主要关心的是他们的职位流动可能性。因此,Macleod没有对Frankie所从事的具体工作进行追问,而是问了一个比较宽泛的问题:"能不能跟我说说,你是怎样往上升职的呢?"这个问题能更好地反映他的研究兴趣(Macleod,1995:164)。

询问隐含的或实际的矛盾

在讨论快速增长的赤字时,一个被访者说"我们增加了开支"用的是一种主动语态,但说"财政收入没有跟上"用的是被动语态,意味着没有人故意制造它——它自己发生的而已。如果你的被访者能够忍受一定的对质,你可以问:"那时候不是进行了减税吗?"这个追问温和地将注意力引向可能存在的矛盾,意味着赤字可能是由政策引起的,而不是像被访者的回答所暗含的那样是自然发生的。

Irene访谈了一个官员,他们机构的预算被大大地削减了。他花了15分钟描述了这次削减带来的影响,然后说:"我们办公室没有被波及,按照计划,我们还增加了人员。"Irene意识到这像是一个矛盾,因为她知道人员引进已经被冻结了。她追问道:"你们不是不能雇用新职员么? 你们是怎么扩招的?"他回答道:"我们把机构其他部门的员工吸收到我们办公室来。"这个问题开启了一个新的研究线索,关于一个机构怎样在总人数被限制的情况下适应新的目标,有哪些激励因素可以将有能力的员工从一个部门或项目吸引到另一个当中。

　　时刻记住,你需要一定的背景知识,这样才能表述好追踪问题。只有知道当时赤字增长的同时还有税收削减政策,主动语态和被动语态之间的对立才能够被发现。在第二个例子里,Irene 通过阅读文献知道当时人员扩充是被冻结的,所以一个部门的扩招听起来即便不是全无可能,至少也会比较困难。

规 则 的 例 外 之 处

　　当被访者做出某个结论或概括(表述某个主题)时,你应该进行追问以找到这种概括能够成立的条件。一个简单的表述是:"据你所知,是不是在任何情况下都这样发生呢?"另一种方式是追问例外情况,并尽量多提出些问题。设想你就婚姻关系进行访谈,被访者如此总结道:"我想一个女人不太可能在机器启动不了的时候,就把它甩到墙上。"你可以通过询问例外情况来进行追问:"在你的经验中,有没有一些让女人特别发狂的事,以致她可能就会扔东西了?"一旦你听到规则的例外情况,你就可以进行追问,找到是什么因素使它成为例外。

对 暗 示 的 追 问

　　最容易表述的追问是对被访者做出的暗示进行追问。当被访者暗示了一个问题但没有明确说出来时,他们通常都希望你追问下去。Wilson 在研究雇主为什么反对雇用来自某个公共住房项目的居民时,一个雇主告诉他:"如果有人给我出示他们的住址,呃,Cabrini Green,我不可避免地要担心一下。"对方这样说其实就是要访谈者对这些担心进行追问。Wilson 直奔"钩子"而去,问:"你担心什么?"(Wlison,1996:114)

　　更一般的是,如果被访者在表达一个主题或结论时采用了否定语句,例如"Goya 不是那些画的作者",自然的追问就是"那,是谁呢?"。被访者可能不知道,但他们无疑考虑过这个问题,通常也会很乐意与你分享他们对这个问题的想法。通常当一个人说某件事情没有发生或者不是按某种方式发生时，他们其实提供了一个追问的机会："那么，它是怎么发生的呢？"

唱反调（devil's advocate）与挑战性问题

对被访者提及的主题或结论进行追问的一种更具挑衅性（provocative）的办法是挑战他/她的结论和意见。你可以用多种方式进行挑战：提供其他可能的甚至反面的结论或解释，要求他进行评论；询问主题背后的证据及其适用范围；或者指出其与被访者此前说过的内容之间存在矛盾。

一个较温和的挑战是请求被访者允许你充当唱反调者。这样做时，你要明确地请求被访者允许你对他/她的证据进行挑战，并且暗示被访者提供的例子是经得起考验的："你刚才说银行没有发放足够的贷款，因为他们是反黑人的，呃，但是让我来扮演一个唱反调者：也许银行只是不想与穷人做交易，而黑人更有可能成为穷人。"通过这么一说，你就可以与被访者的种族主义解释进行辩论，同时又不会因为要求他/她对其他人可能持有的观点进行辩驳而显得不够客气。唱反调式的追问经常鼓励谈话伙伴将最初的回答背后的因果机制进一步具体化："应该是种族而不是阶层因素决定这种行为的，因为银行在白人穷人社区发放过贷款。"

当然你也可以不"唱反调"，直接提出具有挑战性的问题。例如，你可以问："如果有人说，银行之所以不在黑人社区发放贷款，是因为那里火灾发生率更高，你会如何回应？"另外你也可以借用别人的嘴巴说话，这样提出问题时就不会显得有敌意，例如，有关银行贷款的问题，你可以通过下面的表述方式进行追问："某期《芝加哥论坛报》的社论上说，黑人社区的犯罪率更高，所以银行投资也就更低。你对这种说法怎么看？"

缺失的要素

寻找缺失材料的问题的表述往往比较容易。如果你针对一个民主国家的政变进行访谈，被访者告诉你一支军队某个晚上突袭了总统的宫殿，杀害了总统，然后宣布他们的将军是国家的首领，你会问："那媒体呢，军队有没有控制了报纸、无线电广播台和电视台？"

超越"既定方针"(getting past a party line)

在遇到没有任何深度和自主观点的既定方针或者是官方口径的答案时,追问非常重要,但表述起来比较困难。一种表达这种追问的方式是,暗示你所知道的信息,让对方意识到那些既定方针和官方说辞已经不能妨碍你了。例如,Irene 在一个政府人事机构进行访谈时,仅仅从上层管理者那里获得了一个官方说法。于是她提起自己访谈过工会的领导,他们的讲述与官方的说辞不一致,希望得到管理者的回应。她是这么说的:"我已经知道这个论点的一个方面了,可以满足了。不过真的很想知道您自己的看法,这样我能够得到一个更加平衡的判断。"结果对方给了她一个超越官方说辞的非常具体的解释。

追问它的意思

有时进行追问是为了搞清楚一个词汇或概念的意思。在你需要更长的、思考得更充分的解释时,问对方"刚才您说的(词语)是什么意思?"能够得到关于该词的简单定义。我们的同事 Jim Thomas 碰到了一串技术术语。他选择了其中一个看起来最有希望的(most promising)概念,让被访者———一个年轻的黑客——解释它的意思,好让普通公众也能明白。

> Jim:你前面说,你昨天晚上"黑"了一些网站,你做了什么呢?
>
> 被访者:我在运行数字(running numbers),战争拨号器288s,成功了几次。我溜进了一个局域拨号器,发现一个 PBX(用户交换机)并入侵了其中的一个。试了试,就进去了,一次破解就中。是一个 Unix 系统。试过几次之后,我得到了根目录,把自己设置好,退出登录,然后又入侵了其他几个……
>
> Jim:现在,假设你正在和一个记者说话,例如来自《纽约时报》的 John Markoff(《黑客攻击》的作者),你会怎么向他解释,以便他可以向公众解释"运行数字"是什么意思?

为了得到一个更加大众化的解释,Jim 让被访者设想他面对的是一个对该问题很感兴趣但一窍不通的读者(他会怎么解释)。同样,David Hummon 问了一个关于"小镇"这个概念的假设性问题:

"如果你有一个亲戚从来没有在小镇上生活过,但现在要搬到一个小镇去。如果他/她写信给你,问你小镇大致上是什么样子的,你会怎样回答?"(Hummon,1990:189)另外一种可能的办法是问被访者某些概念让他/她脑海里想起了什么。Balshem 用这种方式追问,想尽可能弄清楚癌症意味着什么。

> Balshem:我说到癌症,会让你想起些什么?
>
> 回答者:噢,天啊,我有这样一种关于癌症的可怕想法——它像一个大东西,把(人的躯体)里面整个都吃掉了。这个又黑又大的东西,我就把它想作是黑色的。这个黑色的东西像妖怪一样将你的内脏全都吞噬掉了……想起了电影《魔点》(又译作《陨星怪物》),记得吗,那个魔点可以吃东西,不断长大。呃,这就是我怎么想象癌症的。一个吃东西的不断膨胀的巨大魔点(Balshem,1991:158)。

大概 25 年前,在一本很有影响的叫做《民族志访谈》(The Ethnographic interview)的书里,James Spradley 介绍了探索文化概念的具体提问模式。他推荐的方式中有一种叫作"覆盖性问题(coverage question)",意在帮助我们将紧密相关的概念相互区别开来。例如,当 Herb 试图勾画出术语"中介"(intermediary)的意思时,他问:"麦克阿瑟基金会是中介么?"答案是否定的。接着他问:"本地创议支持基金会是一个中介么?"回答是肯定的。Herb 接着问城市房屋合作伙伴(City Housing Partnership)是不是中介。有人说是,有人说不是。然后再通过一些追问,对那些是、不是或者可能是中介的组织进行特征比较,Herb 弄明白了对他的被访者来说,中介是什么意思。另一种厘清概念含义的方式是让被访者比较两个重叠的概念。例如,Stephen Groce 研究拷贝和原创表演音乐家(copy and original performance musician),让他们描述音乐家与流行艺人的区别(Groce,1989:397)。

为了搞清一个术语是怎么使用的,你可以要求被访者描述自己在其他什么情况下会使用这个术语。例如,研究者可以问:"你刚才描述了在学校项目上与人合作的情况,那你的项目中还有哪些是与别人合作的呢?"接着,研究者就可以探索在其他例子中"合作"是什么意思。

例子:房子如何区别于停车标志

　　Herb 从以往的研究中知道,从事抗议活动的积极分子用"增权"(empowerment)这一概念来描述所有战胜政府的运动。比方说,让城市政府安装了一个必要的停车标志也创造了增权。在后来对从事发展活动的积极分子(development activist)的研究中,他察觉到这个概念的使用完全不同。要是这样问:"在你看来增权是什么意思?"得到的将是一个抽象的、和教科书一样的回答。Herb 没有这样问,而是让一个曾经是抗议活动者的被访者去比较"增权"的传统用法与居屋建造者的新用法之间的差异。

Herb:一个房子和停车标志从"增权"的角度讲,有什么不同吗?

被访者:首先,它要大些。另外,我想它影响人们的方式不同。我真诚地认为,(如果)人们有一个像样的地方住,每天能回家,那他们处理其他任何问题的能力都会大大增加。我不用担心自己要去哪儿住,要给什么东西付租金,我可以迈到下一步,去考虑一大堆其他的事情。如果只是有了停车标志,还要担心住的地方,那个停车标志就不会使他们迈到下一步。你知道,这是一个自我实现的问题。你得满足最基本的需要,然后才能去考虑更高层次的(需要)。

　　为了得到所需的丰富性,你要对概念或主题的每个要素进行追问。假如你在做一个关于学界的文化研究时,遇到了一个词"专业成就"。通过探测你得到了很多例子,并且听到了不同的概念,例如赞誉、范式转变、晋升、主要期刊上的引用、被邀请参加国际会议以及其他可以衡量专业成就的测量标准。为了得到"专业成就"整个概念的意义,你要对每一部分进行追问。例如,你可以问"要怎么做才能得到晋升呢?"或者"你怎么知道某个人是否改变了范式?",然后在分析中将这些概念综合起来。

　　另外一种厘清概念的策略是问对方你要追问的那个意思的反义词。如果被访者频繁地提到某个正面概念,例如好老师、虔诚的人或高质量的住宅,你可以尝试着问问什么样是坏老师、不虔诚的人或质量很差的住宅。好老师和坏老师的区别可能在于好老师更关心学生。这个回答将引出另一个追问,即什么叫关心,老师如何表现他们的关心。

要求微型导游(minitour)

　　如果你从最初的一些访谈中总结出对某一事件中发生的事情

知道得越多,对某一主题也就越了解,那你就可以通过要求被访者对该事件来一次微型导游。例如,在对当前项目的初步研究中,Herb 找出了一个暂定(tentative)主题,从中可以看出积极分子受到两种取向的困扰:是对那些没有惩罚歧视黑人行为的政府管理者进行攻击,还是与同一批管理者一起合作来消除银行系统的歧视现象呢? Herb 发现处于这种"爱也不是恨也不是"关系当中的官员出席了积极分子有关政府项目的讨论会。为了更多地了解这种多重压力,Herb 让被访者描述(提供一个微型导游)在政府官员参加的那次会上发生了什么。

我的观点对吗

还有一种对你脑海中呈现出来的想法进行检验的办法是直接将它告诉你的被访者,看他们如何回应。只有做了很多访谈,脑海中有了一些推测性的主题之后你才能这么问,此外还需要你对自己与被访者之间关系的稳固程度有足够的把握。如果你错了,对方能够很自在地直接说出来。例如,在下面的摘录中,一个警官刚刚描述了他是如何成为城市警官的。访谈者很困惑,因为她有关家庭历史会促使人们选择警察作为职业(make a career out of policing)的试验性结论并没有被提及,于是她直接问被访者她的想法对不对。

> 访谈者:有没有家庭成员或模范鼓励你?
> 被访者:完全没有。我是我们家第一个在执法部门工作的。
> 访谈者:真惊奇。通常会有一个这样的(榜样型)人物存在的。
> 被访者:没有叔叔伯伯,没有朋友(只是我自己的选择)。实际上我一直在追求另一片天空,始终坚持自己的方向(Moody and Musheno,1997)。

事情的先后顺序

为了确定某个事情发生的原因,你可以设计出一些问题对事情进行倒叙。你一步一步地进行追问,在事件——打架、攻击、会议——之前发生了什么,包括所有你猜想可能导致该事件的因素,或者被访者正在描述的某种情感。Irene 在研究关于里根总统削减联邦机构的经费预算造成的影响时,发现被访者似乎对执行削减的方式感到怀疑,并对预期内的削减事件感到惊恐。她猜想,此前一定有某些事件使得这些专业人员如此害怕那些政治家,所以她询问被访者是不是曾经有过与预算削减相关的经历。她发现里根总统对官僚系统的攻击使很多政府职员想起十几年前尼克松总统所做的盲目的、个人的、反犹太主义的机构改革。追问过去所得到的深度性,有助于研究者理解人们当下的恐惧(I. S. Rubin,1985)。你可以用各种各样的方式来表述此类问题:"你以前经历过与此相似的事情么?"或者"以前发生了什么?"

结　论

前面两章,我们展现了各种各样表述主要问题、追踪问题和探测性问题的方式。这些表述方式仅供选择,并不是好的访谈所必须遵循的规则。临场发挥与下面这些成形的模式同样有用。

主要问题鼓励被访者说出他们的经历和观点,从而详细地阐述你的研究所关心的问题。通过对主要问题的选择,确保项目结束时你有足够的资料来回答研究问题。主要问题在访谈进行之前就已准备好,当然也可能随着项目的进展而发生变化。

通过探测性问题可以对访谈进行调整,确保你能得到所需的深度、细节及证据,同时避免不恰当地打断对方的连贯表达。探测性问题帮助你使访谈紧紧围绕某个主题,并从不同访谈中诱导出一些你需要的信息,用之将疑问的各个片段拼成一个整体。

追踪问题是用来探究访谈对象引入的概念和话题的,通常会将访谈者带向新的谈话方向。追踪问题为质性访谈提供了一个不可预期的要素,虽然会让人身心疲惫,但同样很刺激。最重要的是,通过追踪问题获得的信息能够帮助我们实现响应式访谈的目标——达成新的解释,获得深入的理解和详细的叙述,为结论提供生动有力的证据。

总结起来,这三种问题能够带来"透彻性",它们是响应式访谈的标志性特征。主要问题被用来涵盖整个的研究问题;探测性问题可以用来确保不清楚的答案得到解释,问题得到充分的回答;而追踪问题能够保证缺失或暗含的信息被探究到底,矛盾与不一致之处即使没有得到解决也会得到描述,其他可能的解释得到了检验,确保你对争论的各个方面及事件的不同观点都有所了解。

10

分析的第一阶段：
准备誊本和为资料编码

　　资料分析就是从未经加工的访谈转向基于证据的解释的过程，后者是报告公开发表的基础。分析所要做的工作，包括对访谈资料进行分类、比较、权衡与合并，从中提炼意义和启示，揭示模式，或者将对事件的描述连接起来构成连贯的叙述。研究者通过分析，构造出信息丰富的、生动的和细致的报告，以反映被访者所说的内容，回答研究问题。尽管分析是以被访者所提供的描述为基础的，但最终报告中的解释则是研究者自己的。

　　响应式访谈模式中的分析分为两个阶段。第一阶段，准备好誊本；发现概念、主题和事件，并对它们进行推敲和阐发；然后对访谈进行编码，以便能够检索被访者关于这些识别出的概念、主题和事件都说了些什么。第二阶段可以分别从以下几方面着手：你可以比较这些概念和主题在不同访谈中的差别，或者将不同的独立事件联系起来构成对场景的描述。这样一来，你就能够以得出更广阔理论结论的方式来寻求对研究问题做出回答。在这一章中，我们将聚焦在资料准备上，描述第一阶段的分析要如何展开。下一章，我们将讨论如何抽出描述性故事并发展出新的理论。

响应式访谈中资料分析的指导性特征

　　在响应式访谈模式中，资料分析有几个指导性特征：

分析贯穿于整个研究中

　　早在你察看第一批访谈，想确信你的研究是否合乎情理，想关注那些对谈话伙伴而言重要的事情是什么的时候，分析实际上就已经开始了。每个访谈完成后,你都会察看它的内容以弄明白自己已经了解了哪些东西以及还需要再发现什么。以这种不间断的分析为基础,你接着修改主要问题,并准备追踪问题以探索新出现的观点。全部访谈做完后,你把所有的访谈放在一起加以考察,从中找出能够回答你的研究问题的连贯一致的描述、主题与理论。

质性资料分析不是计数

质性研究分析不仅仅是计数,或者提供资料汇总,它的目的是发现变量,描述潜藏的意义,以及考察复杂性。分析的目标是以被访者的语言和实际的事件来描绘人类互动,反映人类互动的复杂性,并使这种复杂性可以被其他人所理解。

不能用直觉和记忆代替系统的考察

实施深度访谈研究时,在开始最终的分析之前,你将连续数月甚至数年沉浸在资料收集和持续的分析中。在全面投入后,你的头脑中会出现一种关于资料在讲些什么的感觉,那种感觉很重要,它为后面的分析提供了很好的起点。但是,记忆可能是有缺陷和选择性的,而你认为数月之前已经讲过的内容并不能代替对已经转录的谈话伙伴的实际用语的仔细考察。分析是要对誊本中的信息进行系统的编码和摘录,而不是为最初的想法寻找证据。

质性研究中的资料单元是单一对象的互动

分析时,我们会把同一访谈提供的评论拆开来放进不同的资料单元,再将分块的信息联系在一起加以考察。分析工作的部分任务就是确定合适的资料单元,因为资料单元是随着分析内容的变化而变化的。描述事件的资料单元可能会占据很多页,而对概念的简短说明可能只是小小的、短语长度的资料单元。资料单元还可以由有关同一事件的一系列问题以及它们的答案构成。

你可以打破同一个访谈文本,把它放入数个交错的资料单元中。你可能会依据完整性将一长段描述与市长斗争的段落作为详细说明那一事件的独立资料单元。这一段中可能有一个句子先描述了市长的自大,然后又描述了市民的愤怒感。在较大的资料单元中每一个单独的句子都可以被看成一个资料单元,前者描述了自大的概念,而后者则体现了市民愤怒的概念。这一段就包括了三个独立的资料单元。

根据研究目的将资料单元按不同方式组合

有一部分分析工作涉及综合同一命题的所有资料单元,既有单个访谈内部的综合,也有不同访谈之间的综合。为了确定一个具体概念的含义,你将同时关注所有出现过这一概念的分析单元,然后将不同的定义、例子和精妙描述放在同一个文档里。在弄清楚导致事件发生的原因时,你将从谈话伙伴谈及所发生事件的各个访谈入手,对资料单元加以考察和权衡。

预见最终的分析:誊本、备忘录和总结

没有人在数月或数年后还会记得多个访谈的具体内容,因此研究者要用笔记或录音的方式留下永久性的访谈记录。如果你用笔记的方式,就必须马上把它们写下来;如果你对整个访谈做了录音,就需要誊写录音内容,也就是边听录音边整理出所讲的内容。有些访谈者仅仅根据录音来整理笔记,而大多数则把访谈内容编辑为完整的书面版本。

誊本的精确性因预期用途(以及研究者的技巧和功夫)的差别而有所不同。最精确的版本是将原话完完整整地记录下来,包括语法错误、离题之处、焦点的突然变化、脏话、感叹词和其他的情绪(如笑或哭)。精确的誊本包括诸如"嗯"和"啊"之类的停顿词,并按发音方式拼写这些词。例如,记下"ol' boy networks"而不是"old boy networks"。沉默、中断或犹豫也要标出来(通常用括号)。对于那些分析语言用途或监测社会心理反应的人而言,中断的时间也要在誊本中标明(Psathas,1995)。此外还要记录打断访谈的事件,例如被访者接电话之类的事(见 Poland,2002)。

就大多数工作而言,誊本都不需要这么完善。Herb 的誊本中包含了很多"嗯"和"啊",而 Irene 只写了几个来标明感觉。她不是记下中断的时间,而是在括号里加一些说明,例如,"(被访者花了一些时间来思考这个问题)"。我们只在誊本中写下我们有可能进行分析的细节,以及那些可能对解释产生影响的信息,例如,笑、表示强调的姿势或困惑的表情。如果访谈做完后不久就进行誊写,你可能会记得一些重要的身体姿势(如耸肩),你应该尽量在誊本

中记下这些姿势。

不管誊本的精确水平如何,你都应该将被访者说的话和你的解释或总结区分开来。如果你通过做笔记而不是录音进行记录,你就需要在文本中精确地标出什么时候是引用被访者的话,什么时候是你自己总结所听到的内容。

把谈话整理成文字版誊本是一件很费力的工作,你需要集中全部的注意力。如果你有脚踩的翻译设备来停放录音,而双手可以一直打字,那么把录音整理成文字版的工作就会容易得多。你听录音的次数越多,就越可能打出精确的版本。如果你在听过很多次之后,还是无法确定所说的内容是什么,你就应该在誊本中注明不太清楚的地方。

声音识别软件现在还无法帮你整理录音。它可以在你口述一些笔记的时候发挥作用,因为你可以教它学会识别你的发音,但是这个软件现在还不能识别不同的声音和口音。因此,现在你必须自己整理访谈,或者雇用其他人帮你打出来。

自己整理访谈会迫使你注意到被访者说了些什么,因而有助于为下一个访谈做好准备。如果你确实没有时间,也许能找到其他人帮你誊写出来,然后你可以在设计下一个访谈之前阅读誊本。让其他人整理有一个不好的地方就是听访谈录音的那个人并没有参与访谈,不知道誊本中提到的人名或地名是什么,也无法根据记忆填补那些听不见的内容。你应该仔细检查其他人做完的誊本以确保他们没有犯大错误。

在做誊写或阅读其他人做完的誊本时,你应该在备忘录上写下脑子里浮现出的想法。你可以匆匆记下任何可能相关的由特定访谈引发的想法。例如,访谈中有一段内容可能让你想起了一本你读的书或文章,或者对以后的研究问题有所启发;还有的可能让你想起一周前在完全不同的场景中听到的一些东西。在工作之初,备忘录表明了研究问题的再形成;稍后,它们会涉及你进一步要追问的概念、命题和事件。你还可以在备忘录中写下你觉得这个访谈进展如何,以及阅读回答时你发现了哪些偏见或倾向。研究临近结束时,你的备忘录会逐渐加上一些有关什么概念和命题应该出现在最终的分析与文章中的想法。

如果一个简单的引述表明了某个命题,你就把这个引述放在你的备忘录中,或者使用一个单独的、明显的引述文档(notable

quote file)。在一项数年前做过的研究中,Herb 为了解经济发展从业者(即那些因把新商业引入到一个城市或小镇而得到报酬的人)的工作进行了访谈。在与 Herb 聊了一个多小时后,一个从业者向后靠在椅子上,用简练的语言总结了他的评论"我们的工作就是煽起所有兴起的,断言所有衰落的"(shoot anything that flies;claim anything that falls)。Herb 把这句话记录在明显的引述备忘上,并把它转化成之后将详细追问的命题——对任何看似成功的项目,经济发展专家都会为自己邀功,因为真正获得成功的少之又少(H. J. Rubin,1988b)。

不管什么时候听到好的引述,你都应该在备忘录中记下它、追踪它以确定它在之后的访谈中的意义,然后利用它在最后的资料分析中找出命题之间的关系。你可以很容易地找出这类明显的引述,因为它们都很短语化(well phrased),能够概括数小时的对话,或者给故事提供了寓意。某些明显的引述似乎给研究问题提供了直接的答案。例如,在有关社区复兴的研究中,Herb 的一个被访者讲了一个故事,故事的结尾是这样的:"投资者对我说:'Lois,那真是一个糟透了的商业决策,你本可以……来赚钱的。'而我答道:'我知道。而且如果我这样做生意的话……我可以为组织赚到一大笔钱。'但是,我说:'这不是我们到这儿的目的。'"(H. J. Rubin,2000:21)

这一引述告诉 Herb,对社区发展者而言,重要的是帮助穷人,而不是简单地帮他们的组织赚钱。他把这一引述写在明显的引述备忘录中,并对它进行了追踪,然后把它作为一个重要命题用在了他的文章中。

完成录入誊本的工作后,接下来你需要写下关于访谈内容的总结。总结应该包括被访者的名字(或假名)、时间、地点、研究这个被访者的原因以及研究持续的时间(见 Miles and Huberman,1994:53)。然后要包括访谈中与研究问题相关的要点和你已经识别出的任何概念或命题。为了写出好的总结,你要问一下自己每个问题的重点是什么,特别是哪些东西是新的,哪些东西为你已有的知识提供了支持,而哪些东西修正了你的想法。例如,在注意到时间、地点、被访者所处的位置以及对话在私人办公室展开的事实后,Irene 将她的访谈总结如下:"被访者指出,律师服务的合约不同于其他合约,原因在于,如果律师为同一地区的其他城镇提供服务的话,那么就可能产生利益冲突。这一点其他专业合同很少关心。"

当你对不同访谈的内容作比较时,这些总结有利于为后来的分析提供指导。

分析的开端

在准备好誊本并更新了备忘录和总结后,接下来首先要做的事情是制作多个副本。将原始的访谈放在你的私人电脑里,然后制作一个副本用来分析。在不同的地方做硬件备份以进行保存并在可写入磁盘(如压缩盘或 CD)上进行备份。你可能希望保留原始的实际录音,至少保存到分析结束时,除非有保密问题需要你立即销毁它。如果你已经向被访者承诺要保密,你可能需要将硬盘记录和录音放在上锁的文件柜里,并在电脑上设置密码以保护资料。

有了誊本、总结和备忘录,你就可以开始分析了。在资料收集过程中,你在准备下一个访谈之前都要仔细阅读已有的每个访谈。这样,你对当前掌握了哪些重要概念、命题和事件就有了一个有效的认识。在分析的同时,你对不同访谈之间的这些概念、命题和事件加以考察,从而将这些材料综合成统一的整体,或者反映一种文化,或者表明政策问题的解决方法,或者展现已经发生的事情及其意义。

分析包括几步经常重合的工作。第一步是识别,即在你的访谈中找出概念、主题、事件和题材标志(topical markers)。概念是那些体现了有关研究问题的重要想法的词或短语,主题是对进展情况的概括陈述或解释,事件是正在发生的情况(公共会议、编辑信箱专栏的笔斗),题材标志是指地名、人名、组织名、宠物名、数字(诸如日期、地址或法案编号)或公法。实际的人工制品也可以被看成题材标志。题材标志自身并不重要,但它起到了连接不同叙述部分的作用。如果你正在研究人们如何进行游说,可能会追踪访谈中提到的特定的法案,这时特定的法律编号就变成了题材标志。

第二步,系统地考察不同的访谈以阐明具体概念和命题的内涵,并将事件的不同版本联系起来合成(synthesize)为你对全部叙述的理解。当你重新界定每个概念的含义,或者更精确地陈述一个命题时,几乎总是会想到其他一些平行的概念。当你想弄清楚你的被访者对"诚实的政治家"这一概念的认识时,就不得不思考他们对"邪恶的政治家"的看法。在阐明和合成现有概念的同时,你通过详细说明创造出了新概念和命题。

在发现、再定义、详细说明并合成了你的概念和命题之后,你就开始对它们进行编码,也就是找出简单的记号指明并标注访谈文本中出现的所有这些概念、主题、事件或题材标志。编码涉及系统地标注概念、主题、事件和题材标志的工作,这样你就可以在不同访谈之间方便地抽取并考察所有涉及统一命题的资料单元。给事件和题材标志进行编码很容易:每当被访者提到"9.11"事件时,你就可以在那一段加上数字标志9/11。概念和主题的编码可能比较麻烦,因为你需要在编码时给出精确的定义,以便在它们出现时能识别出来,尤其是它们并没有以精确的名字被明确提及的时候。

你用在每个概念、主题、事件或题材标志上的区别标签都叫做编码(code),编码之间的全部关系叫做编码结构。把编码和编码结构与研究目的联系起来需要动一番脑筋。如果你在对动物的故事进行编码,你可能会给每个动物设定单独的编码分类:狗、猫、绵羊、牛、山羊和马。但是如果研究的目的是考察人们如何想象动物,你可能就想用一种可以反映被访者看法的编码范畴来对动物进行分类,例如,宠物或商业动物。如果你的目的是了解出于科学目的它们被如何对待,你可能会对它们进行分类并设立诸如类人或不太类人的编码。进行这类分析时,你可能完全不会需要狗、猫、绵羊、牛、山羊和马这些标签。

研究者在分析时能够得出的结论大致上在编码时就已经定型了——如果研究者没有设定有关压力的标签,他/她就无法发展出有关压力的命题;如果研究者没有对类人动物的分类,他/她就无法解释实验中选择某类实验室动物的原因。

通过给每个资料单元选定标签的方式对访谈进行实际编码后,你就可以对资料进行分类,把所有带同一标签的资料单元放在同一个电脑文件中。然后你就可以在这个文件中找出人们如何从整体上看待这一概念,并考察其中存在的微妙差异,也就是这一概念在使用方式上的细微差别,或者可以找出这一事件对不同参与者的意义,或者可以找出不同群体的参与者之间在同一个概念、主题或事件上存在的系统的相似之处或差异。

　　文化研究最后一步的分析方针与主题研究(topical research)的不同。在文化资料的分析中,最后的综合环节需要把这些概念综合(combine)起来以表明文化是如何运作的。你可能首先描述组织中的秘密和保密性是怎样被传授并强制执行的,然后再找出一条线索说明:在组织文化中,有意保持的秘密和保密性一起使得信息共享变得很困难。在主题研究中,做最后一步时,你将会总结对一项政策或工作的全部评价,或者描述已经发生的事件,并解释其机制与原因。在对一个失败的组织进行研究时,你可能会从在几个访谈中获得的信息出发,认定这个组织失败的原因是高层官员的腐败;然后通过分析其他几个被分成一组的访谈,找到这种腐败得以不受约束地长期存在的原因。

识别、精炼、定义和阐明

　　一旦所有的访谈都被录入电脑,你就可以寻找那些能够回答你的研究问题的个别概念、主题、事件和题材标志,并赋予每个资料单元一个大致与之接近的选定的标签,这样你就可以对编码后的条目进行再提取。你不可能对资料中的所有内容都进行编码,当然你也不会愿意这么做。相反,通过寻找那些你已经在备忘录中提到过,或者那些在已发表的文章中被提及的并与你的研究问题相关的内容,你就会找出那些对理解你的研究问题至关重要的条目。在根据这些对已存在的分类进行编码时,你仍然得留心那些你可能错过的内容,并随时把它们添到你的编码结构中。

找出文献中阐明的概念和主题

　　你可以从考察所在领域已发表的文献入手,找到一些有关重要主题和概念的想法:对组织行为的研究表明,要寻找诸如决策的去中心化、等级控制、组织间交流、协调程序以及其他可以描述组织如何运作的概念;如果你正在研究非赢利组织,你会期望从被访者提到的内容中发现类似于文献中提过的概念;阅读关于组织如何处理预算限制的文献,会提示我们在很多其他条目中寻找诸如赤字、借贷、资金平衡和指定用途一类的概念;如果你正在研究大学如何应对国家削减拨款的情况,你会期望在你的访谈中能找到类似上述的概念。

你也可以从文献中找到借以编码的主题。在有关大企业的文献中,有一个重要的主题就是相互重叠的董事身份促进了组织间的合作。带着这一商业世界中的主题,Herb 仔细察看他与非赢利组织领导人的访谈以弄清楚同时属于另一个董事会是否会激发其合作的努力。

从已发表文献中找出借以编码的概念和主题是完全合法的。事实上,如果你试图找出自己的发现与别人已有的发现之间的关系,对你进一步的研究也是有帮助的。但是,从文献中寻找有关概念和主题的编码时要非常小心。如果你用已有的理论框架作为编码分类的唯一来源,那么你可能就会漏掉自己的资料中独创的洞察力,你可能只停留在检验别人的理论上而非建立自己的理论。另外,从其他研究中发展出来的概念和主题未必能精确地适用于你的资料,而你可能会造成硬是把自己的方形钉子插进别人的圆洞的结果。

在自己的访谈中找出概念和主题

比从文献中借取更重要的是找出那些在访谈中形成的概念和主题。你有很多方式来寻找概念和主题,从使用你的常识到更复杂的办法。

提出的问题

你从使用常识和关注研究问题中明确的短语(explicit terms)开始,把这些纳入到你的编码名单中。你之所以询问有关财政赤字的问题,是因为这一概念在你的研究问题中很重要,你当然得确保"财政赤字"这个概念被用来编码。如果你的主要问题是直接与你的研究问题相关的命题,比如,平衡财政的辛苦不会带来任何政治增益,那么当然,当他们提及这一命题时,你会对这一问题的答案进行编码。

被访者经常提到的概念和主题

你可以找出由被访者明确提出的概念、主题、事件和标志。假如是有关联邦财政的研究,被访者会一直提到《格拉姆—鲁德曼—霍林斯反赤字法案》(Gramm-Rudman-Hollings)之类的平衡预算的立法,因为他们认为这很重要。这样你就应该把它包含在你的编码类别中。

在找出明显的编码类别后,你开始寻找更细致的类别,这时要找得更仔细,以便反映出被访者所说的话的意义。

间接相关的概念和主题

也许你可以从人们所说的内容和他们表达出来的情绪之间的张力中发现主题。如果有人告诉你他/她花了十年的时间来适应离婚,而他/她这么说的时候,你可以听出痛苦的声音,那么,你也许可以推论出有关否认痛苦的主题来。访谈中从主动语态到被动语态的转变,可能反映出被访者试图与事件保持距离、否认责任,甚至转移过失(shifting of blame)。对于声称承担责任的人而言,"突然之间闹翻天"就不同于"我的信引起了一阵骚乱"。这类语调上的转变可能就表明了次要的命题,例如,逃避责备的欲望或是对于带来这样大的骚乱的矛盾感情。

对访谈进行比较以形成概念和主题

你可以从不同被访者对同一问题的说法中找到有关概念和主题的灵感,然后用比较的方法来提出编码。例如,有个被访者告诉你上了年纪也有好处,而另外一个则告诉你这无论如何都是在走下坡路,这其中潜藏的冲突可能会引起你的注意,从而使你提出一个新的综合主题——有些人比其他人更善于发现上年纪的好处,然后你可能就要去寻找原因。可能是在健康状况较好的情况下人们的看法会更加积极,也可能是完整的家庭会创造出一种满足感,还可能是经历过苦难的人有更好的均衡感,等等,这就提出了进一步的命题。

从已有概念和主题发展出新概念和新主题

你已经依次识别出来的概念和主题通常会给新的相关的概念和主题提供启示。假定你访谈了几位博物馆讲解员以了解人们为什么会自愿从事这一类工作,什么吸引了他们,以及令他们满意和不满的分别是什么。你查看誊本时发现一位讲解员把两幅画描述成世界闻名的,而另一位则提到有些画是这个博物馆收藏品中的骄傲。现在你就有了两个可编码的概念——世界闻名的画和博物馆的骄傲,并且你认为这些概念可能是相关的。这些讲解员对博物馆怀有的自豪感将这些想法联系了起来,而你认为这可能是他们自愿向公众介绍这些画的原因之一,这就提出了一个新主题。然后你将进一步查看资料以弄明白其他地方是否还有支持性证据。

另一种从誊本中发现新概念和主题的方法是将你已经分好类的概念集合在一起,然后思考他们在整体上能提供什么启示。假定你对一些学生做了访谈,当你问他们最喜欢学校的什么地方和最不喜欢什么地方时,他们列出了一大堆不满,每条都是可编码的概念。其中很多是关于老师的。有个学生这样评价一位教授:"他完全没条理,没人能读懂他写的东西。"另一个学生说:"作业布置得既不清楚又长。"第三个学生抱怨道:"他在课堂讨论时解释得不好。"第四个学生则提到:"总是找不到他,从不回电话,办公时间也不在。"单独看每条抱怨都有一个概念。然后,如果你把这些概念综合起来,你可能就会得出这是个不称职的老师的结论,使用这个概念就界定了一个没条理、作业布置不清楚、不解释课堂资料也不容易联系上的教授。"不称职的老师"这一概念的定义,就直接建立在你编码的概念——教授的条理程度、作业质量、解释的清晰性和可联络性——的基础上。

察看已经找到的概念和主题,如果能注意到那些好像缺少的东西,就还可以发现有关编码的想法。如果你正在为大学运动进行编码,并已经确定了篮球和足球两类,接下来你就会确保自己也分出了高尔夫、棒球和网球。如果你正在研究社会科学专业,并对社会学、经济学、人类学、历史学和心理学进行了编码,这时问一下自己是不是漏掉了政治学。

检查概念之间的相似性也可以提出概念和主题。已编码的条目反映的深度和差别相同吗?如果你正在对宠物进行编码,并已经将猫区分出美国短毛猫、俄罗斯蓝猫和泰国猫,你可能就不会简单地把会叫的宠物都归成狗,而是分出杂交犬、法国狮子狗和拉布拉多寻回犬。

从类型发展出新概念和新主题

类型是一组相关的概念。构造类型并解释其含义的方式可以帮助你提出新的概念。当你创造新类型时,首先想到一些具体的概念,然后再想到它们的反面并定出体现这一概念的变化的维度。

例如,思考一对相反的概念——好的研究和差的研究,就可以发现它们是在研究质量上面有差别。差的研究既无趣,又没有创新,不但设计得差,而且写得糟糕;而好的研究则趣味横生并富有挑战性,新奇、设计得好,且文笔动人。你已经找出两个概念,并指明了体现它们之间差别的标准。然后,仍然是借助找反面的方法,你又产生了另一个概念——好的教学和坏的教学,也就是界定教学质量的维度。你把好的教学界定为有趣、创新和具体的,而差的教学则是枯燥、缺乏想象力以及抽象的。

在找出类型后,你会同时考查这两个维度以区分出四类教授:同时擅长教学和研究的,只擅长其中一样的,两样都不擅长的。然后你给每一种类型的教授一个标签,并在这样做的同时提出一些可以编码用的新想法和新概念。那些两样都擅长的可能是模范教授;那些都不擅长的,我们可以称之为没用的人(turkeys);那些擅长教学但是不擅长研究的,我们可以叫他教师;而那些擅长研究却不擅长教学的,是研究者(新概念的标签不需要太复杂)。

你已经完成了类型构造的工作,这就同时做完了好几件事情。首先,它推动你了解每个维度的内涵;其次,它使你发现了很多你可以分析的主题。例如,一旦找出"没用的人"的概念,你就可以回顾自己的访谈来察看大家对没用的人的一般看法如何——他们是如何获得这份工作并保持它的,他们的行为方式如何,以及他们对其他教授或学生有什么影响,在每一方面都可能提出重要的主题。

从修辞、口号和符号中提出概念和命题

从访谈中寻找概念和主题,可以采取认真察看修辞(例如,明喻和隐喻)、口号和符号等做法。这些文字标志经常暗示了重要的概念和主题。

访谈中反复提及特定的隐喻了吗?如果是的话,它们可能反映了重要的文化主题。例如,在对政策倡导者做的访谈中,Herb 和 Irene 都听到被访者把立法议案比喻为火车,正如他们所说的:"只有一辆火车即将离站。"被访者使用火车的隐喻来解释一个主题,即他们有时会在立法的议事日程上做出妥协,以便他们的提议成为很可能会通过的法律的一个附属提议,这就像有列火车将要出发去某个地方,尽管它并不是直接到他们想去的地方——有一点进步总比停步不前要好。这个被研究界普遍接受的比喻强调了政

治是关于可能性的艺术,而不是完美的成就。

贯穿于访谈中的修辞的相似之处,可以揭示某些文化主题,除此之外,差异性的模式也有助于揭示主题。如果你的一些被访者提到"弃船潜逃",而另一些则说是"通向未来的桥梁",你就应该注意这种对比揭示出的重要差异。很明显,一个群体认为这种状况是没有希望的,而另一个则对未来更为乐观,这就提醒你要寻找主题材料以探究感到没有希望的是什么人以及为什么会这样。

考察口号和符号也有助于揭示主题。像"行政如经商"这类反复出现在你的研究中的口号,通常就是简短的主题陈述,在这里,商业就为政府提供了一种合适的模范。类似的,符号,特别是当它们贯穿于整个研究中时,很可能就点出了一些命题。例如,"9/11"就象征了一个转折点,表示着轻信的丧失和增强的不安全感受。它也开始渐渐成为英雄主义、责任和牺牲以及重建和反击的决心的标志。这三个数字和一条斜线表达出了很丰富的含义。当你听到9/11一类的符号被频繁提及时,你就可以确认它们传达了一组需要你从访谈中梳理并阐明的主题。你的被访者试图借助9/11这一事件来传达什么呢? 答案就是一个主题。

从故事中提取概念和主题

当故事在不同的访谈中以几乎相同的面貌出现时,它们可能就提供了一些文化主题。在华盛顿开展的一项研究中,Irene 经常听到一个有关税收公平中心(这是一个左翼的智囊机构)的故事,它发现在 20 世纪 80 年代很多大公司几乎或者完全没有缴税。这个中心用这条信息来奚落议会,促使它采取措施促进税收公平。这个故事带着一些"牧羊人大卫和巨人"的色彩——小政策部门打败了寻找优惠税额的大公司,但是它也包含了一个文化教训,即议会将对这种难堪做出回应。因此,如果你想引发变革,可能就必须让议会难堪,这就是一个为被访者们所共享的主题(见 Yarwood,2003)。

普遍流传的故事中存在的微小差别也可以揭示出一些主题。如果两个被访者重复讲述了同一个故事,但是从中得出了不同的教训或强调了故事的不同部分,这种对比可能就暗示了你想要发展的主题。当你了解了整个故事,发现被访者只讲了其中一部分的时候,你可能就想知道他/她为什么要去掉那部分内容,这将为你核查(check out)这个故事提供一些新的见解。

假如你已经从很多被访者那里收集了有关组织英雄的故事,在进行分析时,你可能想弄清楚人们在组织中的行为方式是否和故事中的英雄一样,或者故事中的理想行为和人们的实际行为方式之间是否存在张力。如果存在差异的话,你就可能发现一个有用的主题:社会规范对人们的期望是什么,而实际情况又是怎样的。

从自己的标签中创造概念

通常我们能识别概念是因为被访者会使用一些词或短语来强调他们想要表达的想法。被访者可能会说:"能不能找到好丈夫靠运气。"于是你决定把运气作为一个重要的概念,就像被访者那样自然而然地使用这一概念。但是有时,你发现被访者并没有用一个简单的短语做总结。在对持续多年的婚姻进行讨论时,你的谈话伙伴说,能否成功维持完整的婚姻"相当程度上取决于你们是不是一起成长:我学着去喜欢动作电影,他会陪我去看歌剧,而我们都观鸟"。你可能会把这个概念称为"学会分享彼此的兴趣"或"一起成长"。

自己给概念创造标签时要多加留心,以确保你没有歪曲被访者引进的想法。如果一位老人告诉你她的儿子从不打电话给她,你会把这个概念称为"抱怨"还是"孤独"?最初分析的时候,你可能弄不清楚,所以需要重新阅读访谈内容以确定被访者是在做一长串的抱怨呢,还是在说孤独的问题。它可能同时包含了这两方面的意思,这样你就给同一段加上"抱怨"和"孤独"两个标签。

我们的同事 Jim 和我们一起阅读了下面一段有关两个护理人员的对话的摘录。我们已经给这些概念贴了标签,同时用了被访者使用过的一些标签和我们自己拟定的标签,以向你展示怎样通过贴标签来抽出新概念和新主题。"今晚很漫长(漫长的夜晚)。有几个开车路过者和几个抬进来的人……一个感冒的人,两三个流血的人,一个皮肤发青的加冰工人(漫长夜晚的例子)"(隔离身体创伤)。

在描述这个夜晚的常规情况时,讲话者用他的专业术语说明了那是一个漫长的夜晚,被访者通过给出详细的例子说明了什么是漫长的夜晚。他和他的搭档做了一些常规的活动,还把几个人

(抬进来的人)送到了医院。漫长的夜晚这一概念被界定为几个开车路过者和几个抬进来的人。其他剩下的条目——感冒的人、流血的人和皮肤发青的加冰工人(blue-icer)本身似乎并不重要,但是放在一起后,就表明护理人员通过给严重病患一些绰号,而将自己与这份工作令人沮丧的性质隔离开来。我们把这一概念称作"隔离身体创伤"。一旦你已经想到护理人员通过将自己隔离开来而从感情上保护自己,你就可以在你的访谈中寻找其他有关隔离的例子。护理人员是只把自己与身体创伤隔离开来,还是不顾一切地筑起了一道感情的墙?除了给病人起绰号以外,他们还有其他处理办法吗?如果有,是什么办法呢?

在你给被访者没有命名的这些概念贴标签的同时,你通常也给主题提供了标签。反复阅读每一段,并问自己这一段是关于什么内容的,如果它呈现了一个与你的研究问题相关的主题,你就找出一个标签以对这一可编码的段落加以总结。请看下面一段 Irene 的访谈摘录:"很多时候某些人来找我,他们很在意某些人的言论或所作所为,还仅仅因为不喜欢某人的言行就硬是把这弄成一个伦理问题。"Irene 思考这段话,并总结出一个主题:"人们控告他人违反道德是为了达到自己的目的。"Herb 无意中在一个老的访谈中发现了下面一段话:"现在锄草很辛苦,特别是从财力枯竭以后,但是……这很辛苦……这就是为什么我们要这样做。这就是为什么要无偿地这样做,因为它很辛苦,因为为了钱就不会做这个。"他从中总结出一个可能的命题"无偿劳动会在他人绝望的时候出现"。

一旦你找出了概念、主题、事件或题材标志,并弄明白了它们的含义,你就可以在访谈的所有其他地方也寻找同样的看法。对同一看法的不同例子进行比较,并进一步对这些生成中的概念进行定义、提炼以及贴标签的工作。你不断这样做,直到你满意地发现自己已经弄明白了对各个概念和主题的一致的理解,而且也已经做了很多笔记。你把所有准备在分析时用的概念、主题、事件和题材标志都放在一张编码单子上,然后用这个单子指导你对文本进行编码或标记。

创造一致而精炼的定义

用待用的编码对文本进行标记之前,要确保你已经找到了适用于所有访谈的清晰而一致的定义。假定在一项对社区活动的研究中,你得出结论:增权是个很重要的概念。不管是在你的脑海里还是在已经可以着手的写作中,你都会通过回答一系列的问题来弄清楚识别和标明这一概念的方式。下面的内容摘自 Boyatzis(1998:31)。

1. 我用什么来称呼(标注)它? 增权。
2. 我怎样定义它? 增权是一种个体在确认自己可以完成既定目标时的感受,还是一种可以让人们以集体的形式实现其意愿的政治或组织力量。
3. 我怎样在访谈中识别它? 当人们清晰地表明他们感到自己被增权了的时候,当他们实现了一些新的或重要的目标(特别是在与反对方进行对抗)的时候,或者当他们在过去失败的领域中获得成功的时候。
4. 我将什么排除在外? 增权只会出现在个体或个体所属的群体所从事的某项活动中。如果是他人(比如政治家和慈善机构)为人们提供了利益,或做了什么事,那不叫增权。
5. 例子是什么? 有个地区的人举行抗议迫使政府在星期五晚上提供额外的治安服务。

与清晰定义相伴而生的一个问题是,你的被访者可能对你正在使用的概念或主题持有稍微不同的看法,这就意味着你必须调整自己的标签和定义以适应这类情况。你可能需要更宽泛的概念,以便同时容纳几个有区别但是相关的例子,或者你可能需要两个或更多狭窄一些的概念来捕捉差异。

为了确保你有在整个访谈中都站得住脚的好的有效定义,你需要从访谈誊本中选出一些样本来检验你的新定义——样本要能反映研究中的不同情况。如果你正在做有关性别的研究,那么,要确保你的小样本中同时包含了男性和女性;如果你正研究一个组织,那就要确保你用来检验标签的访谈既要包括来自等级底部的,也要包括来自上层的;如果你在研究宗教群体,那么你可能想既包括那些深陷其中的人,也包括那些参与程度较轻的人。如果你的定义在小样本中站得住脚,那就让它保持原样;如果出现了巨大差别,你就必须在编码之前对它做一些调整。

例如,假定你正对竞选公职的动机这一概念进行定义,起初,你把它定义为政治家决定开始从政的理由。但审查小样本时你发现,一些政治家在访谈中把竞选的理由说成职业提升或帮助自己的社区,而其他人则声称自己想帮助他人。面对这些意义上的差别,你可能不会再用单一概念来涵盖既有职业谋划又有公共服务意识的竞选动机;相反,你将引入两个概念,将职业提升或帮助自己的社区称为"自我导向的动机",而将帮助他人称作"忘我"或"公众导向的动机"。然后你将反过来思考如何精确地界定每个概念,并在誊本中识别出它们。

在你将一个概念分成两个相关的部分(将竞选公职的动机分为自我利益和公共服务)后,就会想给新概念选择一些仍然能体现它们之间联系的标签,例如,竞选的自我利益动机和竞选的公共服务动机。这样的话,不管提到的是竞选的公共服务动机,还是竞选的自我利益动机,重新提取所有关于竞选公职动机的段落都会比较容易。

在政治家和动机的例子中,被访者对概念理解的差别很清晰是因为被访者都清楚地陈述了这一点。在其他时候,差别可能没有陈述得这么清楚,你必须自己找出它们来。在一项关于婚姻破裂原因的研究中,你可能想知道像婚姻这类最初看上去似乎不难理解的概念,对于男性和女性而言,是否有不同的含义。为了搞清楚这一点,你将分别考察对男性和女性的访谈。男性可能强调责任和亲密的性关系,女性可能强调情感支持和交流。有关婚姻需要什么的概念的差别可能非常大,以至于用一个概念来同时囊括男性和女性的理解,将会造成曲解而不是启发。你可以把更加宽泛的婚姻概念分为两部分——男性的婚姻观和女性的婚姻观,或者你可以聚焦在四个更具体的因素上——责任、亲密的性关系、情感支持和交流。

对概念进行精确定义的另一个难点是,即使大多数被访者使用同一概念,它的含义也可能随应用情境的变化而变化。例如,社区既可能是指种族联盟,也可能包括地理区域,这取决于在什么时候和什么地方应用这一术语。或者术语可能既有一般意义,也有具体的、彼此不相关的技术含义。在这两种情况下,你都应该用不同的标签来对它们进行编码。

在精炼定义的同时,你需要进行双重检验,以确保你确实是按照被访者的方式,而不是用你自己的文化框架来理解这一概念的。误解很容易就会出现,尤其是当被访者使用隐喻来阐明看法,而这一隐喻又不为不同文化群体所共享的时候。假如你的日本被访者说:"一切都有条不紊,Sartori!"你会怎样界定并编码这一段呢?Sartori 是一个佛教概念,意思是启蒙,是一种神秘的体验。如果你不了解这个词的宗教本质,可能会认为"一切有条不紊"是系统工作的结果,而不是从启蒙的神秘体验的角度来理解这句话的意思。当一个术语听上去不一般(特别是在异文化的背景下)时,你可能需要付出一些额外的努力来查明它对于你的被访者而言意味着什么。

执行访谈编码操作

分析的下一步就是阅读所有的誊本,然后用你设计的定义,在每个出现了相关概念、主题、事件或题材标志的资料单元旁边写下标签或编码。编码可以使你很快从所有访谈中找到有关同一概念、主题、事件或题材标志的摘录(包括从观察和文档中——如果你对它们做过编码的话),然后将它们放在一起加以考察。你可以提取所有与增权有关的资料单元,或者每个被访者对于发生在秘密会议上的事件的解释来对动机进行讨论。编码可以使你根据概念、主题或事件的内容进行分类,而不是根据那些告诉你信息的人。

在对文本进行标记的时候,你必须带着自己的想法。你不能机械地进行编码,因为你需要聚焦于寻找与概念和主题相关的事例,有时被访者并没有把它们简单地表达出来,或者你需要从更广的陈述中推断出概念和主题。你必须不断地判断文本是否给你正在寻找的概念或命题提供了例子。同时就几件事情对访谈进行编码时,你也要多加注意,但是你可能并不想一次处理好几个编码,因为一次聚焦这么多事情太难了。

在文本中加上编码的方式有好几种,主要依个人喜好而定。有些人直接在文本上进行编码,将那些他们日后想看的内容标黑。例如,使用粗体字,把立法议案 HR1120 变成 **HR1120**。但文本中的说法有时跟你要用的标签并不一致,这时有些人就在括号内加入标签。被访者说"我的老板是狗娘养的,自负的蠢驴(对老板的敌意)"。还有一种编码体系是在誊本的空白处写下详细的编码分类。

当你遇到复杂的编码,也就是一些概念和主题包含在其他概念和主题里面(这叫层级编码),而你又想在你的编码中表明这种关系时,比较方便的办法是创建一个大纲,然后使用这些大纲中的数字作为编码，来表明单独的编码条目彼此相关。如果主干话题都是用罗马数字（Ⅰ、Ⅱ、Ⅲ等）标出，下一级话题就用大写的罗马字母（A、B、C等）来标示。这样所有在罗马数字Ⅲ下的条目都彼此相关，而所有在ⅢA、ⅢB、ⅢC下的条目都是Ⅲ的下属部分。

文　本	编　码
第一次见到他的时候我颤抖了。他既风趣又帅，还会很可爱地跟我开玩笑。聊了一会儿后，我发现我们都喜欢玩鸟和散步。	吸引
12月17日，我的政策领导和我一起与HR1214的代表中的领队进行谈话。他说如果我们可以让它通过委员会，那么代表就会支持这一议案。	为HR1214进行游说

Herb在他的书《复兴希望》中使用了这种编码规则。例如，他的第四个主干话题是工程，用罗马数字表示就是Ⅳ。工程分为成功的定义、工程类型和工程阶段三部分。工程阶段又依次分为六个话题。编码大纲大致如下：

Ⅳ. 工程

　A. 定义成功

　B. 工程类型

　C. 工程阶段

　　1. 发展前的设想

　　2. 财政概况——典型包装

　　3. 财政方面的多方合作

　　4. 社区联系

　　5. 委托人

　　　a. 合适的委托人

　　　b. 问题的委托人

　　6. 建设的痛苦

　　当Herb读到关于有问题的委托人的讨论时，他把它编码为Ⅳ-C-5-b。在详细地反复阅读过访谈誊本后，大纲就出来了。这种编码方案使你既能查看编码分类之间的关系,也能用计算机返回到大纲的任何一级。因此,你可以看到所有讨论有问题的委托人的资料单元,任何谈及委托人的段落,或者有关工程阶段的所有信息。使用这样的大纲在某种程度上很方便,因为如果被访者在谈论时没有清晰的界定阶段或判断成功的方式,你就可以只使用标签Ⅳ:工程。

用电脑软件对头脑中的想法进行编码的例子

Herb 和 Irene 都使用 Nota Bene(一种文字处理器)内置的叫 Orbis 的编码和查取系统来做编码。Orbis 软件可以对文本中所有的单词进行自动编码(但是我们告诉它不要对一般的单词(例如 the、is 等)进行编码)。如果我们想找出任何在文本中出现过的词,Oribs 就会找出每一条,并返回所有的结果,而每条都有我们用于详细说明所需的信息量,如出现它的句子和段落。在软件可以搜索并查取文本的情况下,就没有必要特别记录名字、日期或任何题材标志。但是,Orbis 找不到文本中没有的单词,因此我们必须设定好编码,并把它加在誊本中那些没有用特定单词标明的概念上,同样我们也要给主题加上编码。如果有人说"当市议会同意设立停车标志后,我感觉好多了",我们就可以在这段文字后写上" $$ 增权"的编码,这样软件就可以找出这一段以及邻近的文字,放到我们标明的文件里。我们使用 $$ 标志来提示这是我们创造的概念而不是在文本中发现的。

依照扎根理论的方法来进行编码

在根据我们的方法进行编码时,你要从访谈和文献入手,搞清楚哪些概念和主题可以进行编码,并在适当的时候提出新概念,然后在实施编码操作前弄清楚定义,但是我们的方法并不是唯一的方法。很多质性研究都喜欢使用扎根理论模型(概要整理见 Boyatzis,1998;Charmaz,2000,2001;Strauss and Corbin,1990)。这一模型主张编码、识别概念和主题以及理论发展是一体的过程。进一步说,概念和主题必须来自于资料而非文献。扎根理论家们对每个访谈的每一段进行编码来推进研究,而不是先发展出一个有关具体概念和命题的单子,然后再应用到访谈中。

通过所谓的开放编码(open coding)——也就是在研究推进的过程中实施编码,扎根理论家们已经发展出一套系统的方法,据此通常能得出新鲜和丰富的结论。这一方法的劣势在于它需要完成大量的编码,而其中的大多数你根本就用不到。扎根理论的分析不区分那些对研究题材而言相对更重要的主题、术语和相对边缘的主题、术语,因为题材以及主要命题会随着研究工作的进展而变化。概念识别、编码和理论发展是一揽子工作。与之相反,在响应式访谈模式中,工作阶段的界限更分明,而从早期阶段获得的认识会更多地应用于之后的阶段。

尽管响应式访谈模式的分析比扎根理论的更高效,但有时候用扎根理论进行编码会更好。如果你在分析其他人的资料——例如,你是借助口述史档案或共享小组研究工作来实施研究,这时你就不具备那种进入自己的访谈成果,并在起初就获得了可能的概念和主题的经验知识。这种情况下,扎根理论的逐行编码就很必要。或者,如果你已经在某个项目中用过自己的访谈,而现在想从另外的角度来认识它,以察看它是否还有其他启示,扎根理论的方法会很有帮助。类似的,如果你担心文献和已有理论会蒙蔽了你的视野,以至于你无法看清资料呈现的内容,扎根理论的编码方法可能是条出路。在用扎根理论的方法寻找概念和命题时,要问问自己被访者的意思是什么,感受如何,然后用一些单词或短语总结这些答案。

如果你用开放的编码过程,一边阅读访谈,一边作标记,并对它出现的每一段进行编码,那么你的编码可能出现意义不一致的情况,而你关于编码意义的看法也可能会在之后察看特定的被访者如何表达他们自己时发生改变。结果,你可能不得不重新编码来适应你的新发现。这样的工作可能会让人觉得沉闷,尤其是当你有几千段访谈要编码,而又不得不重新编码好几次的时候。开放编码在较短的工作或你非常熟悉要编码的概念时会比较好用。即使没有写出来,你的头脑中可能也有一个编码单。

你可以在不完全遵照扎根理论的所有假设的情况下使用开放编码,一边推进研究一边编码,而不是事先准备好单子,界定清楚概念,然后在文本中标出它们。这一混合模型介于响应式访谈的正式编码方案和扎根理论模型之间,你不需要对每一段或每个术语都进行编码,而是只选择那些与你的研究问题相关的概念和命题。你越是聚焦在访谈上,这一混合模型就越高效。

结　论

　　最终分析的第一阶段涉及的工作远超过资料准备:你需要找出概念和主题,想出要加给它们的标签,并决定你是否想在编码方案中表明编码之间的关系。分析的其中一部分是决定对什么进行编码,以及如何界定关键的概念和主题,这时你要比较不同的访谈如何表达同一概念从而提炼出它的内涵,详细说明每个概念和主题,并表明还需要增加些什么。为了完成分析,你还需要把这些概念和主题放在一起,表明它们如何回答了你的研究问题,并引申出更广的启示。

11

分析编码后的资料

给访谈资料编好码后,接下来要做的工作就是阐明已编码资料的意义。这时,你可以从以下几方面着手,区分并总结出一些概念和主题,以特定的事件或故事为线索对信息进行分组,或者依据被访者的不同属性对信息加以分类。这时,你可以借助 word 程序或者为质性资料分析专门设计的软件,查询特定的概念、主题、事件或题材标志的范畴。全部信息都分好类后,寻找不同概念与主题之间存在的模式与关联,或者综合不同的事件及其不同叙述版本,以组合出丰富的描述性叙述。最后,反观研究结论的更宽广涵义,并明确其适用范围与成立条件。

形成叙述与描述

你要系统地考察概念、主题和题材标志,进行区分与比较,找出其中存在的模式与关联。做文化研究时,把与某个概念有关的各种回答都放在一起,从中提炼出你对概念意义的独特理解。做主题研究时,比较并权衡有关事件的不同叙述版本,以构造出你对事件发生过程的特有解释。

分类与总结

首先,把所有包含相同编码的资料单元放进同一个计算机文件里,总结每个文件的内容。总结时,在文本中记下与编码范畴有关的要点,尽可能不带个人的价值判断。比如在描述好的教授的形象时,有人提到了开放性和响应式很重要,还有人提到了讲解的清晰性或考察的公平性很重要,那么你在总结"好的教授"这个概念时，就应该同时包含这四种特质：开放性、响应式、清晰性和公平性。你既不能忽视人们提到的任何看法，也不能重此轻彼。总结工作本身就是很有用的，因为并非每个人都清楚其他人对某个主题的看法，譬如学生评价好的教授的标准，或者某些人第一次竞选公职的原因。

第二步，检查之前写好的总结，询问自己其中少了些什么东西，并弄清楚为什么会缺少这些。假如访谈中无人提及好的教授应该熟悉最新文献、擅长举实例或者很幽默，那么这可能说明学生并不需要教授取悦他们，也可能是他们认为教授本身就应该见多识广，知识储备过时的教授很少见。你要同时思考以下两个问题——"现在有什么"和"还缺少什么"，由此形成一些初步的主题。

分类与排列

为了有进一步的发现，你可以在每一个已编码的资料文件内部对资料进行分类和排列。假定你正在开展离职访谈，并初步抽出了所有编码后与抱怨（complaints）概念有关的资料单元。总结这些文件时，你发现有以下几种情况：对停车问题的抱怨，对人事评估的不满，以及对电脑过时的担忧。同时，你的总结还发现，人们对于停车问题只是略有意见，而对电脑过时则非常不满，因为这很妨碍他们的工作。对不同问题的抱怨程度不同这一事实就提醒你根据抱怨程度对抱怨的内容进行排列。排序后的资料可以有很多用处。你可以从中提出以下问题：最严重的问题是否被提出来了；或者最严重的问题对所有员工都有影响，还是只影响一部分人。你可以弄清楚最困扰人们的问题究竟是那些最妨碍他们工作的问题，还是那些最常出现的问题。

分类与比较

当你从编码资料的分类文件中得到一些初步的看法后，接下来就对文件进行再分类，这一次分类主要是看：当你根据被访者的背景特征对它们进行分组后，不同组的被访者谈论某些概念、主题或事件时的侧重点是否有差异。是不是在管理者看来电脑过时只是小问题，而在雇员看来这则是大问题？年轻政治家对可疑的资金筹集方式的看法是否不同于政治老手？第一代大学生与那些父辈就是大学生的人相比，期望从教育中获得的东西是否不同？

通常,你会根据被访者的背景差异(男性或女性,黑人或白人,劳工或管理者)对访谈资料进行分类。当然你也可以采取其他分类方式。例如,根据被访者使用某概念的不同方式,而不管他们的背景如何;例如,在 Herb 对社区开发者的研究中,很多人都提到尊重很重要。Herb 将所有包含尊重(respect)编码的文本片段都放在一个文件里,并根据尊重给予者(银行家,市政官员或基金会)的不同区分出不同的子文件。他总结每一个子文件的内容,并在对它们进行比较后发现,对社区开发者而言,当银行或基金会的资助者聆听他们的社区观念而非强加自己的看法时,他们会觉得自己是受尊重的;而与官员们打交道时,则是在后者除去行政障碍并简化审批程序的时候,他们会觉得自己是受尊重的。对这些内容进行比较时,Herb 先是发现它们之间存在着差异,后来才注意到它们的共同点:在社区开发者看来,尊重就意味着去除工作障碍。

通过比较,一些追踪问题就浮现出来了,它们有助于你更好地理解并理论化那些经验事实。当 Herb 明确了他的研究对象——社区开发者所谓的尊重的含义后,他对资料做了再次分类处理,这次是分成两组,受尊重多些的积极分子一组,少些的另一组。他对这两组作比较后发现,那些致力于房屋建设(建筑工作)的社区积极分子觉得自己比那些致力于社会服务的人更受尊重,这就暗示了有关资助者的重要偏见。由此我们可以提出以下两个问题:那些提供社会服务的社区积极分子是怎样为自己筹措资金的,以及他们是如何抵制从事房屋建设工作的诱惑的。

例子:采用分类和比较来建立整合的分析

Irene 用分类、排列和比较这套简单的分析方法,构造了有关政府机构在面临严重的预算危机时如何作出回应的理论。首先,她选了一个预算受到严重威协的政府机构作为自己的研究点。其次,分析访谈资料时,她把那些伴随财政危机出现的批评都找出来,加上了批评(criticisms)的编码。然后,她把所有涉及批评的文本片段都放在一个文件里,并准备另一个文件,放入所有包含机构回应(agency responses)编码的资料。再然后,她比较两个文件的内容,找出批评和回应之间存在或缺少的关联。由此她弄清楚了哪些批评有回应,而哪些没有。同时,她从机构官员的角度出发,按照批评的严重程度重新排列访谈资料,重新查看这些编码资料,从中寻找这些机构会更看重其中某些批评的原因。最后,她比较该机构对同类批评的不同回应,建构了关于政府机构在遇到预算危机时如何对批评进行回应的理论。

权衡与汇合

　　权衡与汇合的工作有助于你综合同一事件的不同版本,或者同一概念与主题的不同解释,允许你将不同的事件汇总起来,构造出单一的描述性叙述。例如,做文化研究时,你在第一个访谈中听到被访者很随意地提到某个概念,从第二个访谈中了解到这一概念比较正式的含义,透过第三个访谈找到了贴切的实例,而到第四个访谈时则可能会发现之前遗漏了的一些微妙含义。在汇合分析阶段,你就要把上述所有编好码的访谈片段都放在一起来全面理解这个概念。做主题研究时,你会根据每个人对事情的了解情况有针对性地设计访谈问题,以便你所问的正是他/她所最了解的。现在你则需要对这些片段进行整合以描述或阐明事件的完整经过。例如,为了回答当地的社区团体怎样规划并实现他们的发展项目这一问题,Herb 把针对熟知财务的人、精通建筑的人和深谙政治支持之道的人的不同访谈中所有与问题相关的片段都汇合起来集中分析。

　　汇合同一故事不同或重复的部分,或者汇合针对同一概念的互补性说法,这都是比较容易的。假如某些人描述了庆祝会是怎样准备的,而另一些人则讲述了庆祝会上发生了哪些事情,你就可以把两部分内容都放在同一个描述庆祝会的文件里。当你试图将几个不同的概念归纳为同一个主题时,汇合资料的工作就复杂得多了。你需要先从被访者对这些概念的描述方式里推断出它们之间的关联,或者先想明白它们之间的关联,再回到已编码的资料中寻找可以支持或修正这些逻辑猜测的证据。

　　例如,在对经济发展从业者(economic development practitioner)的研究中,Herb 首先从与这一主题相关的编码文件中总结了几类抱怨内容。有一类抱怨针对的是有关工作环境的不可控性,即被访者觉得他们的工作成果(创造新的就业机会)似乎与努力程度无关;另一类普遍的抱怨是觉得他们在无关紧要的小事上花费了太多时间,比如散发传单等。Herb 从这两点中归纳出了一个主题,即经济发展从业者在控制结果方面的无能为力,导致了他们忙于琐屑小事的"虚功"(busywork)。带着这个主题,他重新分析了"不可控性"和"虚功"这两个单独的编码范畴,看它们在何种情况下以及是如何交叠在一起的,并由此找出那些表明不可控性和虚功之间存在关联的实例。

当你与被访者之间存在异议时,汇合分析的工作就会更加困难。这时,你必须权衡不同被访者提供的证据,以确定这些记录的可信度。通过汇合各种描述,对不同版本进行斟酌,你就创造了自己对事件发生经过及其意义的独特解释。

权衡某一事件的不同版本时,你可以用很多办法。第一,看被访者是否曾实际参与或直接观察过这一事件——当事情早已时过境迁时,尤其要注意这一点。如果是的话,要特别倚重一手资料。第二,你要察看被访者的价值倾向或偏见,然后尽量少采用那些带有强烈偏见的说法。第三,当然,你一般都会比较看重那些摘自档案、日志或咨询报告副本、新闻报道、预算报告、研究文献或年的资料。

你可以通过深入分析来权衡资料的可信性。像"我知道她喝醉了,因为她一直沿着墙根走,不断地撞墙并喃喃地说'Scuse me'"一类的说法就足以说明那个人醉了。另一方面,如果你听到的是一些不确切的说法,如"大概那时候"或"我记得不太清楚,但我认为是这样的",引用的时候就要格外小心。如果被访者的说法自相矛盾且不易理解,你可能就不会太倚重这样的访谈。通过与其他访谈的对比,特别是做过观察后,你通常可以判断出哪些细节人们会记得比较清楚。有的人擅长观察人的情绪,能记住事件发生或会议进行时人们讲话的音调,有的人则对自己投过的票、做过的承诺或讨论过的内容印象比较深刻。你应该倚重这类信息,即你认为被访者记忆最清晰的部分。

整合、检查和修正

现在要做的就是整合你所有的发现,先查看它们是否精确一致,再修正那些你认为不够准确的地方。例如,在一项有关大学学生保持制度的研究中,你得出结论"学校对成年学生有偏见"。寻找证据时,你需要回到编码资料中,比较不同年龄段学生的抱怨情况。假如抱怨情况差不多,你就要修正一开始的结论,并进一步说明这所学校并非对成年学生持有偏见,而是对所有学生的要求都不作回应。

下一步,检验你所了解、分析并整合了的说法是否全面可信。假如你的分析立场本身厚此薄彼,那你就要进行双重检验以确保你有充分的依据支持自己的判断。假如你要说明 A 事件是 B 事件的原因,那就要确保自己掌握了有关因果关系机制的充分依据。Irene 在其有关严重财政危机的研究中指出,管理差劲是导致财政危机恶化的原因之一。这时,她需要逐步说明这二者之间的因果机制,才能使这个结论有说服力。循着被访者的回答和相应编码的线索,她逐步理清了事件的来龙去脉。由此她发现,管理层非但没有采取减少开支或增加收入(传统的应对之道)的方法来应对财政危机,反而在一开始就试图瓦解工会,以为工会越弱,工资增长幅度就可以越小。但是,他们瓦解工会的努力并没有成功,工会成员被激怒了,愤而反击,并赢得了更高的工资水平,从而使得财政危机进一步恶化。在这个例子中,Irene 通过整合管理层和工会领袖两方的说法,逐步澄清了整个事件的来龙去脉。

资料分析的第二阶段:建构理论

至此,你已经为撰写研究报告的叙述性与描述性部分打下了坚实的基础。就文化分析而言,只要在概念分析的过程中添加一些实例,读者就能明白这些概念对于特定文化群体的意义。这时,你可以使用那些鲜明的反映文化特色的描述性资料,例如,呈现某个族群的婚礼是怎样举行的,或者说明组织内部比较合理的意见表达方式是怎样的。就主题分析而言,这时你可以按照时间顺序来呈现各个事件,也可以整理出一套自己的叙述:这场政治斗争中发生了什么,或者某大学在财政危机中出现了何种变化。你既可以描述人们在某公司上班时遇到的困难,也可以说明某个社会项目成功或失败的原因。总之,这时你已经可以呈现一套精确可信的描述了。

下一步,你需要拓宽研究结论,寻找更进一步的启示。这时,你要询问自己:我的发现还有哪些地方需要修正或拓展? 由此我可以推出哪些社会、政治或行为理论? 理论就是一组相关的陈述,它们综合了许多概念和主题,目的是解释事情如何发生,以及为什么会以这种方式发生。理论把相关的概念和主题关联起来,不但回答了研究问题,而且为理解更重要的社会问题提供了框架。

不同理论的适用范围不同,有的仅仅关注某组织的运作逻辑。在这类基于个案的理论中,问题的答案源于访谈资料。例如,关注

某市长下台原因的研究最后得出的就是基于个案的理论,它指出
政治支持流失的原因在于市长对市民不够尊重。该理论不但为这
一个案现象提供了解释,而且把政治支持流失和不尊重市民这两
点相关联,为我们提供了更广的启示。

反思从个案中发现的原理与机制,进一步拓展它们,你就可以
发展出中层理论。在上述研究中,你不但可以得出不尊重市民的
市长将会下台的结论,还可以进一步拓展这个结论:政治傲慢或蔑
视公众的做法将对选举不利。为了将你的研究结论拓展成中层理
论,你可以简要审查一些其他类似的个案,还可以结合政治行为研
究方面的相关文献,指出你的研究有什么新的贡献。

宏大理论是应用范围最广的理论,综合了很大范围内的各种
研究成果。宏大理论的问题涉及面很广,适用于很多社会情境,有
些甚至跨越了不同的社会或时代。但由于响应式访谈处理的主要
是研究者直接从谈话伙伴那里收集到的资料,所以这类研究本身
很少达到宏大理论要求的抽象程度,不过它可以为其他人建构宏
大理论提供一些证据。

大多数质性研究者会致力于发展中层理论,即在访谈发现的
基础上回应已有文献提出的研究问题。响应式访谈的整个研究设
计就是要逐步推导出一些中层理论。准备访谈问题时,你就要问
自己一些与发展理论有关的问题:事情的原因有哪些,重要的概念
是什么,特定命题之间的关联又如何。

在这一阶段的分析中,你要反观一下,思考怎样把已有的发现
连接成逻辑一致的理论,为范围更广的文化现象或事物发展进程
提供解释。通过揭示主题之间的关联,并用相应的理论说明这些
关联方式与原因,你就可以建构出自己的理论。

但是你怎样知道哪些主题存在关联呢?首先,反思自己的提
问模式,因为在研究过程中浮现的那些问题本身就暗示了你对主
题的判断。第二,仔细推敲你的访谈资料,看被访者怎样关联某些
重要主题。第三,在已有文献提供的理论框架下审视你的研究。
这些已发表的文献不但阐明了某些概念,而且揭示了一些相互关
联的主题。最后,你可以先推导出一些概念和主题之间可能存在
的关联机制,然后带着这些假设返回到资料中,看自己的理论是否
站得住脚。

反思自己的提问方式

在响应式访谈研究过程中,你的问题会随着主要问题的调整及追踪问题的提出而有所改变。新添加的问题反映了你对资料中各主题间关系的理解增强了,也意味着一个理论正在形成。

Irene 做过一项有关合约的研究,试图弄明白当地官员为什么能在不同行业的合约中发现差异。研究进行一段时间后,Irene 了解到更多的事实,开始以不同的方式提出上述问题:市政官员怎样知道某些行业的人是否依合约行事(概念:业绩评价和承诺)? 具体的合约有多么正规(概念:正规性)? 根据收集到的资料,Irene 可以说明不同行业的合约存在差异,例如,水和废水处理行业的合约就与保洁服务行业的不同。这是因为水的干净程度很容易测量,但是一栋大楼的干净程度却很难评价。以上述两个追踪问题为基础,她得出结论:行为结果越难测量,合约措辞就越正式。有些还会清晰地规定某些具体活动需要执行多少次,比如,废纸篓应该多长时间清空一次,地板需要拖几次。由以上可知,在提问的同时,Irene 就已经开始在构建与业绩评价难度和合约措辞正规性二者相关的理论。

同时讨论的概念或主题

还有一种获得理论建构灵感的方法是在你的誊本中找出那些同时讨论两个或多个主题的地方。通常这些资料单元都会涉及对一些重要事件的描述或铺陈,重要的概念之间的关联也通过这些事件得以凸显。当你弄明白这些概念之间的关联机制后,就回到誊本中对照所有提及这些主题的其他地方,察看你发现的关联机制与人们的谈话内容是否逻辑一致。

Herb 访谈社区发展者的时候,发现人们反复提起某个成功的社区项目的故事。他仔细琢磨这个故事,从中揭示了某些主题之间的关系。在颂扬该项目与其推动者的成功的同时,这个故事表明推动该项目的社区组织最受基金会欢迎。故事强调,这个社区组织不但成功地将自己的想法付诸实践,而且成功地塑造了自己在资助者眼里的形象。随后,Herb 重新审阅了访谈资料里谈及成功的其他地方,察看资助者眼里的形象这一点是否重要,由此进一步引申出有关社区组织的成功原因的理论。

连接不同的主题并从被访者的评论中发掘更广的意义时,你必须仔细推敲被访者说过的话。下面这段故事节选自 Irene 有关市政合同的研究,内容涉及对某市政官员(这里简称"S")的访谈片段。

S:小地方的议会及其成员经常变动,只有承包人会留下来培养新成员。你会变得很依赖承包人。他们跟议会的关系比你更好。他们五年来一直带议会成员去吃大餐。你没法让他们离开。这种状况在那些专业性差的小镇上司空见惯,即便如此,我们还是要努力除掉那些盘踞已久的承包人!我的故事就是这样的。

我担任(城市名)城市经理助理的时候……信息技术是外包的。承包人在这里已经待了七年,时间比我和城市经理都要长。当时我们的组织很需要他。他就取代了职员,在那儿做顾问,非官方的……他干了两年后,服务就变得非常糟糕。他把旧电脑当新的卖给我们……我们想要赶走他。他那样做是违法的。我们只是对他糟糕的服务不满意而已。……这个被赶走的人打电话给我和城市经理。见我们的主意不改,他就给议会成员和主席打了电话。我们向议会解释了我们的决定,议会就安排我、被赶走的这个人还有市长一块儿座谈。我们保留解除他职务的权利,但是……

Irene:议会还可以开除你。

S:是的。议会主席想给他六个月的时间来改过,并让我们拿出一套可以评估他业绩的方案。我们本想解除那份合约,但还是同意再给他六个月的时间。这一巴掌我们打在了自己的嘴巴上。就我们的全部目标来说,这根本不值得我们自吞苦果。我继续跟进评估工作,但已经准备好在六个月后,要么赶这个承包人走,要么自己辞职。

……民主党人(议会里的)跟这个卖电脑的家伙关系并不密切。他们说:"不,我们想要赶他走。"几个共和党人中途也改变了自己的看法,与少数派站在了一起。我打电话给承包人。他带着挖苦的语调跟我讲话,以为自己赢了。我告诉他我们同意给他六个月的改过时间,但是议会不同意。他大吃一惊。就这样,我们赶走了他……但我差点因为这件事丢了工作。要除掉一个长期承包人,他是当地人,而且有政治关系……忍气吞声,接受糟糕的服务是你在这种情况下的最好选择,但是你必须做正确的事,管它后果是什么呢!

做不到这一点(无法除掉提供糟糕服务的承包人)的时候,在公共部门工作就没意思了。不过这一回,我们还是做到了。

被访者在故事的最后表达了一个鲜明的主题:"当你不能除掉提供糟糕服务的承包人时,在公共部门工作就没意思了"。另外,这个故事还涉及其他主题资料,其中有个要点是"小城市很依赖承包人,这些人像部门主管一样代替市政官员做事,要开除他们往往很困难"。针对这个现象,被访者讲了两点原因:一是议会成员和专业人员变动频繁,这使得承包人在当地待过的时间比任何可能管他们的人都要长,对历史也更了解;二是承包人经常贿赂议会成员,使议会成员感到自己有义务袒护承包人。

建构理论时,思考一下各个主题之间的关系如何:开除承包人很难,因为他们扮演着部门主管的角色,而之所以会出现这种情况,是因为议会成员经常流动,并且承包人经常贿赂议会成员,由此带来的后果就是当市政官员无法因为服务糟糕而解雇承包人时,公共部门的雇员会很失望。这些相互关联的主题(一个主论点,两个原因,一个后果)就为理论建构提供了起点。其中还有一个隐性的前提是,小城市更容易发生这种情况,因为城市越小,议会成员越容易流动,对承包人的依赖性也越大。这样,该故事就把五个主题结构性地关联在一起。

有时候次要主题并没有表述得这么清晰,但是你可以在故事本身的张力中发现它们。例如,合约故事的两种不同做法就存在明显的紧张,市政雇员要么选择容忍承包人的欠佳服务而非小题大做(因为这样更容易做到,而且他们还有其他事情要忙),要么选择奋起反抗以追究承包人的责任(因为承包人做得不对,放弃追究的行为也很无能)。更深层的紧张关系存在于政府的行为选择中,它要么有所作为以维护自己的信念,要么行为不力任凭信念遭受腐蚀。对每种紧张关系的揭示,都表明了一个新的主题。综合起来看,这些主题就形成了有关公共部门雇员行为困境的理论,他们一方面试图成为好的管理者,并代表公共利益;另一方面又必须在高度政治化的环境中实现这些抱负。由此我们不难看出,对简单的一段话的深入分析,就可以发展出一个有关管理和政治间关系的中层理论。

你通常可以在符号化的事件或仪式中找到相互关联的主题。有时,它们会处于一种对抗或紧张的关系中。例如,在有些婚礼仪式当中,妻子被当作一种财产:新娘的父亲将她的手交给未来丈夫的举动说明,这个新娘过去一直属于自己的父亲,直到她被交给自己未来要从属的丈夫为止。同时,新娘交给丈夫的仪式是在一种人们认为纯洁无瑕的状态下(白婚纱)进行的,这样她生孩子的能力就属于她的丈夫。丈夫的无瑕并不是仪式的目标,而且似乎无关紧要。此外,新娘的家庭要为婚礼买单这一事实又进一步表明他们需要付钱给那个将要接过女儿之手的人。与之相反,仪式的另一部分则传达了相反的信息。未来的妻子会被问到:"你愿意让这个男人成为自己将要结婚的丈夫吗?"这一做法与随后的戒指交换仪式都表明婚姻是两个人在平等基础上的结合。综合上述对婚礼细节的分析,我们可以发现在财产权和伴侣这两个主题之间的张力。

在已有文献的基础上发展理论

通常,会有很多已经发表的文献涉及你的研究主题。这些文献,尤其是那些发表在学术刊物上的,阐述了其他研究者从自身资料中发现的连锁主题,提示你它们可能也会出现在你的资料中。

组织研究的有关文献非常丰富,主要涉及包括组织自身如何运作、如何应对其他组织与外界环境等在内的各种主题。有些文献重点讨论外界环境的复杂性及可变性如何影响组织在人员招募、工作分配、监管与激励等方面的运作模式。例如,为了能在复杂多变的环境中立足,你更需要的是那些解决问题能力强的技术骨干,而非循规蹈矩的死板职员。但是这样优秀的人才通常很少,你必须用心求取(招募)和保持,还要赏识并回馈他们的创造性劳动。在备受赏识且回报合理的情况下,他们会更愿意留下来。当你做完一项有关组织运作与环境应对方式的研究后,可能会集中考察访谈誊本中编码为"环境复杂性"、"员工招募和保持"的地方,检验已有文献的结论与你的资料是否相符。这时,你的资料可能会支持已有文献的结论,也可能会揭示一种环境影响组织行为的新方式。无论如何,你都要从已有文献中阐明的理论出发,开始你自己的研究。

需要注意的是,这种理论建构方式不会只停留在验证文献中已经阐明的理论上。你同时也在拿这些文献中揭示的具体概念与主题之间的关联机制作为参照,考察自己的资料。你可能会揭示这些概念与主题之间的其他关联机制,也可能会发现情境和视角完全不同的其他主题。总之,你是用已有文献作起跳板,拓展其中阐明的观点并建构自己的理论。换句话说,你并非把自己局限于仅仅检验文献中已阐明的关系,而是以它们为基础建构自己的理论。

推导主题间的关联机制

处理资料数月或数年之后,你肯定已经非常熟悉自己的资料内容。这时,凭着你对资料的感觉,就可以推断出哪些主题之间可能存在关联。

首先,综合考察那些涉及同一部分研究问题的概念和主题;然后,提出各种涉及关联机制的问题来自己作答。它们是同一过程或概念的例子吗? 它们之间相互矛盾或存在张力吗? 有没有一个因素对其他一个或几个因素存在影响? 它们几个是否存在相互作用? 它们当中的一些因素是否同属于另外的概念或主题的原因或结果? 假如这些概念或主题之间存在上述的某种关联,你就必须回到已编码的资料中找出一些具体证据。

Herb 对社区发展者的研究用的就是这种推论方式。首先,他把所有涉及社区组织与政府关系的主题都集中在一起。其中有一个主题提到,政府对房屋改造工程实行的管制,阻碍了对穷人住房进行翻新的工作的进程。还有一个主题提到,政府往往不尊重社区发展者,所以社区工作资助款的发放总是姗姗来迟。合起来看,这两个主题就构成了探讨非政府组织和政府部门关系的理论的一部分:虽然社区发展工作很有必要,但政府通常都表现得更像块绊脚石而不是支持者。

为了进一步寻找关联机制,Herb 还做了其他努力。他将编码资料中说明社区组织与资助者之间关系的两个看似矛盾的主题放在一起。第一个主题表明社区组织对资助者言听计从,而另一个主题则显示了社区组织成员在说服资助者支持自己想法方面的进取性。由此，Herb 想弄明白社区组织怎么会既有进取性又有顺从性。他回到有关施压术（pressure tactics）的已编码资料中，发现社区组织者的施压术通常是间接性的：他们不会直接参与施压行动，有时是拜托支持性的资助者代表他们与其他资助者座谈，有时则新建一个联盟，而该联盟的唯一作用就是在资助者被激怒时接过烫山芋。在面对面的直接接触中，社区组织都表现得很顺从；而在间接地借助第三方进行的交涉中，这个群体则表现得更富有进攻性，也更加隐形。由此，Herb 想出了一套关系机制，化解了进取性与顺从性并存的"矛盾"。目前，Herb 正致力于建构有关边缘社区组织生存策略的中层理论。

完整理论的要素

汇集那些回答了你的研究问题的主题，朝着建构理论的方向迈进，是迄今为止我们讨论的重点。你可能想就此打住，也可能想继续努力，建构一套完整的理论。这时，你需要对完整详尽的理论有所了解。

完整理论的核心是一组主题，每个主题都可以回答研究问题的某一部分。所有主题加起来，就构成了可以回答全部研究问题的理论。这些主题提供的只是理论纲要，你可以从以下几方面着手进一步阐明这些纲要：

如果某些主题描述了导致结果的原因，你就可以进一步追问其中的因果机制与中间过程。你还可以找出一些例外或反例，通过阐明它们的意义来修正你的理论。然后，逐条审视每个主题，假定它们是对的，看能推断出什么结论。最后，察看你的资料，可以借鉴已有的研究文献，确定理论的成立条件和适用范围，也就是明确理论的可推广性如何。

下面，我们借助 Irene 对政府部门如何应对预算减缩的研究（该研究部分地涉及某些负责收集信息并向其他政府机构、商业团体或公司提供信息的部门）来看一下怎样阐明理论。她在第一阶段的分析后指出，这些部门的生存法宝是它们在精通专门技术及生产专业报告方面的声望，而这些声望在财政危机时期很容易受到侵害。她还发现，遭遇财政危机的政府部门会更愿意做出有条件的妥协，这就侵害了它们在保持中立方面的声望。整合这两点后，她得出结论：财政危机会侵害信息部门的可信度。这就为建构理论提供了一个起点。

　　然后,她通过详细说明该因果关系的作用机制来阐明自己的理论。她重新查看资料,寻找可以解释财政危机与信息部门的成果质量降低之间关系的机制。她发现,这些部门不但负担不起那些可以更新自身资料库或者改进研究方法的研究,而且没有时间或财力来检验自己报告过的资料,更无法应时展开调查与分析。她还发现,这些部门在遭遇财政危机时,会倾向于歪曲或夸大自己的研究成果,与政治压力保持一致,以免得罪那些潜在的资助者。以上两种情况——没有能力提供高质量资料,倾向于歪曲成果,就是降低这些部门作为中立的信息提供者的可信度的机制。这些主题合起来就构成了一个完整的理论,阐明了财政危机是如何侵害可信度的:成果质量的变低和专业形象的受损一起导致了可信度的降低。

　　紧接着,Irene追问自己可信度的降低会带来什么后果,进一步阐明了自己的理论。这时,她再次返回到资料中,发现那些失去可信度的部门既丧失了政治支持,也没能重新获得资助。这一发现就表明了第四个主题:如果信息机构因为产生质量低与专业性差的报告而失去了可信度,它们就破坏了自己赖以获得长期支持的基础,从而威胁到自己的未来。

　　虽然Irene的理论是从少数政府部门的个案中发现的,但是她认为,修正后的理论可以应用到研究情境以外,那就是:如果机构在短期内采取错误的行动以应付来自环境的威胁,那么可能会给自己带来最终的毁灭。根据她研究的其他机构的情况来看,修正后的主题可以应用的范围似乎更广。

在研究情境以外推广你的发现

　　研究结束前,你至少已经找到了数个可以回答研究问题的总结性的主题;可能你还会发展出一套相当完整的中层理论,既能描述你的研究场景,也能回答你的研究问题。这时,你可能想知道你的发现是不是也适用于其他情境(见Johnson,1997)。

　　这时,你可以遵照下述三种方法。第一种方法,如果你一开始就希望最后的结论可以扩展到研究情境以外,那么在进行原始设计时,就要选择差异丰富的研究情境、个案和被访者,便于结论的推广。现在,你要仔细检查不同情境下的发现并分析资料,以确定理论的适用范围。

与总体相比,Herb 访谈过的社区组织只占小部分,但是他有目的地选择了多种不同的社区组织,既有农村的,也有城市的;既有少数民族社区中的,也有非少数民族社区中的;既有从事房屋建筑工作的,也有致力于创造工作机会的。在有关政府部门如何应对预算减缩的研究中,Irene 也选择了很多不同的个案,既有大机构,也有小机构;既有产出信息的,也有提供服务的;既有优先服务于政府部门的,也有面向大众的;既有有大财团支持的,也有没这种支持的。因为在研究设计中已经包含了各种不同的个案,涵盖了可能影响结果的各种变量,所以 Irene 和 Herb 都可以很放心地推广自己的研究结论。

第二种方法,找一些与研究对象有相似背景的个案。你的研究结论在这些背景相似的个案中可能也站得住脚。例如,在开展文化研究(特别是研究表现核心价值的仪式)时,你可以推断从一个仪式中发现的核心价值,也能在同一群体举办的其他类似的仪式中看到。开展主题研究时,先追问对研究结果有影响的条件,然后将研究结论推广到那些条件差不多的其他情境。假如你研究的是某个警察部门在"9·11"事件后的变化,而这个部门所面临的状况可能很普遍,那么你的研究发现可能也适用于其他城市中的很多警察部门。与之不同的是,如果你研究的是合约丑闻后的波音公司,而这种特殊状况(市场萧条与军工勾结)可能相当罕见,那么你的发现就只能推广到少数个案。

第三种方法,查阅已有的文献,看能否为你的理论找到旁证。在有关社区复兴运动的第一本著作中,Herb 提了一个具体的理论,说明他所研究的小社区组织如何推动大的议事进程。后来他在阅读中发现,在一项有关社会服务组织的民族志研究中,Karen Groenbjerg(1993)也描述了类似的组织与资助者的互动情形。有了这个旁证后,Herb 就觉得自己可以放心地在研究场景以外推广自己的发现。

扎根理论模型中的理论建构

扎根理论不但遵循与响应式访谈不同的编码和分析模式,而且提供了不同的理论建构模型。扎根理论研究者企图在建构理论时完全依赖手头的资源,并且重视理论建构,而不关心理论检验问题(Charmaz,2000,2001;Strauss and Corbin,1990:57)。扎根理论方法的核心在于理论直接产生于对访谈或观察资料的分析性归纳。Fielding 和 Lee(1998:22)对分析性归纳过程的总结如下:

第一步:确定你想解释的现象。

第二步:赋予该现象一个大致的定义。

第三步:提出用来解释该现象的研究假设。

第四步:研究一个个案。

第五步:提问"该个案是否与我的原初假设相符"。

第六步:如果答案是"是",就继续研究下一个个案;如果答案是"否",你就要或者重新定义该现象来排除这一个案,或者重新形成你的研究假设。

第七步:继续第六步,直到你找到"普遍答案",即从实践层面上看,你正在构造的理论可以解释所有已经考虑到的个案。但是,出现任何反例后,你都必须重新定义概念或者重新表述研究假设。

扎根理论反对预先从文献中推导主题、概念或它们之间的关系。同时,扎根理论关注理论建构而不是检验,所以它不大关心研究的局限性或代表性问题。研究中涉及的所有个案或情境都被用来修正主题和生成中的理论,没有多余的个案可以进行理论检验。在扎根理论看来,如果新的个案无法再动摇之前的主题或假设,研究就是全面的。与之相反,遵从响应式访谈的研究者在完成情境描述与结论阐述的工作后,还会进一步探讨该结论的成立条件与理论的局限性。

电脑和质性资料分析

所有的访谈誊本和备忘录都应该以方便随时提取的方式存储在电脑中。那么,除了存储和提取资料以外,电脑对于资料分析还有其他作用吗? 质性研究者们给出的回答见仁见智。诸如 Lofland 一类的人看法比较持中:

现在有相当多可以用作质性资料处理和分析的软件……有关这些软件在资料分析方面的价值我们还没有达成共识,但是它们在资料存储和提取方面的价值则是毫无疑问的……

转换资料以供分析本身就是一项很复杂的工作。我们认为，(给研究者)增加学习高水平的计算机软件操作的负担，而增加这一工作的复杂性，成效是微乎其微的。(Lofland and Lofland,1995:77)

与之相反，质性分析软件(NUDIST,Ethnography,CAQDAS 等)的发明者们则明显持有不同看法。他们认为学习更精细的资料编码和分析软件，可以促进更具创造性的、系统而全面的研究(Fielding,2001;Fielding and Lee,1998;Fielding and Lee,2002;Gahan and Hannibal,1998;Weitzman,2000;Weitzman and Michael,1995)。

软件可以帮你迅速重组访谈资料，便于你提炼与关联不同的概念和主题，并找出证据。但是软件不会只挑选那些有价值的看法供你参考。如果任凭电脑程序自己处理资料，它可能会提供巨量信息或太多可能性而把你淹没。你要驯养这个巫师之徒，才能把它变成你的得力助手。同时，在判断资料意义时，你的看法也是无可替代的。

几乎所有的社会、政治与行为研究者都接触过可以自动进行资料分析的强大软件，如 SPSS 或 SAS。电脑自动化操作确实帮研究者分担了一些繁重的工作(和部分理解的必要)。由此，一些质性分析家可能认为像 SPSS 或 SAS 一样好用的软件将取代慢而全面的质性分析过程。但是，正如软件专家 Eben Weitzman 所言，"正如 SPSS 或 SAS 中进行的操作并不能代表所谓的多重回归那样，软件只是你进行质性资料分析的辅助工具，它不能代替你进行分析"(Weitzman,2000:805)。质性研究强调有细微差别、情境介入的分析，从定义上就几乎排除了标准化的方法和一定之规。因此你不能期望把被访者交给一个程序后，它会告诉你资料的意义何在。不过，如果你的期望放低一些，有很多软件可以在资料分析中很有用。

不同的电脑程序提取资料的方式和形式有所不同(参见 Weitzman,2000:805-809)。有的是文本提取程序，它会在整个文本中查找你指定的关键字，并把与之相关的文本都提交给你(如果你让程序定位某个短语出现的段落，它就会提交这一段文字)。文本提取程序可以依照布尔逻辑来查找关键词，换言之，你可以要求它提取同时包含关键词"钱"和"预算"或者包含关键词"钱"而不包含"预算"的所有段落。你也可以要求它标明两个或多个关键词相继出现的所有地方。如果你想找"少数民族领袖"这个词,程序不但能告诉你这个词完整出现过的地方,而且还会提交给你"少数民族"和"领袖"这两个词被少数几个单词隔开的情况。这时,你既能看到"少数民族领袖",也能看到"少数民族党派的领袖"。

在没有编码或标记的情况下,有一些文本提取程序会把文本中的每个词都当成关键词进行搜索。这种方法的优点是简单易行,方便你在资料编码之前查找任何临时想到的词;缺点是,可能有很多片段都涉及你关心的问题,但没有用你正在查找的词表达,而电脑并不知道这些片段隐含着相近的意思,从而无法为你返回这些片段。如果你想要返回这些资料单元,就必须提前在文本中插入明确的编码。

还有一类质性分析软件是通过在概念和主题之间建立关联来辅助分析。使用这样的软件前,你需要先对资料进行编码。然后这些软件会以多种不同的关联模式在这些编码后的概念之间建立联系,便于你从中挑选有意义的关联。这些程序的优点是分析比较全面,既可以突出你意想不到的可能性,也可以提供很多备选方案。此外,当你确定概念或主题之间的关联模式后,有些软件还可以提供图解说明。

综上所述,我们以 Weitzman(2000)的书评以及 Fielding 和 Lee (1998)早期合写的一本书为参考,简要讨论质性分析有关软件的工作原理。大致来看,它们有三点差别:第一,有的会在分析中一直贯彻最初确定的编码体系,有的则随着分析的推进而不断调整编码;第二,编码间关联的确定方式不同,有的由研究者确定,有的则依据常见的关联方式,比如两个编码比邻出现的频次;第三,有的会在编码设定中反映出等级关系,有的则不然,如有的程序给"猫"和"狗"都单设一类,有的则把它们都界定为宠物。

这些软件最重要的区别在于它们关于什么是有意义的信息的假设不同。有的程序侧重于某概念在文本中出现的次数,认为最常见的就是最重要的;而另一些程序则强调特定的概念与观点同时出现的频率,认为邻近出现的词之间更可能存在有意义的关联。

电脑程序确实可以使资料分析的工作大大简便,不过我们还应该考虑一下程序进一步改进后的其他问题。其中,查找频数和概念间关联的工作(这方面软件可以帮忙,几乎不需要借助研究者的经验)可能会逐渐取代质性理论建构所必需的全面的分析过程。

在响应式访谈模式中,分析工作不是要揭示某些概念或观点出现了多少次,而是要说明这些观点和概念之间存在关联的经验是很有力的,并且这些概念和观点对于理论建构是很重要的。电脑程序无法完成这样的工作,你也不能指望它可以代替你。

我们比较折中的做法是不断改进一款叫 Orbis 的编码—提取程序,它是 Note Bene 文字处理软件包的一部分。我们的具体做法是,用该软件查找到某个词后,一方面结合访谈背景来理解这个词的含义,另一方面留意一下题材中类似的其他片段,然后马上做笔记,或者新建一个文件存放所有相关的摘录。查找时,你还可以指定每个编码条目需要返回的文本范围,从它出现的那一行开始直到整个访谈。Oribs 会将每个单词都当作关键词,也很容易接受你新添的编码。此外,由于所有的编码都在一个 word 文件中,通过全部查找命令,你就可以很轻易地调整它们,进行重新编码。比如,把所有编码为"差教授"(bad protessor)的地方,调整为两个更具体的编码——"个性差"(bad professor personality)或"授课差"(bad professor lecturer)。最后,编码新访谈时,Orbis 还可以将新访谈的内容自动添加到之前的访谈资料库中。

通常,Orbis 可以在很多方面辅助我们进行分析工作。第一,为了理解某个概念的内涵,我们可以用 Orbis 提取所有包含相关编码的文本片段,并结合上下文来进一步考察。对主题的考察也是如此:当我们想澄清某些概念或主题的含义时,只需要把所有涉及这些概念或主题的内容都集中提取到一个文件中,统一阅读并从中抽取内涵。第二,检测概念和命题之间的关联模式时,Orbis 支持扩展或复杂搜索(查找包括 a 且包括 b 但不包括 c 的地方),这不但有助于我们系统考察数个主题间呈现关联的具体情境以检验理论,还便于我们考察其潜在证据。不过,Orbis 并不会自动生成有关编码的层级分类体系或有关概念的网状关系图。对有些人来说这可能是缺点,但对我们而言这是优点。因为在系统检验主题和查找关联模式的过程,我们仍然可以自主决定分析的方向。

Orbis 是一款很好用的编码—提取工具。在我们看来,它最大的优点(对偏好电脑自动化分析资料的人而言,这可能是最大的缺点)是我们必须自己思考哪些主题可能会出现,哪些内容需要查找,而不是交给程序来做决定。我们认为这样的分工很好。一方面,Orbis 可以发挥它系统分析的长处;另一方面,我们也不会被那些次要的、频率高或表面关联多（却无意义）的内容所淹没。

小结：从分析到写作

　　分析的目的是为了理解核心概念，找到那些能概括你研究的社会情境的主题。当你归纳出的理论既能回答你的研究问题，又能获得被访者的认可时，分析工作就算完成了。

　　研究的最后一步是撰写报告以分享你的研究发现。在资料分析阶段，你处理的主要是技术性问题，考虑采用哪些编码、定义、理论以及关系。你可能会一遍又一遍地查看访谈资料，从中筛选出若干主题，在缺乏证据的时候抛弃它们，再修正一些、整合一些。有时候你要反复察看了四到五遍之后才可能想到新的主题。你无法在最终的文章里复现这样的探索经过，任何人也无法复制。相反，你在文中要展现的是生动易懂的叙述，并提供令人信服的证据。我们将在下一章详细说明这个问题。

12

呈现结果

　　资料分析进行到最后,你就找到了重要主题,阐明了概念,整合了所有的研究发现。研究工作的最后一步就是要将这些信息呈现在一份有趣、精确、全面、丰富而有说服力的报告中。当你开始写作的时候,关注重心就从聆听被访者的诉说,转向了契合未来读者的兴趣,说服他们接受你的结论,并可能使其据此行事。

　　你可能想站在屋顶上大声地喊出自己的结论,但更可能采取写报告这种更为安静的方式。你之所以撰写报告,一方面是因为你研究的问题很重要,另一方面是因为你对自己的发现感到兴奋。写作提供了一种成就感,你可以实现自己的承诺,将被访者的问题明朗化,还可以影响知识分子或政治团体,以及有兴趣的大众。然而,选择写作,最起码的原因在于,你想与别人分享自己的研究所得。在著名的音乐剧《雨中曲》当中,Gene Kelly 解释了为何演员能承受拮据的生活、残酷的拒绝以及辛苦的训练。他的答案是:"必须跳舞!"他们别无选择,因为他们就是这样的人,就要做这样的事情。质性研究者"必须写作"。

　　成功的写作需要持之以恒的努力。如果你没能吸引预期的听众,或者解释有误、表述得没逻辑,抑或是你没有提供足够的背景知识以使资料具有可理解性,又或者缺乏充分的证据来说明你的论点,那么你就是在说空话。没有人会听你的,没有人会引用你的作品,你的见解将会被遗弃,而你所代表的人们的声音就将会石沉大海。

　　在你思考怎样写作时,询问自己四个问题。首先,你想传达的一个或一组核心观点是什么?你是要解释某个技术概念,叙述有关某个重要政治事件的历史,分享一段口述史,想出一套学术理

论,解决某个政策问题,还是有什么别的打算? 其次,你的作品要
面向的受众是谁? 你要面对的是论文评审委员会、学术圈内人、政
策制定者,还是范围更广的大众? 第三,你的作品将通过什么渠道
发表? 你是要发表在政策文件、特刊、内部报告、会议论文、杂志
上,还是书上? 第四,什么样的写作风格和形式能够在该发表渠道
中最好地传达你的核心观点,并传播到所针对的受众? 你要采用
正式而学术化的写作风格呢,还是随意而个人化的? 作品可以囊
括多少细节? 应该包含研究者或谈话伙伴的多少声音?

　　在这一章我们试图回答这些问题。我们首先集中介绍一些比
较正式的发表渠道,包括政策报告、论文和毕业论文、杂志和书以
及会议论文。不过,我们还应该注意到某些质性研究者成功地以
小说或戏剧的形式展现了他们的研究成果(Ellis and Bochner,
1996)。首先,我们将描绘研究成果的各种传播方式,讨论发表渠
道的选择会对资料的呈现方式产生什么影响;然后,我们会再考察
一些写作技巧,特别是要集中讨论如何能以合乎逻辑而连贯的方
式表达你的观点;最后,我们会提出评估研究质量的一些方法,并
详细说明发表的过程。

质性报告的传播方式

　　你可以通过多种渠道来传播自己的研究发现,而每种渠道都
将吸引特定类型的读者。你可以将自己的研究发现公布在内部通
讯上,也可以将它发表在以从业者为目标受众的期刊上,投给同一
领域的学术杂志,投给报纸专栏、周日杂志或特刊,或者出版成书。
你要写的既可以是面向一般大众的畅销书(叫普及书),也可以是
面向特定读者的学术著作。不管是学者还是从业者,都会撰写要
在专业会议上宣读的论文。越来越多的会议论文和内部报告都会
公布在网上。学生的研究往往会写成毕业论文(本科生和硕士研
究生)和博士论文(博士研究生)。论文可以通过大学网站、光盘或
缩影胶片实现共享。

　　政策报告通常有助于形成议题,为政策制定提供指导。由于
政策制定者很少有时间进行大量阅读,政策报告就会写得直接简
短。以离职访谈为基础的内部研究意在改革人事政策,可能只会
给小部分管理者阅读。而囊括更多翔实细节的政策报告,受众面

则多少要广一些。例如,社区积极分子想知道为什么少数民族社区中的很多邻里组织都是由来自非少数民族的人领导的,于是,一家叫"政策关联"的智囊机构受托展开了有关这一问题的研究。其成果叫《政策变动的领导力:通过发展领导力来巩固有色人种社区》的小册子(Marsh, Daniel and Putnam,2003),在网上广为流传。

学术发现一般会首先呈现在会议论文中,与有关的专家学者共享;然后再发表在数以百计的学术杂志中的一本上,进行更为广泛的传播,其读者通常具备有关该主题的基本知识,会着重察看你的文章对当前学术争论的贡献。杂志文章比一般的政策倡导文章要略长一些,但也很少超过三十页,只能呈现有限的几个主题和相关的支持性证据。

与之相反,学术著作则提供了更多的空间,便于学者呈现一系列相关的主题,发展复杂的理论,并加以佐证。例如,《好日子,坏日子》(Charmaz,1991)一书就呈现了很多相关的主题,描述了慢性病患者所面临的问题,并发展出了有关个体适应的理论;在《在绝望街区里复兴希望》(H. J. Rubin,2000)一书中,Herb 既描述了社区发展积极分子成功重建穷人社区的过程,也描述了有关他们成功原因的理论;在《平衡联邦预算》(I. S. Rubin,2003)一书中,Irene探究了联邦政府是如何在某段时间内成功平衡其预算的,然后以此为基础,提供了有关政府吸取经验的时机和机制,以及这些经验如何被保存和调用的理论。这样的学术研究成果面向的就是那些对具体主题有兴趣的读者。

另外一些以访谈研究为基础的书,受众面更广一些。口述史研究,通常几乎全部用被访者的话语叙述,将读者带入了另一片时空。Studs Terkel 对工作及二战的口述史研究是很好的畅销书。Mitch Duneier 的《人行道》(1999)栩栩如生地展现了纽约街头小贩的生活,而 William Wilson 的《失去工作后》(1996)则描绘了内城居民惨淡的工作前景,表明了贫穷是如何导致绝望的。在《令人不安的天使:携带 HIV/AIDS 的妇女》(1997)一书中,Lather 和 Smthies呈现了(几乎)未加编辑的访谈誊本,说明了携带这一致命疾病的妇女是如何生存的。这些书针对广泛的公众,提供了生动的描述,创造了同情性的理解,或者可以引发社会或政治政策方面的变动,或者有助于弥合代际鸿沟。

管理风格和论调

你要挑选一个合适的渠道来发表你的研究报告,想象它的读者,有针对性地进行写作。为了能够影响读者并达到编辑的要求,你的风格和论调应该符合该出版物的一般范例。

风格包括写作结构、标题使用方式、注解处理方式、页面格式(行距、字体、表格样式、图表和图像)以及访谈资料的引用方式。风格还涉及句子和段落的长度和复杂性、技术信息和术语的密度,它逼着你去想象大声念出文稿后的效果。论调则传达给读者研究发现的严肃性:作品是引人发笑还是发人深省,是惹人愤怒还是令人信服? 它传达的是自信、权威,还是防卫心理? 它是精确的,还是模糊的,是正式的,还是非正式的?

风　格

风格要素因发表渠道不同而存在差异。因此,写作之前,先浏览一下这个渠道发表过的文章或书,看看它们是什么样的。这些作品是否存在标准模式——先是问题的提出,其次是方法介绍,再次是资料呈现,最后是总结或建议? 对方法论的讨论是放在附录中,还是直接忽略了? 注意一下段落和句子的长度。尽管你并不需要让自己的作品完全符合发表渠道的已有样式,但这样做可能有助于读者理解你的作品。

风格的另一要素是学术规范(注解、引文和正式英语)的要求程度。尾注和脚注是比较次要的注释,通常放在每一页的底部或文章的最后面,以免分散主要观点。注解可能只涉及引用的文献,也可能还包括相反的观点、委婉的结论和对资料来源所作的讨论,以及与其他人的解释进行的比较。引注是写作中提及或引用的文献的索引。在正规的学术作品中,作者在引用档案资料、其他人的文章或书时都会加上引注,不管是直接引用还是间接总结,目的就是要让作品与已有文献对话,并清晰地说明从其他人那里借鉴的观点。

学术作品要使用正式的书面英语,而不能用非正式的口语。正式英语意味着作品要严格遵守语法,正确使用标点符号,避免俚语、白话和双关语,强调意义的精确性。引用被访者的话时,你可以使用他们的白话和俚语,因为人们就是以这种方式讲话的,但是在你自己写的文本中就必须小心地避免。正式的学术作品之所以要避免俚语是因为在创造这些俚语的群体以外,它们极少被使用。正式的英语很精确,避免了模糊或不明确的单词或短语,如"我想"、"看上去好像"或"或多或少"等。要注意夸张的用法,这在口语中可能会有很好的修辞效果,但在书面写作中可能会导致意义不准确。如果你使用了多义词,就要在文本中精确地定义它。还要注意那些带有你并不想传达的含义的语言,例如,当你称某人是"纳粹"的时候,本来只是想说明他是个"欺凌弱小的人"、"暴徒"或"右翼分子"。但是,"纳粹"这个词源于特定的历史文化背景,它的含义包括支持集中营中的大屠杀、强制性奴役以及拿人进行生物实验。如果你并不打算表达这些意思,就不应该使用"纳粹"这个词。推而广之,你要仔细查看自己的写作用语以消除不适当的刻板印象。

你很难在自己的作品中看出自己使用了白话、俚语或刻板印象,因为它们都是你的文化中想当然的一部分。刻板印象通常抓住了你试图描述的东西的部分特点——少数老太太会把她们的头发染成蓝灰色,但是用蓝发老太太来称呼所有的老太太,是不合适的,甚至有可能是冒犯性的。下面是一些常见的白话、俚语和刻板印象的例子,也许能帮助你识别并学会在正规写作中避免它们。

白 话

我知道她这是怎么来的。(我理解她的观点。)

情形不妙。(情况在某方面是糟糕的。)

我搞砸了。(我犯了一个后果严重的错误。)

她完全不在状态。(她有情绪问题。)

他们解脱了。(他们逃脱或远离了困境。)

俚 语

头脑空空如也(头脑空虚,不关心重要新闻或问题)

糟糕(意思是优秀的)

巴特曼和罗宾(难分难舍的)

显而易见(昭著的、明显的)

刻板印象

动辄起誓(swore like a sailor)

对政府有好处

充当男人的女同性恋者和男同性恋中充当女方者

脂粉气男子

书呆子

犹太佬样

好战的穆斯林

象牙塔里的学者

蓝发老太太(blue-haired old ladies)

电脑苏格兰佬(computer jocks)

论 调

风格和论调是交织在一起的,因为写作风格会给读者带来特定的感受,不过论调还受到其他因素的影响。在撰写质性研究作品时,论调的两方面通常是相关联的:一方面让作品给人以零距离(immediacy)的感觉,仿佛身在其中;另一方面是作品给人的严肃性感觉,传达出对被访者和读者的尊重。

熟练的作者可以制造出一种气氛,让读者觉得身处其中,正关注着事件的进展,或者聆听着被访者的回答。这种零距离感源自一系列如何展现资料的选择,包括作者会不会采用第一人称,在写作中包含自己,会不会大量引用被访者的话。第一人称的说法(比如我选择、我看见或我决定)比第三人称的说法(如研究者选择、看见或决定)更能赋予写作一种生动和直接的论调。采用主动口吻,会使作者更具可见性;而另一些作者则期望自己的作品看上去更中立,可能更科学,从而选择采用被动的口吻——事实证明,而不是我发现。一般来说,你应该参照所选出版渠道的风格,不过当你可以自己选择的时候,使用主动口吻,因为它更加精确、直接和有趣。为了使作者更具有可见性,你可以采用问答形式引用访谈资料。

大量引用被访者的原话可以使他们看上去很真实。但是,你要想清楚怎么分配引用原话和自己总结的比例。如果你通篇都是引用,一方面论文可能会太长,另一方面很多引文需要经过解释才能理解,这样读者可能会跟不上你的论点。你需要很好地平衡自己的解释和结论与可以增加文章真实性的引文的分配比例。不同杂志对引文长度和数量的要求不同,你在写作前要留心一下范文的风格。

你应该在写作时慎重选择自己要引用的内容。引文的主要信息和次要信息都会对文章论调产生影响。主要信息反映了文本要传达的内容,而引文中的词汇选择、语法、犹豫或幽默可能会带出我们称为潜台词(subtext)的次要信息。在 Herb 的一篇有关社区发展者的论文中,他节选了一些访谈片段,描述被访者在项目推进过程中是如何争取到资助并克服一系列问题的。他把论文寄给某个杂志后,评审人指出,他的引文也传达出"积极分子的决心和热情"这一潜台词。在后来的写作中,Herb 会注意同时根据外显含义(一栋建筑是如何盖成的)和潜台词(重建社区的热情及对可能性的感觉)来选择引用内容,因为他想让这篇论文传达出乐观的情绪和信息。

论调也决定了文章的严肃性。假如你希望作品传达出该研究有坚实的学术根基,那就在写作时采用冷静持重的方式,而不是情绪化的、嘲弄的、搞笑的或愚弄的方式,这样读者才会深入思考你的文章。学者写作时很少离题,他们会逐步推导结论,每步都很必要且合乎逻辑;他们不会跟读者讲如何处理某些发现,而会为每个关键论点提供坚实的证据。

与学术写作的逻辑相反,当作者想要改变人们的看法或赢得支持时,可能会用情绪化的诉求代替逻辑和证据。如果学术作品带有辩论的味道,读者可能会对其内容不予理睬。辩论性的写作经常会带出错误的二分法,使用带感情色彩的词汇告诉读者或听众他/她应该有的感受,用一系列不恰当的细节误导读者。错误的二分法会把人们划分为不同类别,或者在回答问题时列出两个阵营,并力图让读者接受其中一个而排斥另外一个。例如,爱国或叛国标签就是一个错误的二分法,它强迫读者或者接受爱国的标签及其所有暗示,或者被贴上叛国的标签。正规的学术作品不应该出现错误的二分法。

带感情色彩的词汇是指那些能唤起诸如忠诚、生气、防卫、兴奋或同情一类的感情反应的词,它会告诉读者应该如何感受。如果你在报道一家猛禽康复中心时,没有提供任何证据就用"高贵"

描述那些鸟,那么"高贵"就是一个试图引起支持态度的词汇。善辩者通常还会堆砌烦琐无用的细节,例如,"当我访谈她时,她正戴着一条价值两千美元的银项链"。这类描述会传达给被访者正在炫耀财富的信息,容易招致读者的反感,而忽略被访者实际讲过什么。学术写作要借由证据、收集到的引文和结构化的叙述来呈现故事,而不是告诉读者他们应该如何感受和思考。

作品的整体论调应该表现出你对自己的结论很有信心。不要采用如下的说法为你的质性方法论道歉:"我只使用了三个案例"或"我只访谈了十个人"。相反,你要解释清楚为什么你只挑选了这几个案例,它们有什么启示,或者你所访谈的 10 个人有什么经历,让你决定研究他们。如果你希望读者严肃地对待你的作品,就必须表现出自己对研究方法的掌握是专业而系统的。谦逊、自嘲或道歉的论调会削弱你想传达的专业性。

开始写作

至此,你已经想好了要传达的信息,脑海里有了读者,确定了合适的写作风格和论调。现在就要开始动笔写作了。先把东西写出来很重要,不要担心它们看上去不好,因为你会再反复修改。下面我们将分享一些开头的方法,不过如果你自己有其他更好的写法,就坚持自己的。①

我们的写作过程分为以下几步:

聚焦性的总结

我们从思考分析阶段得出的判断开始,询问自己总体性的结论是什么。简要记下答案后,我们可以得到一个摘要。如果我们太过依赖资料,可能会试图用一个段落总结所有的发现,这无疑是一场文字噩梦,所以我们需要另外的办法。有时候,我们会返回去阅读自己的日志,特别留心那些被访者给出很好的总结时我们记下的引文。询问自己为什么会觉得这些引文很重要,并试图写下聚焦性的总结,反映我们想到的答案。

我们用的另一种方法是反思关键事件或有意义的对话,比如

---

① Ely 和她的同事在一本有关质性研究的著作中描述了这种人体机制(Ely et al. ,2001)。

平衡露天场所和购物商场的约定是怎样取消的？某个官僚机构是怎样争取到更多的预算,但被要求稍微放松对违规者的责任追究的？询问自己为什么会想到这件事或这段对话。这个问题的答案通常就是总结性段落中要包含的内容。

还有一种得出简要总结的方式,是假装你正在对没耐心听长篇大论的人回答有关研究的问题。Irene 经常想象自己正在对想了解她的研究意义的政策分析家讲话。Herb 曾被社区发展者问及他都了解了哪些信息,而他给出的简短答案通常就表明了总结性段落的内容。学术同僚可能更想知道你的研究如何回应了更抽象的理论,而你给他们的答案应该聚焦在理论启示上。

撰写大纲

接下来你要对材料进行组织,使得论述的转换合乎逻辑。大纲提供了这种组织架构,使得你的写作具有结构。虽然写作之前你就想好了大纲,但要记住它会在你调整表达内容时发生改变。

撰写大纲时,先列出一些逻辑相关的主要标题,然后把所有的材料归入不同标题下来安排写作量。大纲展现了不同主题之间的关联方式,即哪个概念在前,哪个在后,哪些主题重要,哪些次要。大纲的主要部分,也就是论述的要点部分,用罗马数字标明;主要部分下面的次级标题,用大写字母标明;次级标题下的三级标题用阿拉伯数字标明。层级结构使得具体要点及其定义以及支持性的证据之间的关系变得很清楚。大纲中的缺口提醒你可能漏了某些要点的证据或背景,或者在细节上着墨太多,或者没能同等对待重要性相当的概念。

下面我们将以包含四个主要部分的典型杂志文章的大纲为例进行说明:

Ⅰ.导言
Ⅱ.研究方法和设计
Ⅲ.研究发现
Ⅳ.结论和启示

实际上,你不需要从导言部分开始就想出大纲的细节。相反,你要先集中精力描述发现部分(这个例子中的第Ⅲ部分)。在大标题中的每个主题下面列出次要主题(A 部分、B 部分和 C 部分)来充实细节,然后在每个次要主题下面列出相关的证据和修正意见(第1点、第2点和第3点)。或者,你可以给叙述的每一步都加一个次要标题。

　　如果你思考的是文化研究的发现部分,通常可以从最简单的概念和主题开始,逐渐加上复杂的主题,最后阐明它们之间的关系。如果你正追踪有关某件事的叙述,这部分的大纲标题将会按时间顺序呈现事件的发生过程。在讨论复杂的社会、政治或行为问题时,主要标题下面的每个次要标题将呈现问题的某一方面、发生的条件以及产生的后果,最后再用一个标题进行综合,把所有单独的部分都联系起来。

　　如果你需要进行更详细的说明,可以使用小写字母(a、b、c等),以及小的罗马数字(i 、ii 、iii等)。

　　Ⅲ. 有关合约的理论、概念和主题

　　　A. 合约类型

　　　1. 专业服务(建筑师、工程师、律师、咨询师)

　　　2. 投资项目(设计、建筑、操作合约、建造业)

　　　3. 提供服务合约(积雪清除、动物管理、门卫)

　　　B. 有关历时性合约的经验

　　　1. 质量下降

　　　　a. 例子:废水合约——密尔沃基

　　　　b. 例子:水合约——亚特兰大

　　　2. 价格随订单变动上涨

　　　　a. 来自投资项目的证据

　　　　b. 有意隐瞒最初报价? (引自访谈)

　　　3. 合约人可能被吸纳,成为组织的一部分

　　　　a. 例子(合约律师,水和废水管理)

　　　　b. 有助于吸纳的情形

　　　　　i . 长期合约

　　　　　ii . 合约人是当地人

　　　　c. 后果,公私界限模糊化

　　第Ⅲ部分详细列出了重要概念和主题,先列举合约的类型,再描述历史性合约的相关经验。它涉及如下三个主题:合约质量下降,价格上涨,合约人被作为雇主的政府机构所吸纳,即私人公司

采纳政府机构的价值观。

　　Irene 用不同的方式详细阐述了每个主题:对质量下降的主题,她提供了两个城市的个案;对价格上涨的主题,她用一些具体项目的证据说明价格确实上涨了,但加上了新的判断,即价格上涨可能是人为策划的;有关第三个主题,她先描述了吸纳的情形,指出合约人扮演着类似政府雇员的角色,然后阐述了吸纳出现的原因及其后果。主题、充分条件和后果合在一起就构成了个微型理论。她使用的例子,有的直接来自个人访谈资料,有的则是来自多渠道的信息综合而成的叙述。

　　在这个大纲中,有关吸纳主题的细节列举要远多于有关质量下降或价格上涨的。这种分配不均表明,Irene 需要更仔细地审阅自己的访谈资料,看能否让大纲不同部分的资料更加均衡。她是否知道服务质量什么时候趋于下降,以及下降的后果是什么? 她的访谈是否讨论了价格上涨和订单变动的原因,或者结果? 如果没有,她可能要重新进行访谈以追踪额外的信息。暂停写作并重新收集缺失的资料是很正常的现象。

　　大纲不需要囊括所有细节(因为很多细节只有在写作过程中才会出现),但是你还是要避免提出太宽泛的大纲,即仅仅包含主要标题的大纲。相反,要思考每个标题下面的细节。以下是来自合约研究的范例:

　　I. 导言
　　　　A. 陈述研究问题:政府机构更多与私人部门订立合约;公众是不是可以有更多收益? 我们怎样才能了解这个问题呢?
　　　　B. 这个问题为什么重要?
　　　　1. 涉及很多资金
　　　　2. 对现有劳工的工作有负面影响
　　　　3. 对提供服务的质量有意义,特别是对相关人群而言
　　　　4. 增强经理人员管理合约的能力
　　　　C. 历史和背景。
　　　　1. 合约订立增多的近期历史
　　　　2. 表明对劳工的影响的近期实例
　　　　3. 提供服务的质量的历时性变化
　　　　4. 经理人员在合约管理方面的现有培训

D. 文献。

　　1. 文献的极端:一些认为公众会受益,另一些则不同意

　　2. 以往研究的方法论缺陷

　　　　a. 没有历时性地追踪实际成本

　　　　b. 没有历时性地追踪实际表现

　　　　c. 没有历时性地追踪管理或诉讼的成本

　　　　d. 没有参照群体

　　3. 研究局限在垃圾收集方面———不涉及其他政府功能

　　注意 Irene 列举了大量有关合约历史的细节,因为这是研究的焦点,但是她没有呈现有关政府提供的其他服务的信息,因为这与她的发现无关。如果 Irene 想调整大纲中间部分的内容,比如纳入更多有关质量下降的细节,那么,她也会在导言中添加一些内容,考察其他文献忽视这一问题的原因,同时使大纲的结构保持均衡。当你调整大纲中的某一部分时,需要同步调整有关的其他部分,以预见或体现这种变动。

　　通常,作者会在写完发现部分后再给结论部分列大纲。类似的是,方法部分的大纲也可以迟一些再写,以便它能涵盖所有必要的信息。例如,在某项研究中,Herb 花费了数年的时间,既做访谈,又参加会议,但是,在完全以访谈资料为基础的论文中,他不会在方法部分描述他的观察经历。

起草文稿

　　现在你可以把分析要点整合成一篇清晰连贯的论文了。记住,你的初稿将会经过反复修改。修改工作主要是为了改进语法、行文的流畅性和风格,但更重要的是,通过修改可以阐明一些概念,弥补逻辑漏洞,而最重要的是,确保你写的东西就是你想写的。

　　学术论文一般包括四个部分:导言、核心的描述或分析部分、结论以及对方法论的讨论。在杂志文章中,导言,包括文献回顾在内,就只有几页内容,而文稿的主体部分至多呈现几个密切相关的主题。在一本书中,导言可能会覆盖两到三章,包括对问题的全面描述、背景介绍以及文献回顾;结论和方法论的讨论通常各自单列一章,而描述/分析部分将会分为好几章,每章一个主题或个案。

　　写作时,措辞要直接。你要跟读者分享你的推论过程。读者想要知道你了解什么,希望看到你能用简洁有力的证据说明研究

发现的意义和价值;他们不关心你考虑过哪些主题,也拒绝接受那些不充分的证据。为了让读者信服,在描述个案前做一些简单的介绍,说明你将论述的要点,引用可以表明或支持你的观点的访谈资料,并提供自己的解释。

写作的时候,反复问自己以下问题:你写得够不够明白,读者能否明白所有概念或主题的含义? 每一步的逻辑是否清晰? 引文能不能直接、清晰地说明你的观点? 每个论点的证据是否充分有力? 对主要观点的讨论是否均衡? 如果你不能很肯定地回答这些问题,就需要修改文稿,选择含义更清楚的引文,提供更好的证据,缩短或扩充某些部分的讨论以维持论证的均衡性。

回顾描述/分析部分的草稿时,确保你已经安排好了过渡性句子或段落,可以将所有单独的论点都联结成更广的论述。如果你的论述中有几段关系很松散,读者就会感到迷惑,不明白你的论证方向,除非你不时地提醒他们。标题也有助于给你的文章提供组织,特别是当标题直接取自逻辑一致的大纲时。

写完描述/分析部分的草稿后,就可以开始写结论部分,内容包括简要复述研究的目的,总结你的发现,然后描述该发现对已有理论或政策行动的启示。结论必须来自描述/分析部分呈现的资料。你可以从文献的角度讨论你的发现,修正、扩展或支持和确认已有的结论;还可以指出你的研究局限,结论可能不适用的情况或者有待再研究的内容。

结论的内容要与你在导言中陈述的研究问题保持一致。这就要求你在撰写导言时提前预见论文其他部分的内容。在导言中,你要描述研究问题,指出它对政策或理论的重要性,呈现有关文献,提供读者理解你的发现所必需的背景知识并预见那些发现。你要表明该研究提出了一个其他研究者没有解决或没有注意到的迫切的理论或政策问题,解释为什么你的方法可以带来新的看法或视角。一般来说,你不应该用其他人都没有研究过这个问题来证明你的研究很重要,因为那通常意味着这个问题不重要。

几乎任何研究领域都有海量的文献,因此你需要选择究竟要在导言中提及哪些文献。下面是三个指导性的原则:首先,这本书或文章是否提供了读者理解研究问题所必需的背景? 第二,这些文献是否总结了你的研究框架涉及的重要争论或主题? 第三,这些文献是否存在一些弱点、缺漏或方法论问题是你目前的研究打算处理的?

你可以随时撰写方法论部分,因为不管你的结论是什么,研究方法都是一样的。在文章中,方法论部分一般都相当简洁,但仍要包含一些要点。首先,你要说明自己用了深度质性访谈法来收集资料,访谈问题是开放式的,也就是说,问题会随着调查进展不断调整;其次,描述自己选择被访者的方式,说明他们的代表性;第三,如果你选择了多个访谈场景,描述这些场景的差别以及你选择它们的理由;第四,讨论自己的研究角色、进入方式以及是否跟被研究者有特殊关系;第五,介绍你实施的访谈次数,访谈的持续时间,以及追踪访谈的情况;第六,说明你的编码、分析与证据检验的方式;第七,如果你的研究有可能伤害到被访者,那就要表明你是怎样保护他们的;最后,对个人看法的表述要尽可能简洁,但如果你在研究一开始时就带有强烈的偏见或期望,你可能想要说明它们对你的研究产生的影响。

修改并校订论文

反复修改后,你才能写出好的文章。初稿写好后先放在一边几天或几星期,然后再重新拿出来检查。这时,你已经有足够的距离,可以更清醒地审查文中含义模糊、缺乏逻辑或证据的地方。

修改时,你要查看观点的推导是否正确,背景介绍是否足以令读者明白,论点能否令人信服,语言是否清晰,是否具有说服力和感染力。你要挑出论调上的毛病,尽可能去掉行话,并将注解缩减到最少。确保没有拼写错误,引文精确、全面且格式正确。

修改论文时,注意一下引文的使用方式。你不能只是简单地堆砌引文,而要对它们都做出介绍和解释。介绍时,你通常提到说话人的名字或职位,除非你承诺过要保密。尽量说明为什么这些信息很重要,比如,通过说:"一位长期在执行预算办公室工作的官员谈论财政赤字时提到这一点。"你还可以用总结主题的方式来介绍引文。比如,你可以在引用某个社区发展者批评中介机构的政策的话时提到:"受中介机构资助的社区发展者仍会批评他们的政策。"另外,你可能希望在引文后加上几句话,引出你要发展的主题。这些话和后续的评论有助于向读者阐明引文的含义。

如果你的引文很短,不超过两三行,就把它加上引号放在论述中间。如果引文较长则要采用出版者们常用的摘录形式,不用加引号,只需要采用缩进的格式。当你把手稿交付出版时,出版者可能会根据自身的风格调整对摘录长度的要求。不过,常见的惯例是,超过七行的引文,都要改为摘录。当你使用间接引文,即用自己的语言总结别人的话时,不要加引号。

引文是你的核心证据,但它们的含义未必总是清晰的。大多数人都不会按照语法讲话:他们会打断或重复自己的话,不把话说完,有时还会用到不恰当的词汇或时态。在调整引文使之便于理解方面,你有多大的自由度呢? 当你把引文和自己的文本放在一起时,读者会认为引号中间的内容和被访者讲过的是一模一样的。如果引文很难理解,你或是找一些替代性的例子说明,或是用自己的话总结要点,但不要加引号。还有一种阐明引文含义的方法是把你打算引用的话拿给讲话人看,让他们解释这些话的意思。这样你可能会损失一些原汁原味的东西,但不用担心自己会曲解讲话者的意图。

改进语法、完善说法或消除方言可以增强文章的可读性,但可能会带来误解。不同的研究者修改引文的意愿不同。在没有得到明确许可的情况下,我们会对引文做少量调整。我们在这样做的时候,会清楚标明这一段,便于读者识别改动版和原始陈述。例如,我们会按照惯例,把讲话中的重复之处和与主题无关的部分去掉,换成省略号(……)。只要改动后的引文能保持原话的含义,用词属实,且省略之处标得很清楚,这种做法就是可行的。我们还会用括号说明原来的版本比较片断化,并在括号内加上一些缺失的词,完善某些句子,或者使其变得更合语法。如下设为缩进段的摘录,就是一个例子:

> 这是一个自上而下的过程。[预算主管]Stockman 和 OMB 很迅速,可以说,高效地决定了哪块预算(被去掉)。(他们的决定)没有什么预兆。内阁官员认同他们的做法;这次政策评审很不正常。它几乎是通过命令完成的(I. S. Rubin,1985:81)。

用这种方式对引文进行编辑,既体现了对被访者的尊重,又在使文本更易理解的同时增强了可信度。

但修改引文的风格则比较有问题。一般来说,你想保留被访者讲话时的举止。当他/她犹豫很久才讲话时,这些迟疑本身是调查信息的重要部分,因为它们体现了谈话伙伴在这个问题上的思想斗争。另一方面,太多的"嗯⋯⋯""你知道"既刺耳又不会增加任何含义。你可能只会保留那些足以体现被访者的谈话举止的内容。

评判写作质量

反复多次修改过后,询问自己文稿是否已经达到了好作品的标准,如果没有,继续向那个水平努力——作品能吸引读者吗? 它是否体现出了我们所研究的世界的丰富性和细微差别? 论述是否全面可信,以使人们能相信所说的内容是正确的? 然后,请专业同事、谈话伙伴和同行对文章的风格和基本内容做出评论,并根据这些评论进行调整。

有趣易读

如果你不能吸引人们阅读报告,不管你的研究多出色,也无济于事。为了吸引读者,你的题目要既吸引人,又精确扼要。作者们经常使用中间带冒号的标题,先给出好记的部分,再在后面添一些解释,反之亦然。例如,《异类女孩:揭开黑人少女妈妈的谜团》(Kaplan,1997),《我的游戏里没有羞耻:内城的工薪穷人》(Newsman,1999)。

接下来,用清晰有趣的概念说明研究目标。例如,"这篇文章考察了人们出狱之初的遭遇"。在书中,你有更多的写作空间可以吸引读者,可以采取简短的小故事来体现重要主题。这些故事是噱头,就像戏院门口招徕观众的人手中拿着的藤条一样,不断地伸缩,是为了引起人们的兴趣。

噱头有一些共同特征:比较简短、有趣而生动,直接表明了这本书、文章或报告的要点。Elaine Bell Kaplan 的《异类女孩》(Kaplan,1997)一书,就从一通打给脱口秀节目的电话开始,打电话的人批评了黑人少女怀孕的问题。紧接着,她对比了电话中表达的观点和某位少女妈妈的真实遭遇和故事。Joseph Shapiro(1993)在一本有关残疾人政治运动的书《没有同情》中,引用以前的海报儿童的话作为开头,对比了智障儿童的成长现实和海报儿童的可爱形象。这一噱头预见到了该书其他地方将详细讲述的张力。

为了能一直吸引读者,你可以在导言部分简单提示你的研究发现,表明后文还会有更多的讨论。有时,你还可以把研究问题分解为若干嵌套的难题,解决前面的难题,是为攻克后续的问题做铺垫。

在写作的主体部分,你要选择一些生动的个案和引文。引文应该能让读者身临其境地感受到被访者所处的世界和境遇中的具体气氛和情况。这时,你可能想引用记在日志里的那些引人注意的话,比如 Herb 在访谈中听到的短语"不时舔舔资助者的手",再比如 Irene 在跟被访者讨论预测赤字的问题时听到的短语"目力所及"。这些短语都可以唤起某些画面:在第一个例子里,你可以想象某个社区组织者正在轻轻地啃基金会官员的手指;在第二个例子里,你可以想象做预算的人正站在悬崖边远眺,而延伸到地平线的视野里满是赤字。这些情境会引导读者停下来,思考其潜在的含义。

丰富细致

好的质性报告应该是细致而丰富的。细致性意味着表达出潜在含义和细微区别;丰富性意味着在深入分析的同时,囊括重要主题的变化与差别。丰富性要求结合情境考察问题,不管你处理的是复杂性、对立观点、价值或主题之间的张力,还是互为因果的问题。丰富的报告通常包含了多个相关联的故事线。

为了赋予文体以丰富性和细致性,你要挑选那些表明了多重主题,甚至主题之间的张力的引文。下面这段文字摘自 Herb 的文章,体现了你可以借助丰富但易读的引文传达出的复杂性。文字的内容是某位黑人被访者在谈论他的社区发展组织与市政厅之间的关系。

> 另外一种时常出现的情况是……任人唯亲。你知道,如果你的意见跟官僚主义者的相符,那你可能会成功。不符的话,你就不会这么走运了……三四年前,我有 50 000 美元的市政资金可以用在房屋建设上。这个城市的社区发展街道拨款经常由我负责管理。但后来,这个城市越来越多地被那种关系侵入(缓慢而认真地挑选词汇)。就是说他们让我做一些与项目无关的事情。表面功夫。
>
> 他们竟然建议我在管理委员会中加一些白人。这时他们说:"你需要扩充你的委员会。"我说:"你说'扩充委员会',是

什么意思?"(他们回答道:)"你知道,这样你的委员会可以有更多元化的代表。"现在我的委员会成员中有学校教师、工商业主、其他教育项目的主管、会计师。你知道,他们都是黑人。但是在他眼里,什么都看不到。他所看到的就是这是一堆黑人,而你需要扩充你的委员会。因此我说:"你说什么,扩充委员会?"(市政官员回答道:)"嗯,人们认为这个一个封闭的社区,你知道很多人不信任这种处境,这样的话,如果你可以把它扩充,你知道,更专业一些,为什么不呢?""所以你的意思是,在我的委员会里加上一些白人?""这会比较有利,你知道,这会比较有利。"我把那 50 000 美元还给了他(H. J. Rubin, 1993:432)。

这一段文字的丰富性是通过两个相关主题之间的张力传达出来的:一方面,这个城市似乎有些歧视黑人组织;另一方面,这个城市很在乎表面形象。引文表明了一个有待解决的问题,即该城市对表面形象的需求在多大程度上是种族主义的。真实的生活是复杂的,而展现复杂性则为文章增添了丰富性。

全面可信

修改文稿以确保你的论述看上去是全面而可信的。全面意味着你追踪不同的提问线索,关注了可能的矛盾或未预期的发现,考察了其他观点;可信意味着你为每个主要结论都提供了可信的证据。为了展现全面性,在方法和设计部分描述一下你的访谈对象,他们代表的是什么群体、集团、立场或时期,以及你跟每个人谈了多长时间,例如下面这段来自 Irene 的文章的摘录:

> "为了描述预算工作人员和民选官员之间的张力,我一共访谈了十个人。他们都是长期从事预算工作的高级官员。他们可以代表联邦层次上所有的预算机构,包括立法机构中的国会预算办公室、执行机构中的管理和预算办公室以及部分负责监管预算和税收过程的中央财务办公室。其中,对有些被访者不止访谈过一次,有一个访谈了三次。访谈持续时间平均一个半小时,最长的两个半小时。"(I. S. Rubin, 2002)

全面性还意味着你要追踪主题和概念,根据需要进行再访,参考其他访谈记录、档案资料或参与观察的记录来验证你从某个访谈中获得的信息。在方法部分，明确描述自己验证信息的方式。当你提供证据时，特别是涉及有争议的话题时，可以在有关引文前面说明你跟意见分歧的双方都做了交谈："民主党领袖说……而共和党则认为……"

考察文献时，你通过挑出核心学者及其出版物来体现出全面性，既要覆盖有关的时期和主题，也要同时包括相互冲突的思想流派。你需要表明自己精通文献，选出了主要的趋势和主题作为研究的知识背景，并且没有用繁杂的引证淹没读者。

通过为论述中的每个观点提供有力的证据，展现自己认真设计与再设计研究方案的过程，你就使研究变得可信。重新阅读文稿时，要确保你已经用了自己目前掌握的最有力的证据来支持每个主张和结论。一手证据要胜过二手的，所以选择事件的目击者（他/她目击了打斗过程，可能还在试图分开打斗双方时挨了打）而不是那些从早报中了解骚乱的人。你可以通过尽量不加修改地直接引述被访者的原话，来削减你曲解资料、削足适履的可能性，从而增强报告的可信度。

为了增加可信度，你应该描述被访者的经验基础，即他们是怎么了解告诉给你的那些信息的。你可以在引文前做一些简单介绍："曾经担任过住房建筑和城市发展部的预算主管的 Al Kliman 指出，获委任的官员有时会忽视专业人员。"在主题研究中，如果你没有做匿名性承诺，点明被访者的名字可以增加可信度，因为对所讲内容的责任就由你转到了被访者身上。有兴趣的读者就可以据此查看他们是不是说过那些话。文化研究中并不需要总是点出人名，不过，该群体中的任何人都可以证明你的主张到底对不对。

如果你向被访者承诺了保密，就不能在文中点出他们的名字，不过你可以介绍他/她的答案是以什么样的经验为基础的。你可以用导入语描绘被访者的背景："一位长期观察华盛顿的预算过程并曾在议会预算办公室就职的人说……"或者"一位长期就社会问题游说国会的说客告诉研究者……"

条件允许的情况下，你可以表明自己在不同的访谈中发现的是同样的模式。注意，这里的重点不在于计算回答的数量，而是表明你已经跟持有不同立场的人都谈过了，尽管他们会从不同角度看待同一处境，会带着不同的偏见评判同一话题，但他们提供的答案是兼容契合的。

如果你检验了多方证据资源,就在文中加上这些额外的资料以支持你的结论。当你从访谈中总结信息时,举例说明你如何确认的 John 的陈述,比如,"John 告诉我他在公共场合讲话很自在"可以强化论述内容:"在我观察过的全体列席会议中,John 镇静而幽默地向整个人群发表演说,指出了银行监管人员的伪善。在遭遇一位监管人员非难时,John 很有礼貌地进行回应,捍卫了自己的观点。"

你可以通过在方法部分描述自己是如何克服困难来增加研究的可信度的。如果读者担心被访者给出的回答可能是歪曲或自利的,你就表明自己是怎样进行双重检验的,并说明你怎样挑选被访者并接近他们,以及他们为什么愿意跟你作开放式交谈。例如,如果你正在监狱中展开研究,那么你是在谁的支持下进入这个地方的,又是怎样赢得足够的信任而展开可靠、开放的访谈的? 你怎么知道你的被访者没有向你撒谎? 你是怎样检验奇异主张的? 如果你的设计有缺陷,说明这些缺陷可能会对结论产生什么影响,以及为什么你无法避免它们。例如,如果你无法接近你想要访谈的某些关键人物,会对你的发现产生什么影响? 清晰地说明你完成了的和未竟的工作可以增强研究发现的可信度。

风格和论调的精确性也有助于建立可信度。你要确保所有可以查证的信息都是正确的,数据都是精确的,并避免对某些细节或你不可能了解的动机下结论。如果一位母亲告诉你为什么她的女儿流产了,你根本就没法知道这位母亲对女儿的感受所下的结论是否正确。如果你写错了人名、地名或日期,或者你指出你了解自己根本不可能知道的事情,那些了解这一话题的读者将很难相信你所提供的更细微(但更缺乏查证的)的证据。

获得反馈

修改完初稿后,你需要找一些反馈意见。这时,你可以请同事或潜在的读者来评论,也可以在条件允许的情况下,请你的谈话伙伴给一些意见,你还可以得到出版商请来的评估作品质量的学者的评论意见。我们大多数人都需要有人仔细阅读我们的手稿,并给出真实的反馈意见,包括有关语法或引文的评论,遗漏文献的建

议,以及对证据可信度的质疑。当你找到帮忙阅读手稿的好人后,可能会考虑以下的问题:

1. 作品吸引人吗? 有些段落是不是有些乏味或混乱?
2. 它们能描述文章的主题吗? 他们对此所做的总结,是你打算讲的吗?
3. 他们接受你呈现的证据吗? 不接受的话,怎样可以让它变得更有力?
4. 他们能跟上你的论述逻辑吗? 有没有遗漏了什么环节?

大多数人,包括我们,在受到批评的时候都会本能地进行自我辩护。不过,这时你最好把辩护放在一边,参考回馈意见,努力修改手稿。除非那些友好的评审人给出的意见不现实——会引起新的模糊之处,需要的资料你根本无法收集,你才应该忽视这些意见,坚持原来的做法。你挑选的评审人不是那些会肢解文章或妨碍它出版的外行,他们正尽力帮助你。然而,当编辑给你找的评审人与你选的人持反面立场时,你的作品可能终结在与你思想立场或理论信念不同的人手里,这时,有关的评论意见你可能也无法采纳。

可以的话,请尽量把你的作品拿给谈话伙伴评判,请他们指出那些不对或有误解的地方。当你的谈话伙伴指出有些地方与事实不符时,你可能会按照他们的意见更正。但如果他们同意你所写的事实,但是不同意你的解释,那就得跟他们再多做一些讨论,看看他们的说法是不是更有说服力。如果你还是不同意他们的解释,那就保留自己所写的内容,因为这些解释是你自己的。但是你可能得加上一个脚注,说明有些被访者不同意你的看法。

大多数情况下,被访者都会发现你准确地呈现了他们的想法,透过你的描述,他们看清了自己的世界。但是,偶尔的情况下,你可能会从被访者那儿获得负面的反馈意见。有时候这些反馈意见很温和,且在你的预料之内,例如:“请不要引用那段话——我会有麻烦的。”或者“请别引导人们关注那些事,因为它虽然发生过,却并不重要,不但会让人尴尬,还会给人带来麻烦。”这时,你一般都会同意被访者的要求,因为这样做既不会削弱你的论证,还能帮你避免伤害被访者。但是在少数情况下,你可能会得到相当强烈的负面反馈。这时你得自己决定怎么办才好。

例子：处理负面反馈

在最近有关联邦机构如何处理预算压力的研究中，Irene 确实从她研究的 9 家机构中的 1 家那里得到了一些相当负面的反馈。有关这家机构的那章来回反复了很多次。一些官员读过该章后，给出了一些修改建议，Irene 把它们都记在一张单子上，看哪些她可以接受，哪些不能。大部分她都接受了，包括有用的修正及更好的定义和技术类变动，但有些建议则有些不妥。有位评论者建议，重新安排这章的结构，按照管理者而不是主题来对信息进行分类。这样可以使该机构的责任分工情况更清晰，但不利于追踪历时性主题。

不过，他们认为最有问题的地方是，Irene 指出效率提高并不足以弥补预算削减的问题，而机构的工作质量还将受到影响。该机构的评论者指出，Irene 并没有足够的证据来支持这一说法。因此，Irene 重新检查了证据，认真查看了访谈资料的倾向性，之后确实发现她的部分证据都来自一个对该机构有偏见的被访者。她回顾了这一章，抽出那些以这一有偏访谈为基础的判断。如果该机构的官员没有指责她证据不足，并要求她重新检查的话，她就不会意识到这个偏差的存在。

但是，做完所有的修正、更改和措辞调整后，这一章读起来像是出自律师的手笔。Irene 再一次重新写作，尽可能弥补这一缺陷，但还是没能消除由此带来的谨慎语气。该机构的官员依然对这一章不满意，但是 Irene 觉得自己已经尽力了。她是忠实的，不仅对被访者，也对期望她的研究得出公正结论的读者。

付诸发表

在你根据评审意见修改好手稿后，再次通读全文，确保其前后叙述的一致性。内部报告、评估以及类似的合同类文书，通常是在经过专业的审定后（语法修正，文笔润色，打印手稿的准备），再打印出来并加以传播。如果你想在报纸的社论专栏发表简短的论文，就给报社寄出一份手稿。如果你希望它能被返回的话，就随信附寄一个写好地址和粘好邮票的信封。如果你想要出版一本通俗读物，可能需要一个文稿代理人，由他/她来向不同的出版商推销你的手稿。

学术作品出版则遵循不同的路径。就文章而言，你每次只能给一家杂志社寄出文章，等有回音后才能决定是否寄往其他杂志社,因为这是行规。如果你违反这一规定,编辑会拒绝发表你的作品。如果你收到某个杂志社的拒信,就可以把手稿寄往另一个杂志社。

有很多因素会影响你对投稿杂志社的选择。每份杂志都有自己的读者群,而你要挑选那些最能触及你想影响的读者的杂志。很多学者还会考虑杂志的声望,在他们认为有机会发表文章的杂志里,选择声望最高的。杂志越有声望,收到的来稿就越多,退回率也就越高。在声望高的杂志发表文章的好处是文章更可能被人们注意到,有时可以带来更多的学术评分,他们的评审当中熟知你的研究领域的专家也更多。但是,你可能需要等待两三年的时间,才能让有声望的杂志接受和发表你的文章,而这时,你的研究发现可能已经有些过时了。你可能会选择研究领域中的专业杂志,它要么回复更快,要么可以把文章交给你期望的专家评审。

当你向大多数学术杂志投稿时,你的身份并不重要,你是否出名不重要,文章是跟谁合写或自己写的也不重要,因为大多数杂志都会实行匿名评审。匿名评审意味着杂志编辑会请该研究领域中的同事、专家阅读并评论手稿。评审人并不知道手稿的作者是谁,因为作者的名字在手稿寄出之前就被抹掉了。

评论的质量和价值会有很大差别。有时,评审人会称赞手稿非常好并推荐马上发表它,但更多的情况是,评审人会总结它的优点和缺点、评论风格或论调、逻辑清晰性以及研究贡献的重要性,并提出一些有待回答的方法论问题。有些好的评审人还会提供一些解决问题的建议。以这些评论为基础,杂志的编辑再最终决定是退回手稿(有时会转发给其他更合适的杂志),还是接受它(通常会要求文章稍有改动),还是给作者修改和再提交的机会。最后一种反应意味着如果你按照评审人的批评意见进行修改,编辑会再次审阅手稿,并可能会接受它,尽管这并不必然。

如果某家合适的杂志通知你修改并再提交(revise and resubmit)自己的文章,那么这样做就是有意义的。你要认真阅读评审人的意见,特别留心编辑强调的那些意见。在决定如何处理评审意见的时候,询问自己评审人是否明白了你想表达的内容,如果不明白的话,你该如何使自己的逻辑变得更清晰一些。你应该尽可能遵照格式变动的要求,但可以拒绝你认为不合理的内容变动的要求。如果评审人指出你的论证缺了某个环节,而你刚好有那个环节的相关资料,就加上它;但如果评审人想要的实际上是另一篇和你的研究内容不同的论文,你要么忽视他们的意见并说服编辑同意你的看法,要么就另找发表渠道。有时候,编辑会选错评审人——由统计专家评审深度访谈的研究设计,这时,你不会接受他/她的意见。根据那些你认为有价值的意见修改完手稿后,再次向编辑提交手稿时,你可能需要附上一封信,说明你接受哪些评论,拒绝哪些,以及拒绝的理由是什么。

出版书和发表文章略有不同。当你写好手稿后,找那些出版过类似或相关主题的书的公司。有些公司是商业性出版社,期望可以出版有更多读者和更大销售量的书,或者重复销售可以用作教材的书。学术性或大学出版社的印刷量和销售量较小(通常是给图书馆),可以出版一些市场小的好书。学术性出版社比商业性出版社更看重声望,不过有些商业机构声誉很好,也更擅长营销。另外,商业性出版社倾向于很快做出回复,并允许你同时向不同的出版机构提交写作计划。

不管你最终选择的是大学出版社还是商业性出版社,都要准备一份内容说明书,描述这本书的内容,讨论研究的重要性,总结重要的主题,突出研究的特点,并将这本书与同类书加以比较。内容说明书通常还会提到预期销售规模、可能的读者群、可能使用这本书的课程以及类似书籍的销售量。呈交内容说明书的同时,你还需要提交这本书的写作大纲,也可以附上已经写好的某个章节。学术性出版社可能更想在做决定之前读到整本书,但是在他们提出这种要求前,你不要提交手稿。

你还需要附上一份简历,并在内容说明书中提到自己的资历和知名度。如果你曾在跟研究对象类似的机构中工作过,并在业内人士当中非常有名,而你瞄准的出版商又想触及这块市场,那么你的作品看上去会更有吸引力。类似的,如果你以前发表的书很畅销,出版商就会觉得出版你的作品的风险会比较低。

你可以发出咨询信,简要介绍这本书的内容,并询问他们是否有兴趣了解更多的内容,还可以发出一份内容说明书的副本,看看他们会有什么回应。你可以把这封信发给多家出版社,但是如果一些学术性出版社表示可能会有兴趣,你就需要确定到底把手稿交给哪一家,因为你一次只能交给一家学术性出版社。

商业性出版社的兴趣在于重复销售,他们可能会把你的内容说明书和样稿寄给那些可能会在课堂上用到这本书的学者评审。学术性出版社则更可能把你的书稿发给你的领域里的专家评论。你得到的反馈意见可能是改进文章结构或可读性的方式，应该补充的文献，有时还会涉及一些错误或证据不足的地方。就像杂志文章一样，你认真阅读这些评论，看看自己可以做出哪些变动来改进书稿。你可以与编辑和出版商雇来征稿的人进行商议，看哪些批评是可以接受的，哪些是非强制性的，而你可以遵从评论的页数又有多少——页数越多，可能就越贵，因此较短的手稿可能会比较容易发表，但是无论如何，你都必须留心书的总体页数，尽量不让它超出限度。

最后，当你拿到出版许可和合同（有些条款还可以再协商）后，就可以交出手稿，付诸生产。生产阶段，专业人员会对文章内容进行编辑，他们不但会检查手稿中存在的拼写或语法错误、措辞或语气不当之处，还会检查引文的准确性和完整性，以及出版商要求的具体格式。文字编辑同时要为排版准备好书稿或电子稿，用特殊的格式突出标题、调查笔记或访谈摘录，并确保标点和脚注在文中可以看到，且位置正确。你应该要一份调好格式的文稿来仔细查看一下，以确保你的意思没有被改变或曲解。这是你的最后一次改动机会，所以需要认真对待，而这通常也不会花很长时间。当书稿付诸打印后，你不一定能有机会查看校样。然后，书就出版了。

出版商一般会免费寄给你一些书，你可能会需要它们来送给你的老板、家人或朋友，但是你可能还想拿到一些额外的书来与你的被访者分享，特别是那些热心阅读你的作品并给出批评意见的人，以及那些你向他们承诺会出版的人。

发表一本或数本有关研究的著作后，你就完成了写作任务。这时可以深呼吸一下，或者给自己放个假，清空脑子里的想法，准备投入新的研究项目，解决现有研究悬而未决的问题。

参考文献

Anderson, E. 1999. *Code of the street: Decency, violence, and the moral life of the inner city.* NewYork: W. W. Norton.

Anderson, K. , and D. C. Jack. 1991. "Learning to listen: Interview techniques and analyses." In *Women's words: The feminist practice of oral history*, Eds. B. Gluck and D. Patai, 11-26. NewYork: Routledge.

Angrosino, M. V. 1998. *Opportunity house: Ethnographic stories of mental retardation.* Walnut Creek, CA: AltaMira Press.

Aston, J. 2001. "Research as relationship." In *Lives in context: The art Of life history research*, Eds. , A. L. Cole and J. G. Knowles, 145-151. Walnut Greek, CA: AltaMira Press.

Atkinson, P. 2001. "Ethnography and the representation of reality." In *Contemporary field research*, *2nd edition*, Ed. , R. M. Emerson, 89-101. Prospect Heights, IL: Waveland Press.

Bart, P. 1987. "Seizing the means of reproduction: An illegal feminist abortion collective—how and why it worked. "*Qualitative Sociology*, 10(4): 339-357.

Balshem, M. 1991. " Cancer, control and causality: Talking about cancer in aworking class community. "*American Ethnologist*, 18(1): 152-172.

Berg, S. 2002. *Local government and municipal citizenship from ancient Greece to modern times: A case study of northern Illinois.* DeKalb: Northern Illinois University.

Berger, P. L. , and T. Luckmann. 1967. *The social construction of reality: A treatise in the sociology of knowledge.* Garden City, NY: Doubleday, Anchor.

Boje, D. M. 1991. "The storytelling organization: A study of story performance in an office supply firm. "*Administrative Science Quarterly*, 36(1, March): 106-126.

——. 1995. "Stories of the storytelling organization: A postmodern analysis of Disney as ' Tamara-Land. ' "*Academy of Management Journal*, 38(4): 997-1035.

Boyatzis, R. E. 1998. *Transforming qualitative information: Thematic analysis and code development.* Thousand Oaks, CA: Sage.

Brajuha, M. , and L. Hallowell. 1986. "Legal intrusion and the politics of fieldwork: The impact of the Brajuha Case. "*Urban Life*, 14: 454-487.

Cannon, L. , E. Higginbotham, and M. Leung. 1988. "Race and class bias in qualitative research on women. "*Gender & Society*, 2(4, December): 449-462.

Charmaz, K. 1991. *Good days, bad days: The self in chronic illness and time.* New Brunswick, NJ: Rutgers University Press.

——. 2000. "Grounded theory: objectivist and constructivist methods." In *Handbook of qualitative research,2nd edition*, Eds. , N. K. Denzin and Y. S. Lincoln, 509-536. Thousand Oaks, CA: Sage.

——. 2001. "Grounded theory." In *Contemporary field research: Perspectives and formulations,2nd edition*, Ed. , R. M. Emerson,335-352. Prospect Heights,IL: Waveland.

Charmaz,K. ,and R. G. Mitchell. 2001. "Symbolic interactionalism and ethnography." In *Handbook of ethnography*,Eds. ,P. Atkinson et al. ,160-174. Thousand Oaks,CA: Sage.

Chase,S. E. 1995. *Ambiguous empowerment: The work narratives of women school superintendents.* Amherst: University of Massachusetts Press.

Chatterley,C. N. , A. J. Rouverol, and S. Cole. 2000. *I was content and not content: The story of Linda Lord and the closing of Penobscot Poultry.* Carbondale: Southern Illinois University Press.

Cole,A. L. ,and J. G. Knowles, Eds. 2001. *Lives in context: The art of life history research.* Walnut Creek,CA: AltaMira Press.

DeAndrade,L. L. 2000. "Constructing racial and ethnic identity in qualitative research." *Journal of Contemporary Ethnography*,29(3,June):268-290.

Denzin,N. 1989. *The research act: A theoretical introduction to sociological methods.* Englewood Cliffs,NJ: Prentice Hall.

——. 1997. *Interpretive ethnography: Ethnographic practices for the 21st century.* Thousand Oaks, CA: Sage.

Devault, M. L. 1990. Talking and listening from women's standpoint: Feminist strategies for interviewing and analysis. *Social Problems*,37(1,February):96-116.

Douglas,J. D. 1985. *Creative interviewing.* Beverly Hills,CA: Sage.

Duberman,M. ,Ed. 1997. *A queer world.* New York: New York University Press.

Duneier,M. 1999. *Sidewalk.* New York: Farrar,Straus,and Giroux.

Edwards,R. ,and J. Ribbens. 1998. "Living on the edges: Public knowledge,private lives,personal experience." In *Feminist dilemmas in qualitative research: Public knowledge and private lives*, Eds. ,J. Ribbens and R. Edwards,1-23. Thousand Oaks,CA: Sage.

Ellis,C. , and A. P. Bochner, Eds. 1996. *Composing ethnography; Alternative forms of qualitative writing.* Ethnographic alternatives series. Walnut Creek,CA: AltaMira Press.

Ely,M. ,et al. 2001. *On writing qualitative research: Living by words.* Philadelphia: Routledge.

Fielding,N. 2001. "Computer applications in qualitative research." In *Handbook of ethnography*, Eds. ,P. Atkinson et al. ,453-467. Thousand Oaks,CA: Sage.

Fielding,N. G. ,and R. M. Lee. 1998. *Computer analysis and qualitative research.* Thousand Oaks, CA: sage.

——. 2002. "New patterns in the adoption and use of qualitative software." *Field Methods*,14(2, May):197-216.

Fine,M. ,and L. Weis. 1998. *The unknown city: The lives of poor and working class young adults.* Boston: Beacon Press.

Frisch,M. 1990. *A shared authority: Essays on the craft and meaning of oral and public history.* Albany: State University of New York Press.

Frost. P. J. et al. 1985. *Organizational culture.* Beverly Hills,CA: Sage.

Gahan,C. ,and M. Hannibal. 1998. *Doing qualitative research using QSR NUDIST.* Thousand Oaks, CA: Sage.

Geertz,C. 1973. "Thick description: Toward an interpretive theory of culture." In *The interpretation of cultures*, Ed., C. Geertz, 3-30. New York: Basic Books.

——. 2001. "Thick description: Toward an interpretive theory of culture." In *Contemporary field research: Perspectives and formulations*, 2nd edition, Ed., R. M. Emerson, 55-75. Prospect Heights, IL: Waveland.

Gergen, K. J. 1999. *An invitation to social construction*. Thousand Oaks, CA: Sage.

Glaser, B., and A. Strauss. 1967. *The discovery of grounded theory*. Chicago: Aldine.

Gluck, S. B., and D. Patai. 1991. *Women's words: The practice of oral history*. London: Routledge.

Goffman, E. 1959. *The presentation of self in everyday life*. New York: Anchor.

Gorden, D. F. 1987. "Getting close by staying distant: Fieldwork with proselytizing groups." *Qualitative Sociology*, 10(3, Fall): 267-287.

Grele, R. J. 1985. *Envelopes of sound: The art of oral history*, 2nd edition. Chicago: Precedent.

Groce, S. B. 1989. "Occupational rhetoric and ideology: A comparison of copy and original music performers." *Qualitative Sociology*, 12(4, Winter): 391-410.

Groenbjerg, K. A. 1993. *Understanding nonprofit funding: Managing revenues in social services and community development organizations*. San Francisco: Jossey-Bass.

Gubrium, J. F., and J. A. Holstein. 1997. *The new language of qualitative research*. New York: Oxford University Press.

Gurney, J. N. 1985. "Not one of the guys: The female researcher in a maledominated setting." *Qualitative Sociology*, 8(1, Spring): 42-61.

Hammersley, M. 2001. "Ethnography and realism." In *Contemporary field research*, 2nd edition, Ed., R. M. Emerson, 102-111. Prospect Heights, IL: Waveland Press.

Harding, S. 1991. *Whose science? Whose knowledge? Thinking about women's lives*. Ithaca, NY: Cornell University Press.

Harrison, J., L. MacGibbson, and M. Morton. 2001. "Regimes of trustworthiness in qualitative research: The rigors of reciprocity." *Qualitative Inquiry*, 7(3, June): 323-345.

Hollowell, L. 1985. "The outcome of the Brajuha case: Legal implications for sociologists." *Footnotes American Sociological Association*, 13(1): 13.

hooks, b. 1989. *Talking back: Thinking feminist. Thinking black*. Boston: South End Press.

horowitz, R. 1986. "Remain an outsider: Membership as a threat to research rapport." *Urban Life*, 14(4, January): 409-430.

Hummel, R. P. 1991. "Stories managers tell: Why they are as valid as science." *Public Administration Review*, 51(1, January/February): 31-41.

Hummon, D. 1990. *Commonplaces: Community ideology and identity in America*. Albany, NY: SUNY Press.

Johnson, J. 1997. "Generalizability in qualitative research: Excavating the discourse." In *Completing a qualitative project: Details and dialogue*, Ed., J. M. Morse, 191-208. Thousand Oaks, CA: Sage.

Kaplan, E. B. 1997. *Not our kind of girl: Unraveling the myths of black teenage motherhood*. Berkeley: University of California Press.

Kincheloe, J. L., and P. McLaren. 2000. "Rethinking critical theory and qualitative research." In *Handbook of qualitative research*, 2nd edition, Eds., N. K. Denzin and Y. S. Lincoln, 279-314. Thousand Oaks, CA: sage.

Lather, P., and C. Smithies. 1997. *Troubling the angels: Women living with HIV/AIDS*. Boulder, CO: Westview Press.

LeCompte, M. D. , and J. J. Schensul. 1999. *Designing and conducting ethnographic research*. Ethnographer's toolkit series. Walnut Creek, CA: AltaMira Press.

Levy, J. E. 1975. *César Chávez: Autobiography of La Causa*. New York: W. W. Norton.

Liebow, E. 1967, *Tally's corner: A study of Negro streetcorner men*. Boston: Little, Brown.

Lincoln, Y. S. , and E. G. Guba. 1985. *Naturalistic inquiry*. Newbury Park, CA: Sage.

Lofland, J. , and L. Lofland. 1995. *Analyzing social setting*. Belmont, CA: Wadsworth.

Lummis. T. 1988. *Listening to history: The authenticity of oral evidence*. Totowa, NJ: Barnes & Noble Books.

Lyman, S. , and M. Scott. 1968. "Accounts." *American Journal of Sociology*, 33 (1, February): 46-62.

MacLeod, J. 1995[1987]. *Ain't no makin' it: Aspirations & attainment in a lowincome neighborhood*. Denver, CO: Westview Press.

Magolda, P. 2000. "Being at the wrong place, wrong time: Rethinking trust in qualitative inquiry." *Theory into Practice*, 39(3, Summer): 138-146.

Marsh, D. S. , M. H. Daniel, and K. Putnam. 2003. *Leadership for policy change: Strengthening communities of color through leadership development*. Oakland, CA: Policy Link.

McCall, M. M. 1990. "The significance of story telling." In *Studies in symbolic interaction, volume 11*, Ed. , N. Denzin. 145-161. Greenwich, CT: JAI Press.

McCormack, C. 2000a. "From interview transcript to interpretive story: Part 1—Viewing the transcript through multiple lenses." *Field Methods*, 12(4, November): 282-297.

——. 2000b. "From interview transcript to interpretive story: Part 2—Developing an interpretive story." *Field Methods*, 12(4, November): 298-315.

McMahan, E. M. 1989. *Elite oral history discourse: A study of cooperation and coherence*. Tuscaloosa: The University of Alabama Press.

Merritt, M. D. 1998. *A case study of rulemaking for DoD procurement policy: Effects of policy changes for mergers and downsizing of defense contractors considering congressional oversight and executive branch administrative responsibility and industry roles*. DeKalb: Northern Illinois University.

Merton, R. , M. Fiske, and P. L. Kendall. 1990[1956]. *The focused interviews: A manual of problems and procedures, 2nd edition*. New York: Free Press.

Moerman, M. 1988. *Talking culture: Ethnography and conversation analysis*. Philadelphia: University of Pennsylvania Press.

Miles, M. B. , and A. M. Huberman. 1994. *Qualitative data analysis: An expanded sourcebook*. Thousand Oaks, CA: Sage.

Moody, M. , and M. Musheno. 1997. *Justice in the delivery of government services: Decision norms of street bureaucrats*. Data archive. NSF Grant #sbr 951169.

Naples, N. 1997. "A feminist revisiting of the insider/outsider debate: The 'outsider phenomenon' in rural Iowa." In *Reflexivity and voice*, Ed. , R. Hertz, 70-94. Thousand Oaks, CA: Sage.

Newman, K. 1999. *No shame in my game: The working poor in the inner city*. New York: Alfred Knopf.

Oakley, A. 1981. "Interviewing women: A contradiction in terms." In *Doing feminist research*, Ed. , H. Roberts, 30-61. London: Routledge.

Padilla, F. 1992. *The gang as an American enterprise*. New Brunswick, NJ: Rutgers University Press.

Paredes, A. 1977. "On ethnographic work among minority groups: A folklorist's perspective." *New Scholar*, 6(1): 1-53.

Poland, B. D. 2002. "Transcription quality," In *Handbook of interview research*, Eds. , J. F. Gubrium and J. A. Holstein,629-650. Thousand Oaks,CA：Sage.

Prasad,P. 1991. "Organization building in a Yale union." *Journal of Applied Behavior Science*,27 (3,September)：337-355.

Psathas,G. 1995. *Conversation analysis：The study of talk-in-interaction*. Thousand Oaks,CA：Sage.

Reinharz,S. 1992. *Feminist methods in social research*. New York：Oxford University Press.

——. 1997. "Who am I? The need for a variety of selves in the field." In *Reflexivity and voice*, Ed. ,R. Hertz,3-20. Thousand Oaks,CA：Sage.

Reissman, C. K. 1987. "When gender is not enough：Women interviewing women." *Gender & Society*,1(2,June)：172-207.

Rogers,M. B. 1990. *Cold anger：A story of faith and power politics*. Denton：University of North Texas Press.

Rubin,H. J. 1973. "Will and awe：Illustrations of Thai villager dependency upon officials. "*Journal of Asian Studies*,xxxii(3,May)：425-444.

——. 1984. "The meshing organization as a catalyst for municipal coordination. "*Administration and society*,16(2)：215-238.

——. 1988a. "The Danada farm：Land acquisition, planning and politics in suburbia. " *Journal of the American Planning Association*,54(Winter)：79-90.

——. 1988b. "Shoot anything that flies, claim anything that falls：Conversations with economic development practitioners. "*Economic Development Quarterly*,2(3,August)：236-251.

——. 1993, "Understanding the ethos of community-based development：Ethnographic description for public administration. "*Public Administration Review*,53(5,September/October)：428-437.

——. 1994. "There aren't going to be any bakeries here if there is no money to afford jellyrolls：The organic theory of community based development. "*Social Problems*,41(4,August)：401-424.

——. 1995. "Renewing hope in the inner city：Conversations with communitybased development practitioners. "*Administration and Society*,27(1,May)：127-160.

——. 1997. "Being a conscience and a carpenter：Interpretations of the community based development model. "*Journal of Community Practice*,4(1)：57-90.

——. 2000. *Renewing hope within neighborhoods of despair：The communitybased development model*. Albany,NY：SUNY Press.

Rubin,I. S. 1977. "Universities in stress：Decision making under conditions of reduced resources. " *Social Science Quarterly*,58,242-254.

——. 1982. *Running in the red*. Albany,NY：SUNY Press.

——. 1985. *Shrinking the federal government*. New York：Longman.

——. 1992, "Budget reform and political reform：Conclusion from six cities. " *Public Administration Review*,52,454-466.

——. 2002. "Perennial budget reform proposals：Budget staff versus elected officials. " *Public Budgeting and Finance*,22(4,Winter)：1-16.

——. 2003. *Balancing the federal budget：Trimming the herds or eating the seed corn?* New York：Chatham House.

Schegloff, E. A. 1992. "Repair after next turn; the last structurally provided defense of intersubjectivity in conversation. "*American Journal of Sociology*,97(5)：1295-1345.

Schein,E. H. 1985. *Organizational culture and leadership*. San Francisco：Jossey-Bass.

Schutz,A. 1967. *The phenomenology of the social world*. Evanston,IL：Northwestern University Press.

Schwandt,T. A. 1999. "On understanding understanding. " *Qualitative Inquiry*,5(4,December)：

451-464.

——. 2000. "Three epistemological stances for qualitative inquiry: Interpretivism, hermeneutics, and social constructionism." In *Handbook of qualitative research*, 2nd edition, Eds. , N. K. Denzin and Y. S. Lincoln, 189-214. Thousand Oaks, CA: Sage.

Shapiro, J. P. 1993. *No pity*. New York: Times Books.

Snow, D. , R. D. Benford, and L. Anderson. 1986. "Fieldwork roles and informational yield: A comparison of alternative settings and roles." *Urban Life*, 14(4):377-408.

Spradley, J. P. 1979. *The ethnographic interview*. New York: Holt, Rhinehart, and Winston.

Strauss, A. , and J. Corbin. 1990. *Basics of qualitative research*. Newbury Park, CA: Sage.

Tannen, D. 1990. *You just don't understand: Women and men in conversation*. New York: Ballentine.

Terkel, S. 1974. *Working: People talk about what they do all day and how they feel about what they do*. New York: Pantheon.

——. 1984. *"The good war": An oral history of World War II*. New York: Pantheon.

Thomas, J. , and J. Marquart. 1988. "Dirty information and clean conscience: Communication problems in studying ' bad guys. ' " In *Communications and social structure*, Eds. , D. R. Maines and C. J. Couch, 81-96. Springfield, IL: Charles C Thomas.

Thomas, M. D. , J. Blacksmith, and J. Reno. 2000, Utilizing insider-outsider research teams in qualitative research. *Qualitative Health Research*, 10(6, November):519-528.

Tierney, W. G. , Ed. 1999. "Writing life's history." *Qualitative Inquiry* 5(3, September):307-312 Special Issue.

Tixier y Vigil, Y. , and N. Elasser. 1978. "The effects of ethnicity of the interviewer on conversation: A study of Chicana women." *International Journal of the Sociology of Language*, 17, 91-102.

Turner, D. D. 1997. "Reconstructing the history of musicians' protective union local 274 through oral narrative method." In *Oral narrative research with black women*, Ed. , K. M. Vaz, 177-196. Thousand Oaks, CA: Sage.

Van Maanen, J. 1978. "The asshole." In *Policing*, Eds. , P. K. Manning and J. V. Maanen. New York: Random House.

Warren, M. R. 2001. *Dry bones rattling: Community building to revitalize American democracy*. Princeton, NJ: Princeton University Press.

Weitz, R. 1987. "The interview as legacy: A social scientist confronts AIDS." *Hastings Center Report*, 17(3):21-23.

Weitzman, E. A. 2000. "Software and qualitative research." In *Handbook of qualitative research*, 2nd edition, Eds. , N. K. Denzin and Y. S. Lincoln, 803-820. Thousand Oaks, CA: Sage.

Weitzman, E. A. , and M. A. Michael. 1995. *Computer programs for qualitative data analysis: A software sourcebook*. Thousand Oaks, CA: Sage.

Werner, O. 1998. When recording is impossible. *Field Methods*, 11(1, August):71-76.

Whyte, W. F. 1955. *Street corner society: The social construction of an Italian slum*. Chicago: University of Chicago Press.

Wilson, W. J. 1996. *When work disappears: The world of the new urban poor*. New York: Alfred A. Knopf.

Yarwood, D. 2003. "Humorous stories and the identification of social norms: The senate club." *Administration & Society*, 35(1, March):9-28.

Zinn, B. M. 2001. "Insider field research in minority communities." In *Contemporary field research*, 2nd edition, Ed. , R. M. Emerson, 159-166. Prospect Heights, IL: Waveland Press.